시처럼 읽는 성서

이 창 건

1951년 강원도 철원에서 태어나 1981년 《한국아동문학》에 「어머니」가 추천되어 등단했다. 동시집으로 『풀씨를 위해』『소망』『씨앗』『사과나무의 우화』『빨주노초파남보로 웃겠습니다』 등을 내고 〈대한민국문학상〉〈소천아동문학상〉〈윤석중문학상〉 등을 수상했다. 1985년부터는 시를 쓰기 시작해 시집 『비는 하늘에도 내린다』『오늘이 말한다』『하얀 쌀을 씻어 저녁을 안칩니다』를 출간했다

시처럼 읽는 성서

만나

이 창 건

파란하늘

시처럼 읽는 성서
만나
ⓒ 이창건, 2025

지은이_ 이창건

발행인_ 이도훈
펴낸곳_ 파란하늘
초판발행_ 2025년 11월 21일

사무실_ 서울시 서초구 법원로3길 19, 2층 W109호
 (서초동, 양지원빌딩)
전 화_ 02) 595-4621, 010-6722-4621
팩 스_ 050-4227-4621
이메일_ flyhun9@naver.com
홈페이지_ http://dohun.kr

ISBN_ 979-11-94737-42-1 03230
정 가_ 18,000원

사람이 무엇이기에 이토록 생각해 주시며
사람이 무엇이기에 이토록 보살펴 주십니까?
시편 8,4

차례

1. 영원한 약속

하느님 보시기에 참 좋았다 10

흙으로 사람을 빚으시다 15

이 열매만은 따 먹지 말아라 18

하느님께서 카인을 용서하시다 22

다시는 홍수로 땅을 멸하지 않으리라 27

바벨탑을 무너뜨려 인간의 교만을 꾸짖으시다 34

아브람아, 모든 것을 버리고 집을 떠나라 38

의인이 없는 소돔과 고모라를 멸하시다 49

하느님께서 아브라함의 믿음을 시험하시다 58

아브라함이 믿음의 조상이 되다 64

야곱이 이사악을 속여 상속권을 받다 70

야곱이 베텔에서 꿈에 하느님을 뵙다 75

야곱이 라반에게 두 아내를 얻다 78

이제 너는 야곱이 아니라 이스라엘이다 83

요셉이 형들의 계략으로 이집트로 팔려가다 91

요셉이 파라오의 꿈풀이로 이집트의 재상이 되다 100

가나안의 기근으로 요셉 형제들이 이집트로 가다 105

요셉이 막내 동생 벤야민을 만나 울다 111

제가 형님들의 동생 요셉입니다 115

이스라엘이 가족을 데리고 이집트로 떠나다 119

야곱과 요셉이 이집트에서 세상을 떠나다 126

이집트에 간 이스라엘 민족들이 억압을 받다 134

히브리 가문에서 모세가 태어나다 139

모세가 호렙산에서 하느님의 음성을 듣다 143

네 손에 있는 것이 무엇이냐 150

내 백성을 광야로 내보내라 157

파라오에게 첫 번째 재앙을 내리시다 163

개구리, 모기, 등에로 재앙을 내리시다 170

계속되는 재앙에도 파라오가 고집을 부리다 176

메뚜기떼로 이집트를 쑥밭으로 만드시다 182

이집트를 어둠으로 덮으시고 맏이를 멸하시다 187

이스라엘 백성이 이집트를 나오다 192

모세가 갈대 바다를 갈라 건너다 200

이스라엘 백성들이 승리의 노래를 부르다 208

모세가 40년 동안 광야 생활을 시작하다 212

여호수아가 아말렉을 쳐부수다 219

미디안 사제 이트로가 모세를 찾아오다 226

모세가 계약 받을 준비를 하다 230

십계명을 받다 234

모세가 율법을 완성하다 238

모세가 하느님의 증언 판을 깨뜨리다 245

하느님께서 모세와 다시 계약을 맺으시다 251

약속의 땅 앞에서 모세가 생을 마치다 258

2. 사랑의 완성

예수님께서 사람의 아들로 태어나시다 262

동방박사들이 아기 예수님께 경배하고 돌아가다 268

세례자 요한이 메시아를 위해 준비하다 273

예수님께서 세례자 요한에게 세례를 받으시다 278

광야에서 악마의 유혹을 물리치시다 282

베드로, 안드레아, 야고보, 요한이 예수님을 따르다 285

예수님께서 참된 행복에 대해서 말씀하시다 291

모세의 율법을 더 넓고 깊게 심화하시다 296

원수도 사랑하라 303

주님의 기도를 가르쳐주시다 306

하늘나라에 들어가는데 필요한 것을 가르치시다 309

새로운 율법을 선포하시다 313

예수님께서 기적을 일으키시다 319

의인이 아니라 죄인을 부르러 왔다 326

새 포도주는 새 부대에 담아야 한다 331

열두 제자를 파견하시다 337

평화가 아니라 칼을 주러 왔다 343

너희는 무엇을 보러 광야에 나갔더냐 347

안식일의 침된 뜻을 가르치시다 352

바리사이파 사람들이 예수님을 모함하다 358

누가 내 어머니며 내 형제들이냐 361

여러 가지 비유로 군중을 가르치시다 365

빵 다섯 개와 물고기 두 마리로 오천 명을 먹이시다 371

유다인들의 전통으로 바리사이들과 논쟁하시다 377

너희는 나를 누구라고 생각하느냐 382

수난을 예고하시고 영광스럽게 변모하시다 388

당신의 수난을 두 번째 예고하시다 393

일곱 번씩 일흔 번이라도 용서하여라 396

제가 어떻게 해야 영원한 생명을 얻겠습니까 402

예수님께서 예루살렘으로 올라가시다 408

누가 네 이웃이냐 412

예수님께서 예루살렘 성으로 들어가시다 415

집 짓는 사람들이 버린 돌이 머릿돌이 되었다 422

율법 학자들과 바리사이들의 위선을 책망하시다 428

예수님의 수난이 시작되다 433

세상에 종말이 올 것을 비유로 말씀하시다 437

예수님을 죽일 음모를 꾸미다 444

최후의 만찬을 나누시고 성체성사를 세우시다 447

예수님께서 로마 병사들에게 붙잡히시다 454

베드로가 예수님을 세 번 부인하다 459

예수님께서 십자가에 못 박히시다 466

엘리 엘리 레마 사박타니? 475

예수님께서 부활하시다 481

작가의 말 지금 이 시대 성서는 무엇인가 490
후기 492

1
영원한 약속

하느님 보시기에
참 좋았다
창세기 1,1~2,4

한 처음에
하느님께서 하늘과 땅을 창조하셨다
In the beginning
God created the heavens and the earth.
땅은 아직 모양을 갖추지 못했고
땅은 어둠이 깊은 물 위에 뒤덮여 있었지
물 위에는 하느님의 기운이 휘돌고 있었고

그때 이 세상에는
하느님밖에 아무것도 없었지

천지창조 첫째 날
하느님께서 "빛이 생겨라." 하시자
빛이 생겼지
하느님은 빛과 어둠을 나누어
빛을 낮이 라 하고
어둠을 밤이라 하셨지

둘째 날, 하느님께서
"물 한가운데 창공이 생기도록
물과 물 사이가 갈라져라." 하시자
물 한가운데 끝없이 넓은 창공이 생겨
그곳을 하늘이라 하셨지

셋째 날, 하느님께서
"하늘 아래 있는 물이 한곳으로 모여
마른 땅이 드러나거라." 하시자
모든 물이 한곳으로 모여
드러난 바닥은 땅이라 하고
물이 모인 곳을 바다라 하셨지

하느님은 땅에 낟알을 내는 온갖 풀과
씨 있는 온갖 과일나무를 돋아나게 하셨지
하느님께서
보시기에 좋았지

넷째 날, 하느님께서
"하늘에 빛나는 것들이 생겨
밤과 낮을 가르고
절기와 날과 해를 나타내는 표가 되어라.
또 하늘에서 땅을 환히 비추어라." 하시자
하늘에 큰 두 빛이 하늘에 걸려
큰 빛인 해는
밝은 낮을
그보다 작은 빛인 달은
어두운 밤을 다스리게 하셨지
또 별도 만드셨지, 하느님께서는
이 빛나는 것들로 땅을 비추게 하셨지
하느님께서 보시니 좋았지

다섯째 날, 하느님께서
"바다에는 고기가 생겨 우글거리고
땅 위 하늘 창공 아래에는
새들이 생겨 날아다녀라." 하시자
바다에는 온갖 물고기들을 종류대로
하늘에는 온갖 새들을
종류대로 창조하셨지
하느님께서 보시기 좋았지
"번식하고 번성하여
바닷물과 땅 위를 가득 채워라."

여섯째 날
하느님께서는 땅에
온갖 생물들을 종류대로
곧 집짐승과 기어 다니는 것과
들짐승을 종류대로 만드시고 나서
"우리 모습을 닮은 사람을 만들자." 하시고
당신 모습대로 사람을 창조하셨지

사람에게 바다의 고기와 공중의 새
집짐승과 들짐승, 길짐승을 다스리게 하시고
사람이 먹을 양식으로
온갖 곡식과 채소와 과일나무를 주셨지
하느님 보시니
손수 만드신 모든 것이 참 좋았지

이리하여
하늘과 땅과
그 가운데 있는 모든 것이
다 이루어졌지

일곱째 날
하느님은 이날을
거룩한 날로 정해
아무것도 하지 않고 쉬셨지

하느님께서
당신이 손수 만든 모든 피조물이
'좋았다', '참 좋았다'고 말씀하신 것은
그것들이 당신의 생각대로 이루어져
매우 마음에 들었으며
아름다운 것이 되었다는 것이지
나아가 하느님께서
모든 피조물을 가슴 깊이 새겨
사랑하시겠다는 뜻이지

하느님께서는 이렇게 밤과 낮을
번갈아 지나가게 하시어 하루를 주시고
엿새 동안 세상을 지으신 후
일곱째 날에 쉬시어
안식일^{편하게 쉬는 날}을 허 락하셨지
한편 사람들이 딛고 사는 이 땅이
해를 돌아 처음 자리로
돌아오는 시간으로 설계하여 절기를 주셨지
하느님께서는 이 세상에
시처럼 리듬을 주시어
생명을 춤추게 하셨지

흙으로
사람을 빚으시다

창세기 2,5~25

하느님께서
땅과 하늘을 만드시던 때였지
땅에는 아직 나무도 움트지 않았고
풀도 돋아나지 않았지
하느님께서 아직 땅에 비를 내리지 않으셨고
땅을 갈 사람도 아직 없었지
마침 땅에서 물이 솟아 온 땅을 적시자

하느님께서는
당신께서 붉은 흙으로 사람^{아담}을 빚어 창조하시고
코에 입김을 불어 넣으시니
사람이 생명체가 되어 숨을 쉬었지
하느님께서는
동쪽에 있는 에덴이라는 곳에 동산을 마련하시어
아담이라 하는 사람을
그곳에 데려다가 살게 하셨지

하느님은 그곳에
보기 좋고 맛있는 열매 맺는 나무들을
가득하게 하시고
그 동산 한가운데는 생명나무와
선과 악을 알게 하는 나무도
돋아나게 하셨지

하느님은 당신이 흙으로 빚은 사람 아담에게
이런 분부를 내리셨지
"이 동산에 있는 나무 열매는
무엇이든지 마음대로 먹어라.
다만 선과 악을 알게 하는 나무 열매만은
따 먹지 말아라. 그것을 따 먹는 날
너는 반드시 죽을 것이다."

아담은 에덴동산에 사는
하느님 이 지으신 동물 하나하나에
이름을 붙여주며 즐겁게 지냈지만
함께 즐거움을 나눌 짝이 없었지
하느님은 아담이 쓸쓸해 보여
짝을 주기로 하고
아담을 깊이 잠들게 하신 다음
아담의 갈비뼈 하나를 빼내어서
그것으로 여자를 창조하셨지

잠에서 깬 아담은 기쁨을 감추지 못하고
이렇게 외쳤지
"드디어 나타났구나! 아름다운 내 짝이
내 뼈와 살에서 태어났으니 여자라고 부르리라."
그들은 아무것도 걸치지 않았지만
부끄러워하지 않았지

에덴동산은 지상 낙원으로
당시 그 지역에는
에덴에서 강 하나가 동산을 적신 다음
네 개의 강줄기 곧
비손 기혼 티그리스 유프라테스로
물길이 갈라져 흘러들어
나무와 과일이 풍성했지

에덴을 택 한 하느님께서
맨 처음 하신 일은
사람이 살아갈 수 있는
아름다운 동산을 일구는 일이었지
하느님께서는 손수 가꾼 에덴동산을
사람에게 주시면서 딱 한 가지 조건을 붙이셨지
그것은 당신께 순종하고
서로 사랑하며 살아가게 하려는
당신 계획을 믿고 따르라는 것이었지

이 열매만은
따 먹지 말아라

창세기 3,1~24

에덴동산은
크고 작은 꽃들이 피고
곡식들이 돋아나고
과일나무에는 탐스러운 열매들이
익어가고 있었지

하느님께서는
아담과 여자를 에덴동산의 정원사로
임명하시고
언제든지 하느님의 정원에 들어가 살 수 있는
평생 출입증을 선물로 주려고 하셨지

그 무렵
하느님이 만든 동물 가운데
간교한 뱀이
여자에게 다가와 말했지

"하느님이 너희더러 이 동산에 있는 열매는
하나도 따 먹지 말라고 하셨다는데 정말이냐?"
"아니다. 하느님께서는 이 동산에 있는
나무 열매는 무엇이든 따 먹어도 되지만
동산 한가운데 있는 열매만은
따 먹지도 말고 만지지도 말라 하셨다.
그것을 먹으면 죽게 될 것이다."

뱀이 말했지
"절대로 죽지 않는다.
그 열매를 따 먹으면 너희 눈이 밝아져서
하느님처럼 선과 악을 알까 봐 그렇게 말한 거지."
여자는 뱀의 꾐에 속아 그 열매를 따 먹고
아담에게도 따주어 먹게 했지
그 열매를 먹고 눈이 밝아진 두 사람은
자기들이 알몸인 것을 알고 부끄러워
무화과나무 잎을 엮어 앞을 가렸지

저물녘 아담과 여자는
하느님께서 동산을 거니시는 발걸음 소리를 듣고
나무 사이에 숨었지
하느님께서 아담을 부르셨지
"아이에카 ^{ayyeka}
너 어디 있느냐?

하느님의 물음에
그는 두려움에 떨며 이렇게 아뢰었지
"제가 알몸이어서
하느님 앞에 나아갈 수가 없습니다."
"네가 알몸이라고 누가 일러주더냐?
내가 먹지 말라고 한 나무 열매를 따 먹었구나!"
아담은 핑계를 댔지
"당신께서 저에게 짝지어 주신 여자가
따주어서 먹었을 뿐입니다."

여자를 사랑하시는 하느님께서 물으셨지
"어쩌다가 이런 일을 저질렀느냐?"
"뱀에게 속아서 따 먹었습니다."
하느님께서
뱀과 여자에게 따로따로 말씀하셨지
"뱀, 너는 나쁜 일을 저질렀으니 죽을 때까지
배로 기어 다니며 흙을 먹어야 하리라.
여자, 너는 아기를 낳는 고통을 크게 줄 것이며
한평생 남편 말에 따라 살아야 할 것이다."
아담에게는 이렇게 말씀하셨지
"너는 흙에서 난 몸이니 흙으로 돌아가기까지
평생토록 이마에 땀 흘리는
고된 노동을 하리라.
너는 먼지이니 먼지로 돌아가라."

그 후 하느님께서는
그들이 당신의 말씀을 순종하지 않았음에도
사람을 사랑하셔서
가죽옷을 지어 그들에게 입혀주셨지
가죽옷은 하느님의 의로움을 상징하는데
그것은 그들의 수치를 가려 주시려는
하느님의 깊은 사랑을 의미하지

아담은 아내를 인류의 어머니라는 뜻으로
'하와'라는 이름을 지어주었지

하느님께서는
'이제 이 사람들이 선과 악을 알게 되었으니
생명나무 열매까지 따 먹고
끝없이 살게 해서는 안 되겠다.' 생각하시고
그들을 에덴동산에서 내쫓으셨지
에덴동산에서 쫓겨난 아담과 하와는
땅을 갈아 농사를 지으며 살아갔지

하느님께서는 아담과 하와를 쫓아내신 다음
에덴동산 입구에
대천사 세라핌과 케루빔을 세우시고
돌아가는 불 칼을 장치하여
생명나무에 이르는 길을 지키게 하셨지

하느님께서
카인을 용서하시다

창세기 4,1~16

낙원에서 쫓겨나
에덴동산에서 멀리 떨어진 곳에서 살아가던
아담과 하와가 아기를 낳았지
첫아들을 낳은 아담은
아들의 이름을 '얻다'라는 뜻의 카인이라 짓고
매우 기뻐했지
둘째 아들을 낳고는 '헛되다'라는 뜻으로
아벨이라고 불렀지
두 아들은 무럭무럭 잘 자라
카인은 농부가 되었고
아벨은 양치기 목자가 되었지

때가 되어 카인은 농사지은 곡식을 예물로 드렸고
아벨은 자기가 기르던 양 떼의
처음 낳은 새끼 가운데
가장 좋은 것을 골라 그 기름을 드렸지

하느님께서는 가장 좋은 것을 바친
아벨의 예물은 반겨 받으시고
가장 좋은 것을 바치지 않은 카인의 예물은
기뻐하지 않으셨지
카인은 몹시 화가 나 고개를 들지 않았지

하느님께서 말씀하셨지
"너는 왜 그렇게 화가 났느냐?
왜 고개를 숙이고 있느냐?
네가 잘했다면 왜 얼굴을 쳐들지 못하느냐?
네가 만일 잘못된 마음을 가졌다면
너는 죄에 사로잡히고 말 테니
마음을 잘 다스려 죄악에서 벗어나야 할 것이다."

카인은 하느님의 말씀에 순종하지 않고
오히려 아벨을 꾀어 들판으로 데리고 나가
돌로 쳐 죽였지
아무 일도 없었던 것처럼 돌아온 카인에게
하느님께서 물으셨지
"네 아우 아벨이 어디 있느냐?"
"제가 아우를 지키는 사람입니까?"
카인은 뻔뻔하게 시치미를 떼었지
"네가 어찌하여 이런 일을 저질렀느냐?
네 아우의 피가 나를 향해 울부짖고 있다.

땅이 입을 벌려 네 아우의 피를 받아
네 손을 묻혔다. 너는 저주를 받은 몸이니
이 땅에서 떠나야 한다.
네가 아무리 애써 농사를 지어도
네게 먹을거리를 주지 않을 것이며
너는 세상의 떠돌이가 될 것이다."

하느님께 매우 심한 꾸중과 벌을 받은 카인은
하느님께 무릎을 꿇었지
"벌이 너무 무거워서
저로서는 견디지 못하겠습니다.
오늘 이 땅에서 저를 아주 쫓아내시니
저는 이제 하느님을 뵙지 못하고
세상을 떠돌아다니게 되었습니다.
저를 만나는 사람마다 저를 죽이려 할 것입니다."

카인은 하느님이 지켜주시지 않으면
언제든 죽을 수밖에 없다는 것을
비로소 깨닫고 하느님께 울면서 뉘우쳤지
하느님께서는 카인의 뉘우침을 들어주시고
자비를 베푸셨지
"아무도 너를 그렇게 못 하도록 해 주마.
너를 해치는 사람에게는 내가 일곱 배로
벌을 내리리라."

카인이 하느님께
약속의 증표를 달라고 하자
하느님께서는 사람들이 카인을 죽이지 못하도록
그에게 표를 찍어주셨지
그 표는 '자비와 사랑'의 표였지
카인은 하느님 앞에서 물러 나와
에덴 동쪽 '놋'이라는 곳에서 살게 되었지
놋은 하느님께 멀어진 슬픈 땅이었지

질투와 증오는
모든 죄악의 근원이 되지

하느님께서는
인류 최초로 사람을 죽인 카인을
이렇게 용서하시고 지켜주셨지

하느님께서는 아무리 큰 죄를 지어도
하느님께 용서를 구하면 들어주시지
그리고 그 죄를 잊어버리시지
또한 생명을 지키시는 하느님께서는
사람을 해한 사람이라 해도
그 어떤 누구도
그 사람을 해치는 권리는
허락하지 않으셨지

카인이 떠난 뒤
아담과 하와는 다시 아들을 낳았지
"하느님께서 카인에게 죽은 아벨 대신
또 다른 아들을 주셨구나." 하며 기뻐했지
그들은 '대리자'란 뜻으로 셋이라고 이름 붙였지
아담이 백서른 살 때였지

셋도 크게 장성하여 아내를 얻고
아들을 낳아 에노스라 불렀지, 에노스는
카인과 다르게 하느님에 대한 믿음이 커
하느님의 이름 '야훼'를 부르며 예배를 드렸지
에노스는 인류 최초로 하느님의 이름을 부르며
예배를 드린 사람이 되었지
이때부터 사람들은 하느님을 믿으며 살아갔지

930년을 살고 죽은 아담의 족보는 이러하지
아담은 카인과 아벨을 잃고 셋을 낳았지
셋은 에노스를 낳았고 에노스는 케난을 낳고
케난은 마할랄엘을, 마할랄엘은 예렛을 낳았지
예렛은 에녹을 낳고
에녹은 므투셀라를 낳고 300년 동안
하느님과 동행하며 함께 더 살았지
하느님께서는 순종하는 에녹을 살아서
하늘로 들어 올리셨지, 므투셀라는 라멕을 낳았고

다시는 홍수로
땅을 멸하지 않으리라

창세기 5,1~ 9.29

아담의 9대손
라멕이 백여든두 살에 아들을 낳아
그 이름을 노아라 지어주며 말했지
"이 아들은 하느님께서 저주하신 땅 때문에
수고하며 고생하는 우리에게 위로를 줄 것이다."

아담이 뱀의 유혹에 넘어가 열매를 따 먹었을 때
하느님께서 '너와 함께 땅 또한 저주받으리라.'
하시어 땅을 딛고 사는 사람들은 고통스러웠지

하느님께서는 노아를 통해 위로하려 하셨으나
사람들은 못된 생각으로 죄악을 저질러
세상은 썩은 냄새가 진동하는 무법천지가 되었지

하느님께서는 마음이 아프셨지
'내가 왜 사람을 만들었던가!'

노아는 의롭고 흠 없는 사람으로
하느님께 순종하며 하느님과 함께 살며
오백 살이 되었을 때
세 아들 셈과 함과 야펫을 낳았지

하느님 보시기에
아름다웠던 것들이 썩자
노아에게 말씀하셨지

"내가 이 세상을 다 쓸어 버리겠다.
내가 만든 사람도 짐승도 새들도 물고기들도
모조리 없애 버리겠다.
너는 전나무로 배 한 척을 만들어라.
길이는 삼백 자 넓이는 오십 자
높이는 삼십 자로 하고
배보다 한 자 올려 지붕을 덮고
배 옆에는 출입문을 내고
삼 층으로 만들어라.
배 안에는 방을 여러 칸 만들고
안과 밖을 역청으로 칠하라."고 하셨지

노아는 하느님께서 이르신 대로
아주 오랜 세월 동안
튼튼한 배를 만들었지

배가 다 만들어지자
하느님께서 노아에게 다시 한번 말씀하셨지
"내가 이제 대홍수로 다 쓸어버리리라.
하늘 아래 땅 위에 사는 것들은
하나도 살아남지 못할 것이다.
너는 네 아들들과 네 아내와
며느리들을 데리고 배에 들어가라.
깨끗한 짐승들을 종류에 따라
암컷과 수컷 일곱 쌍씩
부정한 짐승은 두 쌍씩
새들도 일곱 쌍씩 데리고 들어가
온 땅 위에 각종 동물의 씨가
마르지 않게 하여라.
먹을 수 있는 온갖 양식을 실어
너의 가족들과 동물들이 먹도록 저장해두어라.
이제 7일이 지나면 40일 동안 밤낮으로
땅에 비를 쏟아
모든 생물을 땅 위에서 다 없애버릴 것이다."
노아는 하느님께서 분부하신 대로 다 했지

노아는 아내와 세 아들과 세 며느리 그리고
하느님께서 이르신 짐승들을 배에 들여보내고
맨 마지막으로 배에 들어갔지
그때 하느님께서 배의 문을 닫으셨지

노아가 600세 되던 해
2월 17일 바로 그날
땅 밑에 있는 큰 물줄기가 모두 터지고
하늘은 구멍이 뚫려 40일 동안 폭우가 쏟아졌지
배는 땅에서 높이 떠올라 물 위를 떠다니고
높은 산들도 물에 잠기어
모든 생물이 다 숨지고 말았지
노아와 함께 있던 사람과 짐승들만은 살아남았지
물은 150일 동안이나 땅 위에 괴어 있었지

하느님께서 노아와 배에 있는 생명들이
생각이 나서 바람을 일으키시니
땅 밑 큰 물줄기와 하늘 구멍이 막혀
하늘에서 내리는 비가 멎었지

물이 빠지기 시작한 지
150일이 되는 7월 17일
노아의 배가 아라랏산 등마루에 멈춰 섰지

물이 계속 줄어 산봉우리가 드러나
40일 만에 노아는 배의 창을 열고
까마귀 한 마리를 내어 보냈지
땅이 다 마를 때까지
이리저리 날아다니게 했지

노아는 다시 비둘기 한 마리를 내보내어
지면에서 물이 얼마나 빠졌는지 알아보게 했지
그 비둘기는 땅에 물이 가득해 그냥 돌아왔지

노아는 7일을 더 기다려
그 비둘기를 다시 내보내어 땅을 살피게 했지
비둘기는 부리에 금방 딴 올리브 이파리를 물고
저녁때가 되어 돌아와
노아는 물이 줄었다는 것을 알게 되었지

노아는 다시 7일을 더 기다려
비둘기를 내어 보냈는데
비둘기가 이번에는 끝내 돌아오지 않았지
물이 다 빠진 것이라고 여긴
노아가 배 뚜껑을 열고 내다보니
정말 땅이 다 말라 있었지
노아가 601세 되던 해 정월 초하루였지

2월 27일 땅 구석구석이 완전히 다 마르자
하느님께서 노아에게 이르셨지
"너는 아내와 아들들과 며느리들을 데리고
배에서 나오너라. 너와 함께 있던 새와
모든 동물을 데리고 나와 땅에 모여 살며
새끼를 많이 낳아 번성하게 하여라."

노아는 하느님 앞에 제단을 쌓고
깨끗한 짐승들과 새 가운데서
번제물^{하느님께 불살라 드리는 제물}을 골라 하느님께 바쳤지
하느님께서는 기쁘게 예물을 받으시고
"사람은 어려서부터 악한 마음을 품게 마련이니
다시는 사람 때문에 땅을 저주하지 않으리라.
모든 짐승도 없애지 않으리라.
땅이 있는 한 씨 뿌릴 때와 거둘 때
추위와 더위 여름과 겨울 낮과 밤이
쉬지 않고 오게 할 것이다."

하느님께서는 노아와 그의 아들들에게
복을 내리시며 언약하셨지
"자손을 많이 낳아 온 땅에 번성하여라.
들짐승과 새와 길짐승 물고기들이
너희의 지배를 받으리라.
살아 움직이는 모든 짐승이
너희의 양식이 되리라.
피가 있는 고기는 그대로 먹어서는 안 된다.
피는 곧 그 생명이다.
너희 생명인 피를 흘리게 하는
사람과 짐승에게는 내가 되갚아 주리라.
남의 피를 흘리게 하는 사람은
제 피도 흘리게 되리라.

이제 나는 너희와 너희 후손과
너와 함께 있는 모든 동물을
없애 버리지 않겠다는 계약을 맺는다.
다시는 홍수로 땅을 멸하지 않으리라."

하느님께서는 그 약속의 징표로
구름 사이에 무지개를 걸어 놓으셨지
노아는 무지개를 바라보며
하느님께서 만드신 깨끗한 땅에서
포도원을 가꾸는 첫 농군이 되었지

이런 노아가 어처구니없는 죄를 짓고 말았지
포도주에 취해 벌거벗은 채
천막 안에 누워 잠을 자는…
의로운 노아에게도 이런 민망한 데가 있었지

노아는 인류가 멸망한 대홍수 뒤에도
350년을 더 살아 모두 950년을 살고 죽었지
그동안 노아의 세 아들로부터 자손이 번성하여
동서남북 온 세상으로 퍼져나갔지
이로써 노아는 새로운 인류의 조상이 되었지

바벨탑을 무너뜨리고
인간의 교만을 꾸짖으시다

창세기 11,1~9

대홍수가 지나가고
노아의 세 아들은
여러 지방으로 갈라져 나갔지
야펫과 그의 아들들은 바닷가에 살고
함과 그의 아들들은 평야에 살고
셈과 그의 아들들은 산악지대까지 살며
자손을 늘려나갔지
이렇게 흩어져 살던 사람들은
더 좋은 곳을 찾아 동쪽에서 옮아 오다가
메소포타미아 신아르 지방 한 들판에 이르러
거기에 자리 잡고 모여 살았지
자손들이 번성하자 그들은 교만해졌지

한 자손이라 한 가지 말과 글을 썼던 그들은
그 한 가지 말과 글로 문명과 기술이 발달하자
화려하고 아름다운 도시를 세울 계획을 세웠지

이 계획을 세운 이는 '함의 자손
에티오피아의 아들 니므롯이었지'^{창세기 10,8}
그는 신아르를 자신의 권력으로 차지하고
그곳에 새로운 도시를 건설하고자 했지

그를 따르는 사람들은 도시 계획에 따라
일정한 거리로 길을 만들고
진흙으로 구워낸 벽돌로 높은 건물을 짓고
사람들이 많이 모일 수 있는 광장도 만들었지
그들은 이어
"도시 가운데 하늘까지 닿는 탑을 쌓아
우리 이름을 날리자."라고 했지
그들은 탑을 쌓을 때
돌 대신 벽돌을 쓰고
흙 대신 역청을 사용해
탑이 무너지지 않게 했지
그들은 탑의 이름을 '바벨'이라 붙였지
이 이름은 그들이 건설한 화려한 도시
'바빌론'에서 따왔지

높은 탑을 만든 그들은
더욱 더 큰 교만과 오만에 빠져들었지
"우리는 사방으로 흩어지지 말고
한데 모여 대대손손 살아가자."

하느님께서는 사람들이 세운
도시와 탑을 보시고는 이런 생각을 하셨지
'사람들이 한 종족이라
말이 같아 안 되겠구나!
이것으로 보아
앞으로 인간들이 하려고만 하면
못 할 일이 없겠구나.
당장 땅에 내려가서 사람들을 흩어놓고
말도 뒤섞어 놓아야겠다.'
사람들이 흩어지고
말이 통하지 않게 되자 혼란이 일어
그들은 아무 일도 할 수 없었지

사람들은 도시를 세우던 계획을 포기했지
니므롯이 바벨탑을 쌓은 것은
대홍수 후 신아르 지역에
새로운 제국을 건설하려는
개인적인 욕망에서 비롯된 것이지
폐허에 도시를 건설하고
도시 가운데 하늘 높이 탑을 쌓아
그곳에 우상 신을 모시고
욕망대로 살아가고자 했지
이것이 하느님 보시기에 좋지 않았지

인간이 하느님과 맞서
욕망의 탑을 쌓은 것이 문제였지
하느님께서는 당신의 이름을 높이지 않고
인간의 이름을 남기려 하는
끝없는 인간의 욕망을
그냥 지나치지 않으시지

지금 이 시대 우리는 이 땅에
또 다른 바벨탑을 쌓으려는 것은 아닌가?
한 번쯤은 되돌아봐야 하지 않을까!

하느님께서는 하늘까지 찬
인간의 교만을 흩어지게 하시려고
함의 자손 니므롯의 우상 세계를 무너뜨리고
바벨탑을 멈추게 하셨지, 그리고

인간을 사랑하시는 하느님께서는
뿔뿔이 흩어진 사람들이
서로 다른 언어로 서로 다른 문화를 이루어
정의롭고 인간다운 형제애로 살아갈 수 있도록
셈의 후손 아브라함을 통해
새로운 세계를 열어주셨지

아브람아,
모든 것을 버리고 집을 떠나라

창세기 12,1~17,27

아브람은
B.C^{Before Christ} 기원^{예수탄생전} 2000여 년
물이 넉넉하고 비옥한 땅
메소포타미아 남쪽에 세워진 수메르 도시 우르에서
노아의 아들 셈의 자손 테라에게서 태어났지

테라는 신상^{신의 모습을 새긴 상}을 만드는
장인^{최고의 기술자}으로 큰돈을 벌며
하란 아브람 나호르를 낳았지
아브람은 넉넉한 집에서 유복하게 자라
성인이 되어 이집트 여인 사라이를 아내로 맞았지
하란은 롯을 낳고 본고장인 갈데아 우르에서
테라보다 먼저 죽었고
테라는 아브라함과 손자 롯과
며느리 사라이와 함께
가나안으로 가려고 갈대아 우르를 떠났지

테라는 잠시 맏아들 하란이 젊었을 때
이주했던 그곳에 머물렀지
하란이 살던 곳은 튀르키예 고원에서 발원한
유프라테스강 상류 동쪽에 있지

테라는 205년을 살고 하란에서 죽었지
나호르는 하란에 남아 거기서 살았지

성서의 지명들은 대체로
성서 속 인물의 이름으로 붙여지지
에티오피아도 이집트도 가나안도
노아의 자손 함의 아들들의 이름을 따서 붙여졌지
하란도 테라의 아들 하란이 살았기 때문에
붙여진 이름이 아닐까?

어느 날 하느님께서 아브람에게 말씀하셨지
"너는 모든 것을 버리고
네 고향과 친척과 아비의 집을 떠나서
내가 장차 보여줄 땅으로 가거라.
나는 너를 큰 민족이 되게 하리라.
네 이름은 남에게 복을 끼쳐주는 이름이니
너에게 복을 비는 사람에게 복을 내릴 것이다.
너를 저주하는 사람에게는 저주를 내리리라.
세상 사람들이 네 덕을 입을 것이다."

아브람은 하느님께서 분부하신 대로
아내 사라이와 조카 롯과 함께 하란을 떠났지
아브람의 나이 일흔다섯이었지

인간의 삶에서
선택은 결단과 용기가 필요하지
살던 대로 살 것인가!
다른 삶을 살 것인가!
지혜로운 아브람은 한 번뿐인 삶을
우상을 버리고 하느님께 의탁했지

아브람은 편안하고 안락한 땅을 등지고
하느님께서 약속하신 땅을 향해 곧바로 떠났지
아브람이 하느님을 선택한 것은
인류의 역사와 삶을 바꾼 위대한 용기였지

아브람이 가나안땅을 거쳐
모레의 집 근처 상수리나무가 있는
스켐 성소에 이르렀을 때
하느님께서는 아브람에게 나타나시어 이르셨지
"내가 이 땅을 네 자손에게 주리라."
아브람은 하느님께서 나타나신 그 자리에
제단을 쌓아 바쳤지
아브람은 서둘러 다시 그곳을 떠나서

베텔 동쪽에 있는 산악지대로 옮겨 갔지
서쪽으로는 베텔이 보이고
동쪽으로는 아이가 보이는 곳에 천막을 치고
제단을 쌓아 야훼께 예배드렸지

아브람은 다시 길을 떠나 네겝 쪽으로 옮겨갔지
거기에 흉년이 들자 아브람은 이집트로 넘어갔지
이때 아브람은 자신의 목숨을 지키려
아내인 사라이를 누나라고 속여
파라오의 왕비가 되게 했지
하느님 앞에 부끄러운 일이었지

몇 년 후 이 사실이 들통나서
아브람은 사라이와 몸종으로 삼은
이집트 여인 하가르와 함께
이집트를 떠나 다시 네겝으로 왔고
아내와 조카 롯과 함께 가나안으로 올라갔지
아브람과 롯은 베텔과 아이 사이에 살았지
그곳에서 유목 생활하면서
아브람과 조카 롯은 가축과 재산을 많이 불렸지
가축들의 소유 문제로
그들 사이 목동끼리 싸움이 잦아지자
아브람의 제안으로 둘은 헤어지게 되었지
아브라함은 가나안 땅에 살고

롯은 에덴동산처럼 물이 넉넉한
요르단 분지에 살다가 소돔에 자리를 잡았지
소돔은 의롭지 못하고 타락해 하느님 앞에 악했지

롯이 떠나간 다음
하느님께서 아브람에게 말씀하셨지
"고개를 들어 네가 있는 곳에서
동서남북을 둘러보아라. 네 눈에 비치는 온 땅을
너와 자손에게 주겠다.
나는 네 자손을 티끌만큼 불어나게 하리라."
이후 아브람은 천막을 거두어 헤브론으로 가
이미 언약을 맺은 아모리 사람
마므레의 집 상수리나무 근처에 자리를 잡고
제단을 쌓아 하느님께 경배했지

그 무렵 동방의 시날 왕 아므라벨 엘라살 왕 아록
엘람 왕 그돌라오멜 고임 왕 티드알 시대에
이들 네 나라 왕들은 동맹을 맺고
요르단강을 건너 사해 근처
소돔과 고모라를 쳐들어가 재물을 약탈했지

그들은 소돔에 살던 롯의 모든 재물도 빼앗고
롯을 포로로 잡아 끌고 가고 있었지
그들의 군사 가운데 한 사람이 도망쳐 나와

히브리인인 아브람에게 알렸지

아브람은 조카 롯의 소식을 듣고
사병 318명을 이끌고 단까지 쫓아가
롯과 부녀자를 구해내고 많은 재물을 가지게 되었지
롯은 이런 일 뒤에도 아브람을 따라가지 않고
다시 소돔으로 돌아갔지

아브람이 동방의 왕들을 쳐부수고 돌아오는데
소돔 왕 베라가 사웨 골짜기까지 나와
아브람을 맞았지
베라가 아브람에게 사악한 청을 했으나
아브람은 거절했지
반면 살렘 왕 멜키체덱은
지극히 높으신 하느님을 섬기는 대사제였는데
그는 빵과 포도주를 가지고 나와
아브람을 맞으며 흠도 티도 없는 복을 빌어 주었지
"하늘과 땅을 만드시고 지극히 높으신 하느님이여,
아브람에게 복을 내리소서."

정의로운 아브람은 감사의 뜻으로
자기가 가지게 된 재산에서
10분의 1을 멜키체덱에게 주었지
이런 일로

후세 사람들은 하느님께
자신의 소득 가운데 10분의 1을
예물로 드리게 되었지

하느님께서는 자손이 없어 비통해하는
아브람에게 이런 말씀을 하셨지
"너의 대는 너의 친아들이 이을 것인데
그 후손들은 남의 나라에서
400년 동안 종으로 살게 될 것이다.
그 후 나는 네 후손에게
이집트 개울에서 메소포타미아 큰 강
유프라테스에 이르는 땅을 주리라."

아브람은 이런 일이 있기 전
소돔을 쳐들어온 네 명의 왕과 맞서
진을 치고 있던 때
하느님께서 주시겠다고 약속하신 땅
팔레스티나_블레셋_를 북쪽에서 남쪽으로
서쪽에서 동쪽으로 가서 살펴보았지

기원전 13세기와 12세기 사이
이집트를 탈출한 히브리인들은
가나안 땅에 정착했지
'우리가 이스라엘을

가나안 땅이라 부르는 것은
대홍수 후 이미 이곳에 노아의 아들 함의 자손인
가나안이 그의 씨족들을 데리고
이곳으로 와서 살고 있었기 때문이지'창세기 10,1~20

이보다 앞서 '그리스 남쪽 섬 캅토르크레타에 살던
필리스티아 사람들도 지중해를 건너와
가나안 해변 가자지역에 자리 잡았고'창세기 10,14

이후 필리스타아인들은
가나안 북쪽 단에서
남쪽 브에르 세바까지 세력을 떨쳐
사울 임금 시대에는 이스라엘보다 훨씬 강해
그들은 가나안을 가나안이라 부르지 않고
팔레스티나로 불렀지

필리스티아는 '기원전 1050년 아펙 전투에서는
이스라엘의 계약궤를 빼앗기도 했는데'사무엘상 4,1~22
'기원전 1000년경 다윗 임금과의 전쟁에서 패해
이스라엘의 지배를 받았지'사무엘하 5,1~25

필리스타아는 히브리말로 블레셋이었고
로마인들은 그들의 말로 팔레스티나로 불렀지
성서 여러 사건의 무대가 되는 팔레스티나는

이집트와 아시아의 중요한 교통로와 전략지여서
많은 역경과 고난을 겪었지
2차 대전 후 팔레스티나는
가자지역에 팔레스타인 자치정부를 세웠지

아브람은 여든여섯 살이 되도록 자손이 없었지
아브람의 아내 사라이는 아직 아이를 낳지 못해
자신의 몸종인 하가르를
아브람의 소실로 들여보내 아들을 낳게 했지

고대 동방에서는 아기를 낳지 못하는 아내가
그의 여종을 남편에게 내주어
아기를 낳게 하는 관례가 있었지
소실에게서 난 아들도 당당하게 적자로 인정했지

아브람은 아들의 이름을 이스마엘이라 붙였지
아브람이 아흔아홉 살이 되던 해
하느님께서 아브람에게 나타나시어 말씀하셨지
"나는 전능한 신이다.
너는 내 앞을 떠나지 말고 흠 없이 살아라.
너의 후손을 하늘의 별처럼
바닷가의 모래알처럼 불어나게 하리라.
내가 너를 많은 민족의 조상으로 삼으리라.
네 이름은 이제 아브람이 아니라

아브라함이라 불리리라.
나는 너와 대대로 네 뒤를 이을 후손들에게
가나안 온 땅을 주고
나 사이에 계약을 세워
그들의 하느님이 되어주리라.

또한 너희 남자들은 태어난 지
8일 만에 할례^{포경수술}를 받아야 한다.
네 후손뿐 아니라 모든 종도 할례를 받으면
내 계약이 영원한 계약으로서
너희 몸에 새겨질 것이다."

하느님께서는 또 아브라함에게 분부하여
아브람의 아내 사라이를 사라라고 부르게 하시고
그에게 복을 내려 아들을 낳게 해주리라 하셨지
뭇 민족의 어미가 되게 하고
그 민족들을 다스릴 왕손도 낳게 하리라 하셨지

하느님께서 사람의 이름을 바꾸는 것은
그 사람의 삶의 방향이나 운명을
하느님께서 선택하시겠다는 의미이지
당신의 사명을 실현하기 위해
당신의 사람으로 쓰시겠다는 거지
아브라함은

땅에 얼굴을 대고 엎드려 있으면서도
속으로는 우스워서 중얼거렸지
"나이 백 살에 아들을 보다니! 사라도
아흔 살이나 되었는데 어떻게 아이를 낳겠는가?"

아브라함의 중얼거림을 들으신
하느님께서 말씀하셨지
"아니다. 네 아내 사라가 아들을 낳을 터이니
그의 이름을 이사악이라 하여라.
나는 그와 그의 후손들과 영원한 계약을 맺으리라.
이스마엘에게도 복을 내려
자손이 많이 태어나 수없이 불어나게 하겠다.
그에게서 열두 영도자가 나서
큰 민족이 일어나게 하겠다."

아브라함은 그날로 아들 이스마엘과
그의 종들과 함께 할례를 받았지
아브라함 몸에 새겨진 할례는
하느님께서 아브라함과 맺은 언약의 표증이며
하느님께 순종하고 헌신하겠다는 믿음의 상징이지
하느님께서는 아브라함의 자손뿐 아니라
이방인이나 노예들에게도
똑같이 할례를 받게 하셨지

의인 없는
소돔과 고모라를 멸하시다

창세기 18,1~19,38

아주 뜨거운 날 한낮
낯선 사람 셋이
마므레의 집 상수리나무 옆에 있는
아브라함의 천막 앞으로 다가왔지

문 어귀에 앉아있던 아브라함은
신발도 신지 않고 맨발로 뛰어나가
그들을 반갑게 맞았지

"손님들께서 괜찮으시다면
물을 길어올 터이니 발을 씻으시고
나무 밑에서 좀 쉬십시오.
떡도 가져오겠으니 잡수시고
피곤을 푸신 뒤에 떠나십시오."
아브라함은 급히 천막으로 들어가
사라에게 먹을 것을 만들게 했지

아브라함은 종에게
살이 연하고 맛있어 보이는
송아지 한 마리를 잡게 해
송아지 요리에 우유를 곁들여
손님들 앞에 차려놓았지
손님들이 식사하는 동안
아브라함은 그 곁에 서서 시중을 들었지

중동 지방에서는
낯선 사람이 찾아오면 그냥 지나치지 않고
정성껏 대접하는 풍습이 있었지
이런 풍습이 있다고 하더라도
아브람의 이런 선한 행동은
하느님 보시기에 참 좋으셨지
아브라함은 인간의 선한 의지가
하느님께 나아갈 수 있는 길이라 믿었지

식사를 마친 그들 가운데 한 사람이
아브라함에게 물었지
"부인 사라는 어디에 계시오?"
"천막 안에 있습니다."
다시 그들은 아브라함에게 말했지
"내년 봄 새싹이 돋아날 무렵
내가 틀림없이 너를 찾아오리라.

그때 네 아내 사라는 이미 아들을 낳아
그의 어미가 되어 있을 것이다."
사라는 천막 문 어귀에서
이 말을 엿듣고는 속으로 웃으며
이렇게 중얼거렸지
"내가 이렇게 늙었고 내 남편도 다 늙었는데
이제 무슨 낙을 다시 보랴!"
그 사람은 아브라함에게 말했지
"사라가 다 늙은 몸으로 어떻게 아기를 낳으랴
하며 웃으니 그게 될 말이냐?"
사라는 겁이 나서 웃지 않았다고 잡아뗐지
그 사람은 사라의 마음을 헤아려
"아니다. 너는 분명히 웃었다."라 하며
그의 두려움을 풀어주었지

아브라함은
비로소 그 사람이
하느님이시라는 것을 알고 땅에 엎드렸지
하느님께서는 두 천사와 함께
아브라함에게 축복의 예언을 하셨지
하느님께서는 늘 당신 도움이 필요한 사람에게
사람으로 변장하고 나타나시지
우리가 알지 못하는 세상 속에서
'낯선 사람'으로 오시지

하느님과 두 천사가 소돔으로 길을 떠나자
아브라함은 그들을 배웅하러
소돔이 내려다보이는 곳까지 같이 왔지

주님께서 속으로 생각하셨지
'나는 세상 민족들이 아브라함의 이름을 부르게
하리라. 그러니 내가 장차 하려는 일을 어찌
아브라함에게 속이랴!'

하느님께서 아브라함에게 말씀하셨지
"소돔과 고모라에서 들려오는 저 아우성을
나는 차마 들을 수가 없다.
너무나 큰 죄를 짓고 있다.
저들이 정말 타락했는지 내려가서
알아보아야 하겠다.
사실이라면 다 쓸어버리겠다."

아브라함이 하느님께 다가가서 여쭈었지
"하느님께서는 죄 없는 사람을
죄인들과 함께 기어이 쓸어 버리시렵니까?
저 도시 안에 죄 없는 사람이 오십 명이 있다면
그들을 보시고 용서해주시지 않으렵니까?
죄 없는 사람을 어찌 죄인과 함께
죽이려고 하십니까?

온 세상을 다스리시는 하느님이시라면
공정하셔야 할 줄 압니다."

하느님께서 아브라함에게 이렇게 이르셨지
"소돔 성에 죄 없는 사람
50명만 있으면
그들을 보아서라도 다 용서해 줄 수 있다."
아브라함이 거듭 여쭈었지
"티끌이나 재만도 못한 주제에 감히 아룁니다.
죄 없는 사람 50명에서
다섯이 모자란다면
그 다섯 때문에 온 성을 멸하시겠습니까?"
"저곳에 죄 없는 사람 45명만 있어도
멸하지 않겠다."

아브라함은 하느님께서 노여워하지 마시고
죄 없는 사람이 40명, 30명, 20명, 10명만 있어도
멸하지 말아 주시라며 간절히 간청했지

아브라함이 하느님께 소돔과 고모라를
멸하지 말게 해주시라고 간청한 것은
그곳에 롯이 살고 있었고
그곳도 가나안처럼
하느님께서 약속하신 땅이었기 때문이었지

아브라함은 롯을 걱정하며
헤브론으로 돌아갔지
하느님의 천사 둘이 소돔에 다다른 것은
저녁때였지
아브라함의 간청으로
롯을 소돔에서 구하기 위해서였지

때마침 성문에 앉아있던 롯은
아브라함이 그랬던 것처럼
그들을 보고 일어나 맞으며
자기 집에서 쉬어가시도록 청하였지

롯은 그들에게
누룩을 넣지 않은 빵을 구워주며 대접하고
잠자리를 마련해주었지
그들이 미처 잠자리에 들기 전
소돔 사람들이 떼로 몰려와 행패를 부렸지
"오늘 밤 너의 집에 든 자들이 어디 있느냐?
그자들을 끌어내어라. 재미 좀 봐야겠다."

롯이 밖으로 나가 등 뒤로 문을 닫고
그들에게 사정하였지
"제발 이런 못된 짓들은 하지 마시오.
내 집에 온 손님들이니 아무 짓도 말아 주시오."

"비켜라. 떠돌이 주제에
재판관 행세를 할 참이냐?
그자들보다 너부터 혼내 주어야겠다."
라며 롯을 밀치고 문을 부수려 했지

일이 이쯤 되자 안에 있던
두 사람이 손을 내밀어
롯을 집 안으로 끌어들이고
문을 닫은 후 롯에게 말했지
"네 가족을 모두 데리고 떠나거라.
우리는 하느님의 보내심을 받아
이곳을 멸하러 왔다."

동틀 무렵 하느님께서는
미적거리는 롯과 그의 아내와 두 딸의 손을 잡고
성 밖으로 끌어내며
'초아르' 땅으로 떠나라고 재촉했지
"살려거든 어서 달아나거라. 뒤를 돌아보아서는
안 된다. 네가 그곳에 이르기까지
나는 손을 쓰지 않겠다."
롯은 소돔을 빠져나와 해가 솟을 무렵
초아르 땅을 밟았지
하느님께서는 그때
유황불을 소돔과 고모라에 퍼부으셨지

도시는 물론 소돔 사람들과
풀 푸성귀까지도
모조리 태워 버리셨지

롯의 아내가 하느님의 명을 어기고
뒤를 돌아보다가 그만 소금 기둥이 되어버렸지
롯의 아내는 향락에 빠져 과거를 끊지 못했지

롯이 걱정되어
잠을 이룰 수 없었던 아브라함은
아침 일찍 길을 떠나서 하느님과 같이 배웅했던
소돔이 보이는 자리에 서서
치솟는 연기만 바라보았지

하느님께서는
아브라함의 간절한 청을 기억하시고
롯만은 소돔에서 구해주셨지, 그렇지만
그는 천사의 기대를 저버리고
하느님께 돌아오지 않았지

이후 롯은 초아르에서
그 고장 사람들과 함께 사는 것이 두려워
두 딸을 데리고
산에 들어가 같이 살았지

두 딸은 시집을 갈 수가 없게 되자
아버지의 씨라도 받을 심산으로
롯에게 술을 취하게 한 다음
아버지와 함께 잠자리에 들어
큰딸은 아들을 낳아 모압이라 했고
둘째 딸도 아기를 낳고 벤암미라고 했는데
모압의 후손들은 사해 동남쪽에 살며
오늘날의 모압인이 되었고
벤암미의 후손들은
사해 동북쪽 야뽁강 근처에 살며
오늘날의 암몬인이 되었지
모압과 암몬은 이스라엘과 원수로 지냈지

하느님께서 롯을 구해주신 것은
본래 의로웠던 그를 회개시켜
아브라함과 함께
약속의 땅 가나안을 아름답게 가꾸는
하느님의 종으로 쓰고 싶으셨지, 그러나
롯은 인간에 치우친
세속적인 기준으로 살면서
하느님을 경외하지도 순종하지도 않아
그의 종말은 비극적이었지

하느님께서 아브라함의 믿음을 시험하시다

창세기 20,1~22,19

하느님께서 소돔과 고모라를 멸하신 뒤
아브라함은 '마므레의 상수리나무'를 떠나
네겝 쪽으로 옮겨 가다가
블레셋과 가까운 그라르에 살게 되었지

이때 아브라함은 그라르 왕 아비멜렉에게
아내 사라이를 누이라고 했다가 봉변을 당했지
이런 일이 있고 나서 아브라함은
그라르에서 동남쪽으로 떨어진 네겝으로 옮겨 갔지
아브라함은 그곳에 우물을 팠지

우물은 광야나 사막에서 살아가는 민족들에게
생명과 생활의 필수 조건이었지
이사악도 그라르에 우물을 팠지
아브라함과 이사악이 네겝과 그라르에 판
'일곱 개의 우물'을 '브에르 세바'라 했지

하느님께서는 사라를 잊지 않으시고
하느님께서 약속하신 대로
이듬해 봄 새싹이 돋아날 무렵
사라에게 아들을 낳아 아브라함에게 주었지

아브라함은 아들에게
'웃긴 아이'라는 뜻으로 이사악이라 했지
이사악은 낳은 지 8일 만에 할례를 받았지

이사악이 자라서 젖을 떼던 날
아브라함은 큰 잔치를 베풀었지
사라는 어느 날 이사악이 이스마엘과
노는 것을 보고 아브라함에게 말했지
"저 종과 아들을 내쫓아 주십시오.
내 아들 이사악과 함께
상속자가 될 수는 없습니다."

아브라함은
그 아들도 자기 아들이므로 몹시 괴로워했지
하느님께서 아브라함에게 말씀하셨지
"사라가 하는 말을 다 들어 주어라.
이사악에게 난 자식이라야 네 혈통을 이을 것이다.
그러나 하가르의 아들도 네 자식이니
내가 그도 큰 민족을 이루게 하리라."

아브라함은 하가르와 이스마엘에게
양식 얼마와 물 한 부대를 메어주며
고향 이집트로 돌아가라고 했지
하가르는 길을 떠나 얼마쯤 가다가
브에르 세바의 빈 들을 헤매게 되었지
거기에다 물까지 떨어지자
하가르는 덤불 한구석에 아들을 내려놓고
멀리 떨어져 소리 내어 우는 이스마엘을
바라만 보고 있었지

하느님께서 이스마엘의 울음소리를 듣고
천사를 시켜
하늘에서 하가르를 불러 이르셨지
"어서 가서 아이를 안아 일으켜 주어라.
내가 그를 큰 민족이 되게 하리라."
하느님께서 하가르의 눈을 열어주시니
그의 눈에 샘이 보였지
하가르는 물 부대에 물을 채워다가
이스마엘에게 먹이고는 다시 길을 떠났지
이스마엘은 자라서 파란 사막에 살며
활을 쏘는 사냥꾼이 되었고
이집트 여자를 아내로 맞았지
이스마엘은 아랍인의
조상이 되었지

하루는 그라르 왕 아비멜렉이
아브라함을 찾아왔지
그는 아브라함에게 암양 일곱 마리를 받고
아브라함이 판 우물을 소유로 인정하며
서로 신의를 지키자는 계약을 맺었지
두 사람은 그곳을 '맹세의 우물'이라 했지

그 당시 우물은 영토의 중요한 곳이었지
우물을 빼앗기는 것은 삶터를 잃는 것이었지

그 후 아비멜렉은 블레셋으로 돌아가고 아브라함은
그곳에 에셀나무를 심은 뒤 야훼께 예배하고
다시 블레셋으로 돌아가 오래 머물렀지

이후 하느님께서는
아브라함의 믿음을 시험하시고자
"아브라함아! 사랑하는 네 외아들
이사악을 데리고 모리아 산으로 가거라.
거기에서 내가 일러주는 곳에
그를 번제물로 나에게 바쳐라." 하셨지
아브라함은 아침 일찍 나귀에 안장을 얹은 다음
번제물을 사를 장작을 싣고
두 종과 아들 이사악을 데리고
서둘러 길을 떠나 사흘 만에 그곳에 다다랐지

아브라함은
그의 종들을 산기슭에 머물게 하고는
아들 이사악에게 장작을 지우고
불씨와 칼을 챙겨 들고
산 정상을 향해 떠나려 했지
이사악이 아버지 아브라함을 불렀지
"아버지! 불씨도 있고 장작도 있는데
번제물로 드릴 어린양은 어디 있습니까?"
"얘야! 번제물로 드릴 어린 양은
하느님께서 손수 마련하신단다."

아브라함과 이사악은 말없이
하느님께서 일러 주신 산 정상에 이르렀지
아브라함은 거기에 제단을 쌓고
장작을 얹어놓은 다음 아들 이사악을 묶어
장작더미 위에 올려놓았지
아브라함이 손에 칼을 잡고
아들을 막 찌르려고 할 때
하늘에서 큰 소리로 아브라함을 부르셨지
"그 아이에게 손을 대지 마라.
머리털 하나라도 상하게 하지 말라.
나는 네가 얼마나 나를 공경하는지 알았다.
너는 하나밖에 없는 아들마저도
서슴지 않고 나에게 바쳤다."

아브라함이
이 말씀을 듣고 고개를 들어보니
뿔이 덤불에 걸려 허우적거리는
숫양 한 마리가 눈에 띄었지
아브라함은 그 숫양을 잡아
아들 대신 번제물로 드렸지

아브라함은 이곳을
'하느님께서 이 산에서 마련해 주신다.'라
생각하고 '야훼이레'라고 불렀지
오늘날까지도 사람들은 이곳을 그렇게 부르지
하느님의 천사가 또다시 큰 소리로
아브라함에게 약속하셨지
"네가 네 외아들마저 서슴지 않고 바쳐
충성을 다 했으니 나는 너에게
더욱더 많은 복을 주리라. 네 자손이
하늘의 별처럼 바닷가의 모래알처럼
불어나게 하리라.
세상 만민이 네 후손의 덕을 입을 것이다."

아브라함은 이사악과 종들과 함께
'맹세의 우물'이 있는 브에르 세바로 돌아가
거기서 눌러살았지

아브라함이
믿음의 조상이 되다

창세기 23,1~25,18

이 무렵 아브라함은
하란에 있는 아우 나호르에게서
자손이 태어났다는 소식을 전해 들었지

사라는 127세에 헤브론 땅에서 죽었지
아브라함은 가슴을 치며 슬퍼했지
아브라함은 마므레 동쪽 땅 막벨라를
히타이트 사람 에프론에게 400세겔에 사고
거기에 딸린 동굴에 사라를 안장했지
막벨라는 아브라함이
가나안에서 처음으로 갖게 된 땅으로
아브라함이 처음 정착한 곳이지

아브라함은 이때까지 스켐, 베텔, 네겝, 이집트,
그라르 등 여러 곳을 옮겨 다니며
필리스타인의 땅에서 나그네로 살았지

하느님께서는 아브라함에게
땅을 주시겠다 하시던 약속을 지키셨지

아브라함은 이제 몹시 늙어 며느리를 맞고 싶었지
늙은 심복 종 엘리에셀을 불렀지
"내 며느릿감은 가나안 사람의 딸에게서
고르지 않을 것이니 하란으로 가서 구해 오너라."

엘리에셀은 아브라함의 사타구니에 손을 넣고
시키는 대로 하겠다고 맹세하였지
이런 맹세는 죽음을 앞둔 사람이
자신의 마지막 뜻을 이루고야 말겠다는
강한 의지를 드러내는 고대 동방의 관습이었지

그 종은 주인이 보내는 온갖 귀한 선물을
낙타 열 마리에 싣고 길을 떠나서
아람 땅 나하라임 나호르의 성을 찾아갔지

그는 성 밖에 있는 샘터에서 낙타를 쉬게 했지
마침 저녁 무렵이라 여자들이 물을 길으러 나왔고
그들 가운데 아주 예쁜 처녀가
어깨에 항아리를 메고 나왔지
그 처녀의 이름은 레베카였는데 정숙하여
아직 남자를 알지 못했지

레베카가
샘터에 내려와서
물을 채워 올라오자
아브라함의 종이 뛰어나가 그를 반기며
항아리의 물을 좀 마시게 해달라고 청했지
레베카는 항아리를 내려 손에 받쳐 들고
물을 마시게 해 주었지
그뿐 아니라 낙타들도 모두 마실 수 있도록
물을 길어다 주었지

종이 레베카에게 물었지
"아가씨의 아버지 집에는
하룻밤 쉬어갈 만한 방이 없겠소?"
레베카가 공손히 말했지
"저의 집에는 겨와 여물도 넉넉하고
쉬어 가실 만한 방도 있습니다."
레베카에게 라반이라는 남동생이 있었는데
이 모습을 보고는
그를 맞으러 우물로 뛰어나왔지

라반은 그를 집으로 모신 다음
낙타 등에 실은 짐과 안장을 풀어 내리고
겨와 여물을 주었지
일행의 발을 씻을 물도 떠 왔지

밥상을 차려 내 오자
종은 라반에게 자기 주인은 아브라함이며
아브라함이 며느릿감으로
'내 아버지의 가문 내 일가를 찾아가서
골라오라 하셨다.'라고 했지
오늘 그 샘터에 이르러
물을 마시게 해주는 여자가 있으면
그 여자가 바로 제 주인의 며느릿감으로
정해진 여자인 줄 알겠다는 기도를
드렸다고도 했지

라반과 브투엘이
엘리에셀 말을 듣고 승낙했지
"이 일은 하느님께서 하시는 일인데
우리가 어찌 좋다 싫다 하겠습니까?"

레베카는 나호르의 아내
밀카의 아들 브투엘의 딸이었지
레베카는 몸종들과 함께 낙타를 타고
엘리에셀을 따라나섰지

그때 이사악은 네겝 땅 라하이 로이라는
샘이 있는 사막 지방에 와서 살고 있었지
저녁 무렵 이사악은 들에 바람을 쐬러 나왔지

그가 고개를 들어 보니
낙타 떼가 가까이 오고 있는 것을 보았지
레베카도 고개를 들어
이사악을 보고
낙타에서 내려 아브라함의 종에게 물었지
"들을 가로질러 우리 쪽으로 오시는
저분은 누구입니까?"
"제 주인의 아드님이십니다."
레베카는 종의 말을 듣고
너울을 꺼내 얼굴을 가렸지
이사악은 레베카를 아내로 맞아 사랑하며
어머니를 잃은 슬픔을 달랬지

아브라함은 원하는 며느리를 맞은 뒤
백 일흔다섯 살에 세상을 떠났지
아브라함이 세상을 떠나자
하느님께서는 아브라함을
'믿는 모든 자의 조상'로마서 4,11 으로 삼으셨지

아들 이사악과 이스마엘은
막벨라 동굴에 모신 어머니 사라 곁에
아브라함을 안장했지
아브라함이 죽은 뒤 하느님께서는
그의 아들 이사악에게 복을 내리셨지

하느님께서는 이사악을 사랑하시어
아브라함과 맺은 당신의 약속을 이어가셨지

하느님께서
아브라함을 믿음의 조상으로 삼으신 것은
아브라함이 하느님을 경외하는 변함없는
믿음 때문이었지

아브라함도
인간이 하느님을 사랑하는 것보다
하느님께서 인간을 사랑하시는 것이
더 크다는 사실을
이사악을 통해 깊이 체험했지

하느님의 의로움을 입은 아브라함은
그 당시 어떤 사람보다도
모진 시련과 상황에서도
의심 없이 하느님을 믿고 순종했기 때문이지

한편 이스마엘의 후손들은 시나이반도 하윌라와
수르 광야에 이르는 지방에 살았지
수르 광야는 이집트에서 팔레스티나와
아시리아로 가는 길에 있지
이들은 아브라함의 형제들과 맞서 지냈지

야곱이 이사악을 속여
상속권을 받다

창세기 25,19~28,5

이사악이
레베카를 아내로 맞을 때
그의 나이는 마흔 살이었지
이사악은 레베카에게서 아들을 얻고 싶었으나
아기를 낳지 못해 하느님께 빌었지
하느님께서는 그의 기도를 들어 주시어
나이 예순 살에 쌍둥이를 주셨지
형은 살결이 붉은 데다가
온몸이 털투성이여서 에사우라 불렀고
동생은 에사우의 발꿈치를 잡고 나왔다 해서
야곱이라 불렀지
야곱은 엄마 뱃속에서부터 먼저 나오려고
형과 싸웠지
아들들이 자라
에사우는 날쌘 사냥꾼이 되어 들에서 살고
야곱은 성질이 차분하여 천막에 머물러 살았지

이사악은 에사우가 사냥해 오는
고기에 맛을 들여
에사우를 더 사랑하였고
레베카는 야곱을 더 사랑하였지

어느 날 에사오가 허기져
들에서 돌아와 보니
야곱이 붉은 콩죽을 끓이고 있었지
에사우가 야곱에게 말했지
"야곱아, 배고파 죽겠다 죽 좀 먹자."
야곱은 기다렸다는 듯
장자 에사우의 상속권을 자기에게 팔라고 했지
에사우는 너무나 배가 고파 상속권 따위가
무슨 소용이냐며
상속권을 야곱에게 팔아넘겼지

이사악이 늙어 눈이 침침해져
점점 앞이 보이지 않았지
그는 죽기 전에 자기의 재산과 권리를 나눠주려고
에사우를 불렀지
"애야! 너도 보다시피
내가 늙어 언제 죽을지 모르니
들에 나가 사냥을 해와 별미를 만들어 오너라.
내가 그것을 먹고 너에게 복을 빌어 주리라."

이사악이
에사우에게 하는 말을 엿들은 레베카는
에사우가 사냥하러 들에 나간 틈을 타서
상속권을 에사우에게서 빼앗아
야곱에게 주겠다는 심산으로
눈이 어두운 이사악을 속이기로 했지

레베카는
야곱을 에사우처럼 꾸미기 위해
에사우의 옷 가운데 하나를 골라 입혔지
손과 목에는 염소 새끼 가죽을 감아주고
레베카는 이사악의 입맛에 맞게
염소로 별미를 만들어
구운 빵과 함께 야곱의 손에 들려주었지

야곱은 아버지한테 들어가
"저는 아버님의 맏아들 에사우입니다.
아버님 분부대로 요리를 만들었습니다.
어서 일어나 앉으셔서 제가 사냥해다가 만든
이 요리를 잡수시고 복을 빌어 주십시오."
이사악이 아들에게 물었지
"에사우야! 무슨 수로 이렇게 빨리 잡아 왔느냐?"
"아버님의 하느님께서 짐승을
금방 만나게 해 주셨습니다."

이사악은 믿어지지 않아
아들에게 가까이 오라 하여 몸을 만져 보았지
야곱의 손에 에사우의 손처럼 털이 많아
야곱을 에사우라 생각했지
그리하고도 또 믿어지지 않아
이사악은 야곱에게 입을 맞추라 했지
이사악은 야곱의 옷에서 풍기는
에사우의 냄새를 맡고는
야곱이 가져다 바치는 요리와 술을 먹고 마신 뒤
정성을 다해 복을 빌어 주었지
"하느님께서 하늘에서 내리신 이슬로 땅이 기름져
오곡이 풍성하고 술이 넘쳐나거라.
너는 네 겨레의 영도자가 되고
뭇 백성들과 뭇 족속들이 네 앞에 엎드리리라."

때로 하느님께서는
당신의 계획을 실현하시기 위해 말도 안 되는
인간이 상상도 할 수 없는 상황을 만드시지

에사우는 자기가 받을 복을
야곱이 가로챈 것을 알고는
아버지에 대한 원망과 야곱에 대한 미움이 컸지
'아버지가 세상을 떠나면
야곱을 없애버리리라.'

이런 눈치를 알아챈 레베카는
야곱에게 조용히 일렀지
"큰일 날 것 같다. 에사우가 너를 죽이지 않고는
화가 풀리지 않을 모양이니
하란으로 몸을 피해 라반 아저씨를 찾아가거라.
네 형의 화가 풀리면 내가 사람을 보내 데려오마."

레베카가 이사악에게 말했지
"야곱이 가나안 여자를 아내로 맞을까 봐
걱정되니 하란으로 보내주세요."
이사악은 레베카의 말대로
야곱을 불러 먼 하란 땅으로 떠나보냈지

그 후 하느님께서는 야곱과 레베카에게
이사악과 에사우를 속인 댓가를 물어
야곱은 하란에서
외삼촌에게 속아 종처럼 살게 하시고
레베카는 죽을 때까지
사랑하는 아들 야곱을 영영 볼 수 없게 하셨지

야곱이 베텔에서
꿈에 하느님을 뵙다

창세기 28,10~22

야곱은 브에르 세바를 떠나
하란을 향해 가다가
한 곳에 이르러 하룻밤을 묵어야 했지
야곱은 무섭고 두려웠지

야곱은 그곳에서
돌 하나를 주워 베개로 삼고
잠을 자다가 꿈을 꾸었지
그는 꿈에 땅에서 하늘에 닿는 층계가 있고
그 층계를 하느님의 천사들이
오르내리는 것을 보고 있었지

그때 하느님께서 그의 옆에 나타나시어
"나는 하느님이다.
네 할아버지 아브라함의 아버지
네 아버지 이사악의 하느님이다.

나는 네게 지금 누워있는 이 땅을
너와 네 후손에게 주리라.
네 후손은 땅의 티끌만큼 불어나서
동서남북으로 널리 퍼질 것이다.
너에게 약속한 것을 모두 이루어 줄 때까지
나는 네 곁을 떠나지 않으리라.
다시 너를 이리로 데려오리라."

하느님과 인간 사이의 관계는 참 신비롭지
하느님께서는 사다리를 놓아
당신의 창조물인 인간과
생생한 관계를 맺고 계시지
이런 관계 속에서
인간이 할 수 있는 최선의 일은
자기 자신을 하느님께 맡기고 당신의 계획을
계시하시도록 도와드리는 것이지

야곱은 꿈에서 깨어나 자신에게 말했지
"참말 하느님께서 여기 계셨는데도
내가 모르고 있었구나.
여기가 바로 하느님의 집이요
하늘 문이로구나."
야곱은 아침 일찍 일어나 베고 자던 돌을
석상으로 삼고 그 위에 기름을 부었지

야곱은 루즈라는 이 마을의 원래 이름을
'베텔'이라고 고쳐 불렀지

야곱은 하느님께 이렇게 서원하였지
"제가 이 길을 가는 동안 하느님께서
저와 함께하여 주시고 먹을 양식과
입을 옷을 허락하셔서
무사히 아버지 집으로 돌아가게만 해 주신다면
저는 제 하느님으로 모시고
제가 세운 이 석상을
하느님의 집으로 삼겠습니다.
하느님께서 저에게 무엇을 주시든지
그 10분의 1을 반드시 드리겠습니다."

야곱도 선조 아브라함과 이사악의 믿음을
온전히 이어갔지

20년 후 야곱은
하란에서 돌아올 때도 이곳에 와서
제단을 쌓고 예배를 드렸지
이런 일로 베텔은
이스라엘의 주요 성소가 되었지

야곱이 라반에게
두 아내를 맞다

창세기 29,1~31,21

꿈속에 하느님을 만나
축복받은 야곱은
다시 하란으로 발걸음을 재촉했지
야곱은 길을 가다가
우물의 큰 돌 뚜껑을 열어 물을 길어
양 떼에게 먹이는 사람들을 보았지
그들은 양 떼에게 물을 먹이고는
돌 뚜껑을 닫았지

야곱이 그들에게 물었지
"어디에서 오신 분들입니까?"
"우리는 하란에서 왔습니다."
다시 야곱이 물었지
"그러면 나호르의 아들 라반을 아시겠군요?"
"알고 말고요. 저기 라반의 딸 라헬이
양 떼를 몰고 오는군요."

야곱은 라헬의 양 떼를 보자
선뜻 나서서 돌 뚜껑을 굴려내고
양들에게 물을 먹였지

야곱은 라헬에게
입을 맞추고 목 놓아 울며
그동안 겪은 일을 이야기했지
자신은 라헬에게 라반이 외삼촌이며
라헬은 사촌 여동생이라 했지

라헬이 아버지에게 이 말을 전하자
라반은 뛰어와서
야곱을 자기 집으로 데려갔지

야곱이 양 떼를 돌보며 지내고
한 달쯤에 라반이 야곱에게 물었지
"네가 내 사촌이라 해서
내 일을 거저 해줄 수야 없지 않으냐?
품삯을 얼마나 주면 좋겠는지 말해 보아라."

라반에게는 라헬 말고 레아라는
딸 하나가 더 있었지
레아는 라헬의 언니였지
라헬과 사랑에 빠진 야곱이 말했지

"정말 그러시겠다면 제가 7년 동안
일을 해드릴 테니 라헬을 주십시오."

고대 동방 사회에서는 사촌끼리
혼인하는 풍속이 있었지
야곱은 라헬을 아내로 맞을 기쁨에
해가 가는 줄도 모르고 열심히 일했지
7년이 며칠밖에 안 되듯 지나갔지

잔칫날이 되자
속셈이 달랐던 라반은
큰딸 레아를 잠시 잠들고 있는
야곱의 방으로 들여보냈지
아침이 되어 야곱이 눈을 떠 보니
어이없게도 자기 옆에는 라헬이 아니고
레아가 누워있었지

야곱은 벌떡 일어나 라반을 찾아가
어찌 이럴 수가 있느냐며 따져 물었지
라반은 우리 고장에서는
작은딸을 큰딸보다
먼저 시집 보내는 법이 없으니
초례기간 한 주일만 채워주면
작은딸도 주겠다고 했지

그 대신 앞으로 7년 동안
내 일을 더 해야 한다는 약조를 붙였지

계산에 밝은 라반에게 야곱은 큰 일꾼이어서
야곱을 오랫동안 잡아두기 위해
라헬 대신 레아를 야곱의 방에 들여보내는
계략을 꾸몄던 거지

야곱은 라반에게 속아 두 아내와
그 둘의 몸종을 거느리게 되었지만
이것도 하느님의 섭리였지

이후 야곱은
레아에게서 르우벤과 시메온과 레위,
유다와 이싸갈, 즈불룬를 낳았고
라헬의 종 빌하에게서 단과 납달리를 낳았고
레아의 종 질바에게서 가드와 아셀을 낳았지

하느님께서는 기도하는
라헬에게도 태를 열어주시어
요셉과 벤야민을 낳아주셨지
야곱이 낳은 열두 아들을
이스라엘 백성을 이룰
열두 지파의 선조들이 되게 하셨지

라헬이 요셉을 낳은 다음
야곱은 처자들과 함께
고향으로 돌아가고 싶었지
야곱은 라반에게 삯값으로 검은 새끼 양과
얼룩지고 점 있는 염소를 달라고 하여
열심히 양을 치고 염소를 길러
아주 큰 부자가 되었지

라반이 야곱을 전 같지 않게 보게 되자
하느님께서 야곱에게 말씀하셨지
"네 고향으로 돌아가거라.
내가 너와 함께 있으리라."

야곱은 라반이 모르게 서둘러
처자들을 낙타에 태우고
모든 가축 떼를 몰아 도망쳐 나왔지
야곱은 라반이 그의 가족과 재산을 빼앗고
해칠 것 같아서였지

야곱은 아버지 이사악을 찾아
가나안 땅으로 길을 떠났지
고향을 떠난 지 20년 만이었지
그는 길을 떠나 요르단강 동쪽
길르앗 산악지대를 향해 가고 있었지

이제 너는 야곱이 아니라 이스라엘이다

창세기 32,4~36,43

야곱이 달아났다는 소식에
라반은 야곱을 추격해 길르앗에 이르렀지
그날 밤 하느님께서 라반에게 이르셨지
"좋은 말이든 나쁜 말이든
야곱에게 조심히 하여라."
라반은 야곱을 만나 딸들을 힘들게 하지 말고
서로 평화롭게 지내기를 약속하자고 말했지

야곱은 언약의 증거로 돌 하나를 골라
석상을 세우고 그 앞에 돌무더기를 만들어
라반의 일행과 함께 음식을 나눴지
이튿날 아침
라반은 야곱을 축복해주고 하란으로 되돌아가고
야곱은 가나안을 향해 다시 길을 떠났지
고향을 다시 보리라는 설렘도 잠시
고향이 가까워질수록 야곱은 불안하고 두려웠지

아버지 이사악을 속이고
형 에사우의 복을 빼앗은 일이
20여 년이 지나도록 야곱의 마음을 괴롭혔지

야곱이 고향으로 돌아가기 위해서는
에사우의 노여움을 푸는 일이 첫 번째였지
야곱은 에돔 벌 세이르에 살고 있던
형 에사우에게 하인을 보내어
과거의 잘못을 뉘우치고 있다는 마음을 전했지
"이 못난 아우 야곱이 문안드립니다.
그간 라반에게 몸 붙여 살다가 보니
이제야 형님께 소식을 전해 드립니다.
아무쪼록 너그럽게 용서해주십시오."

하인이 돌아와서 야곱에게 이렇게 고했지
"주인님의 형님 에사우께서는
지금 400명의 부하를 거느리고
주인님을 만나러 오십니다."
이것은 결코 야곱이 바라던 말이 아니었지
'아! 어떻게 하나?'

불안하고 초조한 야곱은
하느님께 기도 드릴 방법밖에는 없었지
위기의 순간에 야곱은 하느님을 찾았지

"할아버지 아브라함의 하느님
아버지 이사악의 하느님!
저에게 고향으로 돌아가라 하시고
언제까지나 저와 함께해주시겠다고
약속하신 주님이시여!
당신께서 이 종에게 베푸신 한결같으신 사랑을
저는 받을 자격이 없습니다.
저를 형 에사우의 손에서 건져 주십시오.
에사우가 우리 모두를 죽여 버리지나 않을까
두렵습니다."

그날 밤
야곱은 자기 소유 가운데
좋은 염소와 양 그리고 낙타와 나귀를 골라
형 에사우에게 선물로 보냈지
야곱은 두 아내와 두 여종과 아들들을 데리고
요르단강으로 흘러드는 야뽁 나루를 건넜지
그 후 야곱은 먼저 가족들을 떠나보내고
잠시 혼자 남아 밤을 보내고 있었지
한밤중 적막 속에서 야곱은 자신에게 다가오는
어떤 알 수 없는 분을 보았지
'누구일까?'
순간 그분은 야곱에게 달려들어
몸을 잡아당겨 넘어뜨리려 했지

야곱은 있는 힘을 다해 버텼지
야곱은 그분이 보통 사람이 아니라는 느꼈지
그분에게 신비한 초자연적인 힘이 있음을 알았지
혹시 하느님께서 아브라함을 시험하셨듯
그런 분이 아닐까 하는 생각도 했지

야곱은 이런 시험을 이겨내지 못하면
하느님과의 약속을
결코 지킬 수 없을 것이라는 걸 기억했지
씨름은 밤새 이어졌지
그분은 야곱을 이겨 낼 수 없다는 것을 알고
야곱의 엉덩이뼈를 쳤지

그분은 동이 터오자 그만 놓아달라고 했지
야곱은 자기에게 복을 빌어주지 않으면
절대 놓아드릴 수 없다고 떼를 썼지

그분이 야곱에게 이름을 묻고는
"너는 하느님과 겨루어 냈고 사람과도 겨루어
이긴 사람이다. 다시는 너를 야곱이라 말하지 말고
'이스라엘'이라고 하여라."
야곱은 당당해졌지
이제는 형 에사우의 발뒤꿈치를 잡고 나온
야곱이 아니라 신과 겨루어 이긴 '이스라엘'이었지

야곱은 하느님과 씨름할 때 발목뼈를 다쳐
다리를 절뚝거리며 가족을 찾아가 만났지

야곱이 서둘러
그곳을 떠날 때 해가 떠올랐지
야곱은 그곳에서 '하느님을 만나 목숨을 건졌다.'
하여 그곳을 '프니엘'이라 불렀지
이스라엘이 고개를 들어 보니
형 에사우가 많은 부하를 거느리고 오고 있었지
야곱은 가족들 앞에 서서
형에게 일곱 번이나 땅에 엎드려 절을 했지

하느님께서는 에사우를 자비롭게 하시어
이미 오래전 야곱을 용서하게 하셨지
에사우는 동생에게 상속권을 빼앗긴 것도
자신이 신중하지 못해 일어난 일이라 생각했지
야곱이 아버지를 속여 복을 빌어 받은 것도
다 자신의 문제로 돌리고 뉘우쳤지
에사우는 야곱이 돌아오기만을 기다렸지

동생 야곱이 나타나자
에사우는 뛰어와 야곱의 목을 끌어안고
입을 맞추며 울음을 터뜨렸지
감사와 기쁨의 눈물을 흘렸지

야곱과 에사우가
감격적으로 화해한 후
야곱은 가족들에게
차례로 에사우에게 절을 올리게 했지
에사우가 야곱에게 세이르로 가서
함께 살기를 원했으나
야곱은 가나안으로 가고 싶어 사양했지

에사우는 세이르로 돌아가고
야곱은 가나안 땅 스켐 마을에 무사히 이르렀지
야곱은 이곳에 제단을 세우고
'엘 엘로헤 이스라엘'^{이스라엘의 하느님}이라 했지

그러나 그때만 해도 야곱의 가족들은
이방 신을 섬겼지
그런 어느 날 야곱에게 화가 닥쳤지
레아가 낳아준 야곱의 딸 디나가
마을 여자들을 보러 나갔다가
그곳 군주의 아들에게 욕을 본 것이지, 그러자
디나의 친오빠 시메온과 레위와
야곱의 아들들이 군주와 그 아들은 물론 그곳
남자들을 다 죽이고 온 성의 재산을 다 털었지
야곱은 그들의 보복이 두려워
두 아들을 불러 나무랐으나 말을 듣지 않았지

하느님께서 야곱에게 이르셨지
"이러고 있지 말고 이곳을 떠나 베텔에 올라가라.
네가 형 에사우를 피해 하란으로 갈 때
너에게 나타났던 그곳에서 내게
제단을 쌓아 바치고 자리를 잡아라."

야곱은 온 가족과
그가 거느리는 사람들에게
모두 몸을 깨끗이 씻고 새 옷으로 갈아입히고
이방의 신상과 부적들을 스켐 근처
느티나무 아래 묻고 길을 떠났지
하느님께서는 그들이 가는 길에 아무도
뒤쫓지 못하게 하셨지

야곱은 베텔에 이르러 다시 제단을 쌓고
이곳을 하느님의 집 '엘베텔'이라 했지
하느님께서는 야곱의 가족들이 거듭나자
아브라함에게 주신 복을 야곱에게도 그대로 주셨지

그때 야곱과 동행했던
레베카의 유모 드보라가 죽어
베텔 아래 상수리나무 밑에 묻혔지
한편 레베카는 이사악보다 먼저 세상을 떠나
아브라함이 묻힌 막벨라 동굴에 안장됐고,

한편 야곱이 할아버지 아브라함이 살던
헤브론으로 가던 중 베들레헴에 이르러
라헬이 요셉의 동생을 낳고 숨을 거두었지
그 아들이 벤오니였는데 이 이름이 좋지 않아
벤야민이라 고쳐 지었지
이로써 하느님께서는
이스라엘 열두 지파의 선조인
열두 아들의 이름을 다 채우셨지

야곱이 베들레헴을 떠나서
아브라함이 살았고 이사악이 몸 붙여 사는
헤브론 '마므레의 상수리나무'에 이르렀지

이곳에서 이사악이 백여든 살에 세상을 떠나자
아들 에사우와 야곱은 이사악을
아브라함과 사라가 있는 막벨라 동굴에 안장했지
이사악은 아브라함처럼 순종과 평온함으로
믿음의 성조로서 예수 그리스도의 예표가 되지

한편 하느님께서는 에사우에게도 복을 내려
에사우가 마흔 살 되던 해
세 아내를 맞아 자손과 재산을 많이 불려
사해 동남쪽 에돔 왕국의 조상이 되게 하셨지
에돔 왕국은 이스라엘의 형제로 살았지

요셉이 형들의 계략으로
이집트로 팔려가다

창세기 37,1~40,23

이스라엘^{야곱의 새 이름}은

자기 할아버지 아브라함이

유랑민으로 머문 적이 있는

가나안 땅에 자리를 잡았지

그는 열두 명의 아들 가운데

늙어서 라헬에게서 얻은

요셉을 더 사랑하였지

그것은 요셉이 어렸을 때 라헬이 죽어

어머니의 사랑을 못 받고 자랐기 때문이지

이스라엘이

유별나게 요셉을 더 사랑하는 것을 보고

형들은 요셉을 질투해

말 한마디도 건넬 생각이 없었지

나쁜 마음도 가졌지

언젠가 요셉이 꾼 꿈 이야기를
형들에게 들려주었지
"내가 꾼 꿈 이야기를 들어 봐요.
밭에서 우리가 곡식단을 묶고 있는데
내가 묶은 단이 우뚝 일어서고
형들이 묶은 단이 둘러서서
내가 묶은 단에 절을 하지 않겠어요?"
"네가 정말 우리에게 왕 노릇 할 셈이냐?
네가 정말 우리에게 주인 노릇 할 셈이냐?"
형들은 더욱 그를 미워하게 되어
말도 붙이지 않았지

어느 날
요셉은 아버지와 형들이 있는 데서
또 다른 꿈을 말했지
"아버님, 형님들, 글쎄 꿈에 해와 달과
별 열하나가 내게 절을 하더군요."
이스라엘은 요셉을 크게 꾸짖었지
"나와 네 어머니와 형제들이
너에게 절을 할 것이란 말이냐?"

이스라엘은 요셉의 말과
요셉의 형들이 요셉을 질투하는 것을 알고
그 모든 일을 마음에 두고 있었지

요셉이 어린 티를 벗고
열일곱 살이 되자
형들과 함께 양을 치게 되었지

그동안 이스라엘은 요셉의 형들을
양 떼에게 풀을 뜯기러 멀리 떨어진
스켐으로 보냈지
그곳은 양 떼가 먹을 물과 풀이 많았지

시간이 얼마쯤 지난 뒤에
이스라엘이 들에 나가 있는 요셉을 불렀지
"얘야, 형들이 스켐에서 양을 치고 있지 않으냐?
형들도 잘 있고 양들도 잘 있는지 궁금하니
네가 좀 다녀와야 하겠다."
스켐 풀을 다 뜯긴 형들은 거기에 머무르지 않고
도탄이라는 곳으로 옮겨갔지
도탄은 메소포타미아에서
이집트로 가는 길목에 있었지

요셉이 들판을 헤매다가
지나가는 사람에게 형들이 어디 있는지 물었지
요셉은 도탄으로 형들을 찾아갔지
형들은 멀리서도 그가 요셉이라는 걸 알아보고
음모를 꾸몄지

"야, 꿈쟁이가 오는구나.
저 녀석을 죽여 아무 구덩이에나 처넣고는
들짐승이 잡아 먹었다고 하자.
꿈이 어떻게 되어가는가 보자."

맏형 르우벤은 동생들의 행동을 말렸지
이복동생인 요셉이 미웠지만
형제들끼리 피만은 흘리지 말자고 했지
요셉이 다가오자
그들은 요셉의 채색옷을 벗기고 구덩이에 처넣었지

그때 마침 길르앗에서 낙타를 몰고 오는
이스마엘 상인들의 눈에 띄었지
그들은 향이 나는 고무 유향^{방향제}과 몰약^{방부제}을
낙타에 싣고 이집트로 가는 길이었지

넷째 아들 유다가 형제들에게 말했지
"그래도 우리 핏줄인데 동생을 죽이고
피를 덮어 버린다고 해서 무슨 이득이 있겠나?
그러니 그 애를 이스마엘 상인들에게 팔아 버리고
우리는 손을 대지 말자."
형제들은 그의 말을 듣기로 하고
요셉을 구덩이에서 끌어내어
이스마엘 상인들에게 이십 냥에 팔아넘겼지

이스마엘 상인들은 요셉을
이집트로 데리고 갔지
형들은 그들의 계획대로 염소 한 마리를 죽이고
요셉의 채색옷을 가져다 그 피를 묻혔지

그들은 피 묻힌 옷을 가지고 가나안으로 돌아가
아버지 이스라엘에게 보였지
"이것을 우리가 스켐 들판에서 주워 왔습니다.
이것이 요셉의 옷인지 아닌지 잘 보십시오."
"내 아들의 옷이다. 들짐승이 잡아 먹었구나.
요셉이 들짐승의 밥이 되다니!"

이스라엘은 옷을 찢고 베옷을 몸에 걸친 채
아들을 생각하며
날이 가도 달이 가도 울기만 했지
가족들이 모두 깊이 위로해도 위로받지 않고
사랑하는 아들 곁으로 가고 싶다고 했지
이스라엘은 요셉 생각에 울고 또 울었지

한편 이스마엘 상인들은
이집트로 가서 파라오의 신하인
경호 대장 포티파르에게 요셉을 팔았지
포티파르는 요셉이 눈에 들어
관리인으로 세워 모든 일을 맡겼지

하느님께서 요셉을 돌보아 주셔서
무슨 일이든지 잘 되게 해 주셨지

하루는 요셉과 포티파르의 아내가
마주치게 되었지
총명하고 잘생긴 요셉에게
그녀는 눈웃음을 치며 침실을 가리켰지
요셉은 그녀의 유혹에
하느님께 죄가 된다며 단호하게 거절했지
이런 일이 있고 나서도 그녀는
수시로 요셉을 유혹했지

그날도 마찬가지였지
요셉이 일을 보려고 집 안에 들어가자
그 여자는 집 안에 아무도 없는 것을 알고
요셉의 옷을 붙잡고 또다시 수작을 부렸지
요셉은 겉옷을 그녀의 손에 잡힌 채
뿌리치고 밖으로 뛰쳐나갔지
그 여자는 요셉의 옷을 챙겨 놓았다가
집에 돌아온 남편에게 보이며
"당신이 데려온 그 히브리 종 녀석이
내 방에 들어와 나를 농락하려고 하지 않겠어요?
그래서 내가 고함을 질렀더니
이렇게 옷을 버려둔 채 밖으로 뛰쳐나갔답니다."

포티파르는 순간 화가 치밀어 올라
요셉을 잡아 감옥에 가두었지

하느님께서는
정직하고 성실하게 감옥 생활을 하는
요셉을 돌보시어 간수장의 눈에 들게 해주셨지
간수장은 감옥에 있는 모든 죄수를
요셉에게 맡겨 관리하도록 했지
하느님께서
요셉을 돌보아 주셔서 무슨 일이든지
잘 되게 해 주셨지

이런 일이 있은 지 얼마 되지 않아
요셉이 갇힌 감옥에
파라오에게 술잔을 드리는 시종장과
빵을 구워 올리는 죄수 두 사람이 들어왔지
파라오 왕에게 무슨 잘못을 저질렀던 거지

여러 날이 지난 아침 요셉이 그들에게 가보니
그들이 크게 근심하고 있었지
"오늘은 안색이 좋지들 못하시군요.
 왜들 그러십니까?"
"둘이 꿈을 꾸었는데 풀어 줄 사람이 없소."
요셉은 그들에게 이렇게 청했지

1. 영원한 약속

"꿈은 하느님만이 푸실 수 있는 일이
아니겠습니까? 하지만 제게 한번 얘기해 주세요."

술잔을 드리는 시종장이 먼저 얘기했지
"내가 꿈에 보니까 내 앞에 포도나무
한 그루가 있었소. 그 포도나무에는
가지가 셋이 뻗어 있었는데
그 가지에 꽃들이 피고 포도송이가 익더군요.
나는 그 포도를 따서 잔에 즙을 만들어
파라오에게 바쳤다오."

요셉은 꿈이 하느님께서 그 사람의 미래를
미리 보여주는 것이며
그 꿈은 하느님만이 풀 수 있다고 생각했지

요셉이 시종장에게 말했지
"가지 셋은 사흘을 말하는 것입니다.
앞으로 사흘이 되면 파라오께서 당신을 불러내어
술잔을 올리게 할 것입니다.
당신이 잘되시는 날 나를 기억하여
파라오에게 말씀드려
이 감옥에서 벗어나게 해 주십시오."
그 풀이가 좋은 것을 보고
빵을 구워 올리는 시종장도 자기 꿈을 말했지

"꿈에 흰 과자를 담은 바구니 셋을
내가 머리에 얹고 있었소.
제일 위 바구니엔 파라오에게 드릴
온갖 음식들이 담겨 있었소. 그런데
새들이 바구니 속에서 먹고 있더군요."

요셉이 꿈풀이를 해 주었지
"그 풀이는 이렇습니다. 앞으로 사흘이 되면
파라오는 당신을 불러내어 나무에 매달 것입니다.
그러면 새들이 날아와
당신의 몸을 쪼아 먹게 될 것입니다."

사흘째 되는 날 파라오는
신하들을 다 모아 놓고 생일잔치를 베풀었지
술잔을 드리는 시종장과 빵을 구워 올리는
파라오는 두 시종장을 불러냈지

술잔을 드리는 시종장은 복직시켜
자기의 손에 술잔을 올리게 하였으나
빵을 구워 올리는 시종장은
나무에 매달아 죽였지, 그러나
술잔을 드리는 시종장은
요셉의 부탁을 까마득히 잊어버렸지

요셉이 파라오의 꿈풀이로
이집트의 재상이 되다

창세기 41,1~57

그로부터 세월이 2년이나 흘렀지
요셉은 여전히 감옥에 갇혀 살았지
어느 날 파라오가 꿈을 꾸었는데
그 꿈으로 마음이 뒤숭숭했지

그 꿈은 이랬지
나일강에서 난데없이 살지고 잘생긴
암소 일곱 마리가 강에서 나와
갈대를 뜯고 있었지, 그런데
곧이어 여위고 볼품없는
암소 일곱 마리가 뒤따라 나와
살지고 잘생긴 소들을 잡아먹었지
파라오는 꿈에서 깨어나 뒤척이다가
다시 잠이 들고는 또 꿈을 꾸었지
이번에는 줄기 하나에서 일곱 이삭이 나와
토실토실 여물어가는 것이 보였지

뒤이어 돋아난 일곱 이삭은
샛바람에 말라 여물지 못하고
잘 여문 이삭을 삼켜버렸고,

파라오는 불길한 꿈이라 여겨
마술사와 현자들을 불러 해몽해봐도
아무도 그 꿈을 풀지 못했지
그때 술잔을 드리는 시종장의 머리에
요셉이 기억났지
시종장은 감옥에서 꾸었던 꿈을
히브리 사람 요셉이 잘 풀어주었다며
그를 불러 해몽하도록 청했지
파라오는 요셉을 불러오게 하여
꿈 이야기를 들려주었지
요셉은 파라오의 말을 귀 기울여 듣고 말했지

"폐하의 꿈은 결국 같은 내용입니다.
이것은 앞으로 일어날 일을
하느님께서 폐하께 미리 알려주신 것입니다.
잘생긴 암소 일곱 마리와
잘 여문 일곱 이삭은 7년을 말합니다.
뒤따라 나타난 마른 일곱 암소나
샛바람에 말라비틀어진
일곱 이삭도 7년을 뜻합니다.

앞으로 올 7년 동안
이집트 온 땅에 대풍이 들었다가
뒤이어 7년 동안은
크게 흉년이 계속될 것입니다.
그 흉년에 사람들은 굶주리게 되고
민심이 흉흉하여 나라가 위태롭게 될 것입니다."

파라오는 요셉의 꿈풀이가 신통하여
요셉에게 다시 물었지
"그러면 어찌해야 하겠느냐?"
"폐하께서 같은 꿈을 두 번씩이나 꾸신 것은
하느님께서 이런 일을 어김없이 하시기로 정하셨고
또 지체하지 말고 그대로 하시리라는 것입니다.
폐하께서는 슬기롭고 지혜로운 사람을 뽑아
이집트 온 땅을 다스리게 하시는 것이 좋겠습니다.
이런 일을 잘 맡아 할 감독을
지역마다 보내 풍작이 계속되는 7년 동안
이집트 땅에서 나는 곡식들을 받아
그 5분의 1씩
지역마다 저장하도록 조처하십시오.
그 식량은 이집트 땅에 일곱 해 계속될
흉작에 대비하는 것입니다.
이렇게 하면 온 나라가 기근으로
망하는 일은 면할 것입니다."

파라오는
이 제안이 매우 좋아 보였지
파라오는 슬기롭고 지혜로운 요셉의 통찰력과
진정성에 감탄해
깊이 신뢰하고 재상으로 세웠지

그 징표로 파라오는 왕의 권위인
옥새 반지를 손에서 빼서 요셉에게 끼워주었지
이때 요셉의 나이 서른 살이었지

그 후 이집트 온 땅에 7년 동안
대풍이 계속되었지
요셉은 칠 년 동안
각 지역 곡물들을 5분의 1씩 거두어
그 지역에 창고를 지어 저장하도록 하였지
뒤이어 7년 동안
이집트에서는 흉년이 와서 기근이 들었지
요셉은 모든 창고를 열어
사람들에게 곡식을 팔았지
기근이 이집트는 물론
이웃 나라까지 휩쓸게 되자
이웃 나라 사람들이 곡식을 사려고
이집트로 몰려들었지
그러면 요셉은 어떻게 재상이 되었을까?

그 무렵 이집트는
'외국의 통치자'라는 뜻을 가진
메소포타미아^{지금의 이라크}에 대제국을 건설한
힉소스가 지배하고 있었지
한때 국력이 컸던 이집트는
권력 싸움으로
국경을 지키는 힘을 잃게 되었지
그 틈을 노린 동방의 힉소스는
기병대와 전차 등 최신 병기로
시리아와 가나안을 점령한 뒤
이집트를 정복했지

힉소스는
아시아계의 여러 민족
곧 히타이트족 후리족 셈족으로 되어 있는데
가장 큰 비중은 셈족이었지
어쩌면 이집트를 통치하는 힉소스계 파라오는
이집트 사람보다는 다른 민족 사람들을
중용하려 했는지도 모르지
그 가운데서도 셈족인 요셉을!

가나안의 기근으로
요셉 형제들이 이집트로 가다

창세기 42,1~38

가나안 땅에도
심한 기근이 들어
이스라엘의 가족도 굶주림이 크게 늘었지
이스라엘이 그의 아들들에게 일렀지
"듣자 하니 이집트에는 곡식이 많다더라.
거기로 내려가서 식량을 사 오너라."
이스라엘의 아들들도 다른 사람들 틈에 끼어
곡식을 사러 이집트로 떠났지, 이스라엘은
요셉의 동생 벤야민만은 집에 남게 했지

그 무렵 이집트의 온 곡식을 파는 책임자는
이미 재상이 된 요셉이었지
여러 날을 거쳐 이집트에 도착한 이스라엘의
열 명의 아들들은 그 재상을 만나야만 했지
그가 지시하지 않으면
식량을 살 수가 없었기 때문이었지

그들은 요셉에게 절을 올렸지
형들은 요셉을 알아보지 못했으나
요셉은 형들을 알아보았지
요셉은 자신이 어렸을 때 꾸었던 꿈과
똑같은 현실에 너무나 놀라워했지

요셉은 반가움을 감추고 형들을 을러메었지
요셉은 히브리말을 할 줄 알면서도
일부러 통역을 세워 아랍말로 말했지
"너희들은 어디에서 온 자들이냐?
이 나라의 비밀을 알아내려 온 첩자가 아니냐?"

요셉이 이렇게 험악한 말로
형들을 다그치는 것은
형들을 더 안전하게 지켜주기 위한
치밀하게 계산된 말이었지

"아닙니다. 저희는 첩자가 아닙니다.
가나안 땅에서 그저 양식을 사러 왔을 뿐입니다.
지금 그곳에는 아버지와 막내가 있습니다.
우리는 본래 열두 형제였습니다.
그런데 동생 하나는 없어졌습니다.
아버지와 막내는 저희가 양식을 구해
빨리 돌아오기만을 기다립니다."

요셉은 형들의 애원에도 아랑곳하지 않고
형들을 3일을 감옥에 가두었지

사흘째 되는 날
요셉은 형들을 불러 말했지
"나도 하느님 두려운 줄 아는 사람이다.
만일 너희가 정직한 사람이라면
한 사람만 감옥에 남겨두고
나머지는 식구들이 굶어 죽지 않도록
곡식을 가져가고 돌아올 때는
막내를 데려오너라.
그렇게 하면 너희 말을 믿고
너희들을 풀어줄 것이다."

요셉이 막내를 데려오라 한 것은
형들의 마음이 바뀌어
정말 형제애로 함께 살아갈 수 있는지
시험한 것이었지

요셉의 형들은 양식을 구해
빨리 가나안으로 돌아가기 위해서는
어쩔 수 없이 요셉의 말을 따를 수밖에 없었지
요셉은 형들이 돌아가는 길에
먹을 빵까지 넉넉히 실어주었지

요셉은 고향에서 굶주림에 시달리는
아버지와 벤야민을 생각하며 슬퍼했지
벤야민은 엄마 얼굴도 모르고 자랐지
요셉은 아버지와 동생 벤야민이
매우 보고 싶었지

요셉은 형들이 자기를 죽이려 구덩이에 처넣고
이스마엘 상인들에게 팔아 버린 데 대해
자신들의 잘못이 크다고
이런 곤경에 빠진 것도 마땅하다고
뉘우치는 소리를 들었지

그의 형들은
통역을 세워 말하는 요셉이
자기들 말을 못 알아들을 줄 생각하고 수군거렸지
요셉은 그들의 소리를 듣다 말고
안으로 들어가 울었지

요셉은 눈물을 씻고 다시 돌아와
둘째 형 시메온을 불러내어
형들이 보는 앞에서 그를 묶었지
요셉은 자루마다 밀을 가득 채우게 하고
밀값으로 받은 돈을
자루마다 다시 넣어두도록 했지

그들은 밀을 나귀에 싣고 길을 떠났지
밤에 묵을 곳에 이르러
그들 중 하나가 자루를 열어 보고는 소리쳤지
"내 돈이 자루 속에 있어!
이상한 일 다 봤네!"
그들은 어찌 된 까닭인지 몰라 하며
한편으로는 혹시 도둑으로 몰리지 않을까?
걱정하며 집에 이르렀지

그들이 아버지와 벤야민 앞에서
자루를 비우다가 자루마다
돈주머니가 그대로 들어 있는 것을 보고
그들은 덜컥 겁이 났지

간첩이란 말도 듣고
도둑이라는 누명까지 쓰게 되면
이집트에 남아 있는 시메온을
그냥 두지 않을 것이라고 여겼기 때문이었지

이스라엘의 아들들은
시메온을 살리려면
이집트 재상의 말을 들어야 한다며
이스라엘에게 벤야민을 데리고
다시 이집트로 가야 한다고 말했지

이스라엘은 크게 울부짖으며
"너희는 나에게서 자식을 하나하나
빼앗아 가는구나! 요셉도 없어졌고
시메온도 없어졌는데
이제 벤야민마저 데려가겠다는 거냐?"

이스라엘은 라헬이 낳아 준 막내 벤야민을
눈에 넣어도 아프지 않을 만큼 사랑했지
맏아들 르우벤이 이스라엘을 설득했지
"만일 제가 벤야민을 아버지께로
다시 데려오지 못한다면
제 두 아들을 죽이셔도 좋습니다.
저에게 벤야민을 맡겨 주십시오.
어떤 일이 있어도 벤야민을 다시 데려오겠습니다."

이스라엘은 막무가내였지
"이 애만은 데리고 가지 못한다.
요셉도 죽고 이 애 하나 남았는데
이 애가 가는 길에
무슨 변이라도 당하면 어떻게 할 셈이냐?
너희들은 이 늙은 아비가
저승으로 내려가는 꼴을 보고 싶으냐?"

요셉이 막내 동생
벤야민을 만나 울다

창세기 43,1~30

기근은 점점 심해만 갔지
가져온 밀이 다 떨어지자
이스라엘이 또 아들들에게
이집트에 가서 밀을 구해 오라고 했지

아버지의 말이 끝나자마자
유다가 나서서 계속 벤야민을 보내야
밀을 구해 올 수 있다고 아버지를 설득했지

"그 어른이 우리가 동생을 데려오지 않으면
시메온도 풀어줄 수 없다고 경고했습니다."
이스라엘도 벤야민만은 보내고 싶지 않았지
"왜 동생이 또 하나 있다는 소리를 해서
나를 이리도 괴롭히느냐?"
"그 애를 저에게 맡겨 보내 주십시오.
제가 그 애를 책임지겠습니다."

"정 그렇다면 이 땅에서 난
가장 좋은 것을 가지고 떠나거라.
유향과 꿀, 고무, 몰약, 감복숭아, 유향나무 열매를
선물로 가지고 내려가거라.

돈은 갑절로 넣고
너희 자루에 들어 있던 돈도 도로 넣어라.
너희 동생도 데리고
어서 그 어른에게로 돌아가거라.
전능하신 아버지께서
그 어른에게 너희에게 자비를 베풀어주시어
시메온과 벤야민을 돌려보내 주시면
오죽이나 좋겠니?
하지만 자식을 잃어야 한다면 잃었지
별 수 있겠느냐?"

유다가
그들은 길을 떠나 요셉 앞에 다시 섰지
요셉은 관리인에게 형들 모르게
자기 집으로 데리고 가라고 했지
그리고 염소를 잡아서 좋은 음식을 만들어
점심상을 차리라고 했지
요셉의 형제들은 감옥으로 끌려가는 줄 알고
두려움에 떨었지

그들은 틀림없이
저번에 자루 속에 들어있던
돈 때문일 것이라고 여겼지

요셉의 집 문간에 이르렀을 때
그들은 관리인에게 변명을 늘어놓았지
"나리, 우리는 지난번에
양식을 사러 내려왔었습니다.
그런데 밀자루에 돈이 들어 있었는데
손도 대지 않고 그대로 다 가져왔습니다."
관리인은 그들을 안심시켰지
"걱정할 것 없습니다. 모든 일은
당신들의 하느님께서 하신 일입니다."

요셉의 형제들은 관리인이 데리고 나온
시메온을 다시 만났지
요셉이 집 안으로 들어서자
그들은 가져온 선물을 내놓고
땅에 엎드려 절했지

요셉이 그들에게 물었지
"저번에 늙은 아버지가 계신다고 하더니
그분이 잘 계시냐? 아직도 살아계시냐?"
"네, 저희 아버지께서는 잘 계십니다."

요셉은 벤야민을 찾고 있었지
형제들 사이에 있던 벤야민을 바라보고는
울음이 북받쳐 올랐지
울음을 참을 수 없던 요셉은
허둥지둥 자기 방으로 가서
한참을 울었지

제가 형님들의 동생
요셉입니다

창세기 43,31~45,3

요셉이 얼굴을 씻고 도로 나와서
음식이 차려진 상 앞에 앉았지
요셉의 형제들도 상 앞에 앉게 되었는데
신기하게도 맏아들부터 막내아들에 이르기까지
나이 순서대로 자리가 배정되어 있었지
요셉과 그의 형제들은 오랜만에
취하도록 먹고 마셨지

그런 뒤에 요셉은 관리인에게 다른 사람 모르게
형제들의 자루에 가져갈 수 있을 만큼
양식을 채워주고
전처럼 받은 돈을 도로 넣게 했지
막내의 자루에는 은 술잔도 함께 넣도록 했지

다음 날 아침이 되자
그들은 나귀에 양식을 싣고 길을 떠났지

그들이 그 도시에서 벗어나자마자
요셉의 관리인이 뒤쫓아 와 길을 막고
그들에게 큰 소리로 말했지
"너희들은 왜 배은망덕 하느냐?
어쩌자고 주인님의 은 술잔을 훔쳐 왔느냐?
너희들이 다녀간 뒤
주인님의 은 술잔이 없어졌다.
그 은잔은 주인님께서 술을 따라 마시고
점을 치는 귀한 물건이다."

호통에 놀란 그들은
있을 수 없는 일이라며 장담했지
누구한테서라도 은잔이 나오면 죽여도 좋다고
우리 모두 종으로 삼으셔도 좋다고
그들은 자루를 땅에 내려놓고 자루를 풀었지
어찌 된 일인가! 마지막으로 뒤진
막내 벤야민의 자루에서 은잔이 나왔지
그들은 변명의 여지가 없었지

형제들은 슬프게 울며 나귀에 자루를 다시 싣고
떠나오던 도시로 되돌아가
요셉 앞에 다시 엎드렸지
요셉이 큰 소리로 그들을 꾸짖어 책임을 물었지
유다가 요셉에게 이렇게 아뢰었지

"우리가 무슨 할 말이 있겠습니까?
하느님께서 저희의 죄를 들추어내셨습니다.
잔이 나온 이 애나 우리나 할 것 없이
어른의 종이 되는 길밖에는 다른 수가 없습니다."
"그렇게 할 수 없다. 잔을 훔친 사람만
내 종이 되고 나머지는 아버지에게
평안히들 올라가거라."

비통한 유다가 다시 요셉에게 엎드려 말했지
"소인이 어른께 감히 한 말씀 드리겠습니다.
노여워 마시고 들어주십시오.
우리 형제는 모두 열둘인데 밑에 둘 가운데
아버지가 사랑하던 하나는 들에서 죽고
하나는 막내 이 애인데
아버지께서 애지중지하는 아이입니다. 이곳에
다시 내려올 때도 이 애를 잃지 않을까 하셔
아버지는 몹시 슬퍼하셨습니다.
만일 이 애를 아버지에게 데려가지 못한다면
아버지는 돌아가실 것입니다.
이 아이 대신 소인을 남겨두시어
어른의 종으로 삼으십시오.
아버지에게 닥칠 불행을 차마 볼 수 없습니다.
어른께서는 파라오에 못지않은 권력자시니
그렇게 해 주십시오."

유다의 말을 듣는
요셉의 마음은 찢어졌지
이미 요셉은 권력자가 아니라 그들의 형제였지

자신을 노예로 팔자고 제안하고
아버지에게 고통을 안겨 준 유다가
이제는 아버지가 남달리 사랑하는
동생 벤야민을 집으로 돌려보내기 위해
노예가 되겠다고 하니!
요셉은 복받치는 감정을 억누를 길이 없어
시종들을 물러가게 하고는 큰 소리로
울음을 터뜨렸지

울음을 그친 순간 요셉이 형들에게 말했지
"제가 요셉입니다.
제가 형님들의 아우 요셉입니다."

이스라엘이 가족을 데리고
이집트로 떠나다

창세기 45,4~47,12

형제들은 입이 얼어붙고 말았지
어찌 이런 일이 일어날 수 있을까!
형제들은 어안이 벙벙하여 정신을 놓고 있었지
그들은 엎드린 채 일어나지 못했지

요셉이 그들에게 일어나
가까이 오라고 하자
그들은 일어나 요셉에게 다가갔지
"형님들이 나를 열일곱에 이집트
노예로 팔아넘겼었지요. 그렇다고 해서
괴로워하지 마십시오. 하느님께서
우리의 목숨을 살리시고
형님들의 종족을 땅 위에 살아남게 하시려고
나를 형님들보다 앞서 이집트로 보내신 것입니다.
이 땅에 기근이 든 지 2년이 되었습니다.
아직 5년이 더 지나야 합니다.

하루라도 빨리 아버지께 돌아가
내가 이집트에서 어떤 영화를 누리고 있는지
본 대로 말씀드리고
아버지를 모시고 오십시오.
 5년의 기근이 지나가는 동안
아버지와 형님들이 부족한 것이 없도록
땅과 가축들을 마련하겠습니다."

그런 다음 요셉은 친동생
벤야민의 목을 부둥켜안고 울었지
다시 요셉은 형들과 일일이 입을 맞추어 인사하며
형들과 오래 이야기를 나누었지

요셉은 자신을 질투해
이스마엘 상인에게 팔아넘긴 형들을 원망하지 않고
하느님의 구원계획으로
하느님께서 자신을
형들보다 앞서 이집트로 보냈다고 말함으로써
하느님의 사도로 파견되었음을 고백하는
성숙한 믿음을 보여주었지

요셉의 형제들이
가나안 땅에서 왔다는 소식을 들은
파라오와 그의 신하들은 기뻐했지

파라오가 요셉의 손을 잡으며 말했지
"형제들에게 이르시오. 아버지와 온 식구를
이리로 데려오도록 하시오.
이집트에서 가장 좋은 땅을 주어 살게 하겠소.
어린이들과 아내들이 편히 올 수 있도록
마차와 양식도 보내시오."

요셉은 형제들에게
좋은 나들이옷 한 벌씩 주었고
벤야민에게는 은돈 삼백 세켈과
나들이옷 다섯 벌을 주었지

아버지에게는 이집트에서 난 귀한 물건을
수나귀 열 마리에 가득 실어 보냈고
암나귀 열 마리에는
여행길에 먹을 빵과 물과 음식들을 가득 실었지
특히 요셉은 형제들에게
지난 일로 서로 탓하지 말라고 신신당부했지

이집트에서
가나안 땅으로 돌아온 그들은
아버지 이스라엘에게 아뢰었지
"요셉이 살아 있습니다. 이집트
온 나라를 다스리는 재상이 되었습니다."

아들들이 그동안 있었던 일을 다 말했지만
이스라엘은 곧이들을 수가 없었지
요셉이 살아 이집트의 재상이 되어
영화를 누린다는 것이 믿어지지 않았지

아들들이 이스라엘에게
파라오가 아버지에게 보낸 귀한 선물과
마차들을 보여 드리자
이스라엘은 제정신이 돌아와 목놓아 울었지
한참을 울던 이스라엘은
"이제는 죽어도 한이 없다.
내 아들 요셉이 살아 있다니
죽기 전에 어서 가서 그 애를 봐야겠다."

마침내 이스라엘은 모든 식구를 거느리고
재물을 챙겨
파라오가 보낸 마차를 타고 이집트로 떠났지
이스라엘은 브에르 세바에 이르러
하느님께 제사를 올렸지

그날 밤 하느님께서 환상 중에 나타나시어
이스라엘을 부르셨지
"야곱아, 야곱아,
나는 네 아비를 보살피던 하느님이다.

이집트로 내려가는 것을
두려워하지 마라.
내가 거기에서 너를 큰 민족으로 만들리라.
내가 너와 함께 이집트로 갈 것이며
먼 훗날 반드시 고향으로 돌아오게 하리라.
요셉의 손이 네 눈을 감겨 줄 것이다."

그는 모든 자손을 데리고
가나안 땅에서 모은 가축과 재물을 가지고
이집트로 들어갔지

이때 이스라엘의 나이는 백서른 살이었고
그를 따라간 직계자손은 며느리들을 빼고
66명이었지
이미 이집트에서 혼인해 생긴
요셉의 두 아들과 며느리까지 합치면
모두 70명이었지

이스라엘은 유다를 미리 요셉에게 보내고는
일행과 함께 이집트 고센 땅에 이르렀지
유다가 요셉을 만나
아버지와 가족들이 고센에 들어왔다고 이르자
요셉은 병거에 말을 메워 타고 고센으로 올라가
아버지 이스라엘을 만나 품에 안겨 울었지

"네 얼굴을 다시 보게 되다니
정말 너는 살아 있었구나!
이제는 죽어도 한이 없다."
이스라엘은 꿈만 같았지

요셉은 아버지와 형제들에게
파라오를 만나
파라오가 생업이 무엇이냐고 물으면
자신들은 선조 대대로
가축을 치는 목자들이라고 말하라 일렀지
그래야 고센 땅에서 살 수 있다고도 했지

요셉이 이렇게 말한 것은
아버지와 형제들이 아무 일도 도모하지 못할
하찮은 사람들이라 것을 알려
파라오에게 의심을 사지 않게 하려는
속셈이었지
그 당시 파라오는
외적의 침입을 경계하고 있었지

요셉이 아버지와 가족들을 데리고
파라오에게 올라가
아버지 이스라엘을 파라오 앞에 인도하자
파라오는 반갑게 맞았지

이스라엘은 파라오에게 가나안 땅에
기근이 심하게 들어
소 떼가 풀을 뜯을 초장이 없으니
고센 땅에서 살게 해달라고
간절한 마음으로 청했지

그 후 요셉은 파라오의 분부대로
아버지와 형제들에게
고센에 살 자리를 잡아주었지, 그리고
이집트 땅에서 가장 좋은 라므세스 지방을
그들의 소유지로 떼어 주고
아버지와 형제들의 가족들이
걱정 없이 살 수 있도록
양식을 대어주었지

이스라엘은
17년 동안 이집트에 살면서도
가나안을 하루도 잊은 적이 없었지

야곱과 요셉이
이집트에서 세상을 떠나다

창세기 47,27~50,26

이스라엘은
가나안 땅이 그리웠지
비를 맞고 파릇파릇 돋는
상수리나무가 그리웠고
소나무 가지에 앉아 울던
까마귀 울음소리도 그리웠지
가나안 땅의 흙냄새도 그리웠지

이스라엘은 한 해가 다르게
하루가 다르게 노쇠해져 갔지
죽을 날이 가까운 이스라엘은
아들 요셉을 불러 당부했지
"네가 정말 나를 기쁘게 해줄 마음이 있으면
나를 이집트에 묻지 말고
내 조상들이 묻힌 자리에
함께 묻어 주겠다고 맹세해다오."

요셉이 아버지의 말대로 맹세하자
이스라엘은 침상 머리맡에 엎드려
하느님께 경배드렸지

어느 날 요셉은
아버지가 편찮으시다는 말을 전해 듣고
두 아들 므나쎄와 에프라임을 데리고
병문안을 드렸지
이스라엘은 기력을 가다듬고
침상에서 일어나 앉아 이렇게 말했지

"내가 복을 빌어 줄 터이니
므나쎄와 에프라임을 가까이 오게 하여라.
네가 얻은 두 아들은 나에게 손자이나
르우벤이나 시메온과 같이
내 아들 항렬에 들어야 한다.
너의 두 아들 다음에 난 아이들이
네 자식이 되는 것이다."

이로써 요셉의 아내인 이집트 여자가 낳은
므나쎄와 에프라임도
이스라엘의 지파가 되었지
이스라엘은 나이가 많아
눈이 어두웠지

요셉은 므나쎄를 이스라엘의 오른쪽에
에프라임은 왼쪽에 세웠지
맏아들인 므나쎄에게 주려는 마음에서였지

이스라엘은 손을 엇갈리게 내밀어
둘째 에프라임 머리에는 오른손을 얹고
첫째 므나쎄 머리에는 왼손을 얹어
복을 빌어 주었지

"나의 조상 아브라함과
이사악이 살아가는 것을 지켜보아 주신 하느님,
태어날 때부터 이날까지
나의 목자가 되어주신 하느님,
온갖 어려움에서 나를 건져 주신
하느님의 천사가 이 아이들에게
복을 내려주시기를 빕니다.
나의 이름과 조상들의 이름 아브라함과 이사악이
이 아이들에게 살아 있기를
자자손손 모든 세대가 번성하기를 빕니다."

요셉은 아버지가 이렇게 하시는 게 못마땅했지
"아버지, 이 아이가 맏아들입니다.
오른손을 므나쎄에게 얹으셔야 합니다."
"아들아, 나도 안다. 왜 모르겠느냐?

이 아이도 한 족속을 이룰 것이다.
아우가 형보다 더 커져
그의 후손은 큰 민족을 이룰 것이다.
나는 이제 죽겠지만
하느님께서 너희를 보살펴주시어
조상의 땅으로 다시 돌아가게 해 주실 것이다.
내 칼과 활로 아모리 사람 손에서 빼앗은
스켐 하나만은 너의 형제들에게 주지 않고
너에게 준다."

이스라엘은 유언을 남기려고
아들들을 불렀지
맏아들 르우벤 그 아래 시메온과 레위
유다와 즈불룬, 이싸갈과 단,
가드와 아셀
그 아래 납달리와 요셉
막내 벤야민에게 하나하나씩
이스라엘의 지파가 되어
각 지파에게 일어날 운명을 예언하고
하나하나에게 맞는 복을 빌어주며 분부했지

"내가 죽으면 나를 히타이트 사람
에프론의 밭에 있는 막벨라 굴
내 선조들 옆에 묻어다오.

거기에는 아브라함과 사라
이사악과 레베카 두 분도 묻혀 있고
나도 너의 어미 레아를 거기에다 묻었다."

이스라엘은 아들들에게 분부하고 나서
침상에 바로 누워 마지막 숨을 거두었지
이스라엘의 나이 백마흔일곱 살이었지

요셉은 아버지 얼굴에
자기 얼굴을 대고 울면서 입을 맞추었지
요셉은 아버지의 시신이 썩지 않게
40일 동안 미라로 만들었지
이집트 사람들은 이스라엘의 죽음을 애도하며
70일 동안 곡을 했지
곡하는 날이 지나가자
요셉은 파라오에게 전갈을 보내어
아버지의 유언대로 고향인 가나안 땅에
장사지내게 해달라고 요청했지

파라오는 요셉에게 윤허를 내려
궁에 있는 파라오의 신하들과
전국의 장로들을 보내 장사를 치르도록 했지
기병들을 앞세운 수많은 병거의 행렬이
끝이 보이지 않을 정도였지

그들은 요르단강 건너편에 있는 아탓의
타작마당에 이르러
성대하고 장중하게 장례식을 올렸지

요셉은 아버지를 생각하며
7일 동안 곡을 하며 슬퍼했지
요셉은 아버지의 시신을
가나안 땅으로 모셔다가
마므레 앞 막벨라 동굴에 모셨지

요셉은 아버지의 장례를 치르고
같이 갔던 형제와 모든 사람과 함께
이집트로 돌아왔지

그 후 요셉의 형들은
어쩌면 요셉이 옛날의 일로
앙갚음하지 않을까 두려워
요셉 앞으로 나아가 빌었지
"아버지께서는 세상 떠나시기 전에
형들이 악으로 한 일이건
어떻게 마음을 잘못 먹고 한 일이건
다 용서해주라고 하셨으니 그렇게 해주든지
아니면 우리를 종으로 삼아다오."
요셉은 가슴이 찢어지는 듯 아파 울었지

"형들이 저에게 못 할 짓 한 것은
틀림없습니다. 하지만 하느님께서는 도리어
그것을 좋게 꾸미시어 오늘날 이렇게
뭇 백성을 살리시지 않았습니까?
두려워하지들 마십시오.
제가 형들과 형들의 어린 것들을
잘 돌봐드리겠습니다."
형들은 가슴이 터지는 듯했지
'참으로 미안하다. 참으로 잘못했다.'
이후 요셉은 형들과
아버지의 집안 친척과 함께 화목하게 살았지

요셉의 나이 백열 살이 되었지

죽음이 가까이 옴을 안 요셉은
집안사람들에게 말했지
"나는 이제 죽을 터이지만
하느님께서는 반드시 너희를 찾아오시어
이 땅에서 끌어내시고
아브라함과 이사악과 야곱에게 주시마고
맹세하신 땅으로 올라가게 할 것이다.
너희는 그때 여기에서 내 뼈를 가지고
그리로 옮겨 묻어다오."
요셉이 눈을 감고 조용히 잠들었지

사람들은 그를 미라로 만들어
이집트 땅에 모셨지
그 후 모세가 이집트에서 나올 때
요셉의 유해를 모시고 나와
가나안 땅 스켐에 안장했지

요셉은
이스라엘이 축복한 대로
'열매가 주렁주렁한 가지
샘 가에 늘어진 열매가 주렁주렁한 가지
담장 너머로 뻗어가는 가지였지

이삭과 꽃을 피우는 복
태곳적 산맥에서 흘러내리는 복
영원한 언덕에서 쏟아 내리는
풍성한 복을 받은 사람이었지' 창세기 49,22~26

이집트에 간
이스라엘 민족들이 억압을 받다

탈출기 1,1~22

이스라엘과 그 아들들이 죽고 나서
400여 년 동안 그들의 자손들은
자식을 많이 낳고 번성하여
온 땅에 가득 찰 만큼 무섭게 불어났지

이스라엘 백성들이 불어나자
더 이상 고센 땅에서만 살 수 없어
고센 땅을 벗어나 이집트 온 땅에 퍼져
이집트 사람들과 함께
어떤 사람들은 상인으로
어떤 사람들은 노동자로 섞여 살게 되었지

이집트에서 야곱의 자손들이
번성할 수 있었던 것은 셈족계
힉소스족의 파라오들이 통치하던 시대였지
파라오는 이집트 왕을 부르는 칭호였지

요셉이 이집트에 살던 시대의 왕은
셈족계 힉소스족의 마지막 파라오 아페파였지
이집트 사람들은 300년 동안
힉소스의 통치를 받으면서도
독립을 위한
투쟁을 포기하지는 않았지
그들은 여러 문제를 털어내고 단결하여
기원전 1550년경
마침내 힉소스의 세력을 무너뜨리고
테베 출신의 아시미스 왕이 신왕국 시대를 열었지

아시미스 왕은 요셉의 사적을 잘 몰랐지
아시미스 왕은 자기 백성들에게
틈만 나면 이렇게 말했지
"보아라. 이스라엘 백성이 무섭게 불어나니
큰일이다. 전쟁이라도 일어나면 원수의 편에 붙어
우리를 치고 나라를 빼앗을지도 모른다."

오랜 세월이 지나
이집트 사람들은
이스라엘의 아들 요셉이 자기 민족을
큰 기근에서 구해 낸 것을 잊고 있었지
이제 이스라엘 백성들은 이집트에서 쫓아내야 할
위험한 이방인처럼 생각했던 것이지

이집트 사람들은 셈족인 이스라엘 백성을
히브리인이라 부르며 조롱하기도 했지
이 무렵부터
이스라엘의 자손들이 누리던 삶도 어려워졌지
고난의 시간이 온 것이지

왕은 이스라엘 백성들이
이집트 땅에서 더 불어나지 못하게
손을 쓰기 시작했지
히브리 사람들을 이집트 온 땅으로 흩어놓고
그들을 노예로 삼아 강제로 노동에 동원해
화려한 왕궁과 신전들을 세웠지

흙을 이겨 벽돌을 만드는 일과 밭일 등
온갖 고된 노동을 시키면서
히브리 사람들을 착취하고 억압했지
히브리 사람들은 억압받으면 받을수록
더욱더 불어났지

히브리인의 조상은 아브라함이지
아브라함을 히브리인의 조상으로 보는 것은
'아브람의 조카 롯이 소돔에서
포로가 되어 끌려갈 때 포로 가운데
한 사람이 도망쳐 나왔지

그 포로가 아브라함에게
이 사실을 알릴 때 아브라함에게
'히브리인 아브람'이라 콕 집어 말했기'^{창세기 14,13}
때문이지

한편 이런 모든 일에 앞서
셈의 자손들이 번성하여
메소포타미아를 중심으로 살아가고 있을 때
강력한 군사력을 가진 또 다른
셈족계 힉소스족 아모리 사람들의 침략으로
서남아시아에는
종족 간 대이동이 일어나게 되었지

아모리인들은
'아무르'라는 신을 섬기는 사람들을 말하는데
이들은 유프라테스강 서쪽에서 살았지

아모리인들은 세력을 떨쳐 메소포타미아를
침략한 후 다시 방향을 틀어
시리아와 가나안을 정복한 후
이집트로 쳐들어갔지
이 무렵 하느님의 부르심을 받은 아브라함은
가족과 함께 메소포타미아 남부 갈대아 우르에서
북부 하란으로 이주했지

그리고 아브라함은
아모리인들에 섞여 하란을 떠나
유프라테스강을 건너 가나안으로 오게 되었지

그 후 아브라함과 자손들은
가나안의 심한 기근으로
이집트로 건너가 노예로 살았지

이렇듯 이집트 사람들은
셈족의 아브라함이 조상인 이스라엘 사람들을
'강을 건너온'
'경계를 넘나드는 사람들'이라는 뜻으로
'히브리인'이라 부르며 멸시했지

지금도 이스라엘 백성들은
이집트에서의 노예 생활을 잊지 않기 위해
자녀들에게
'우리는 이집트에서 파라오의 종이었다.'신명기 6, 22
는 아픈 역사를 가르치지

히브리 가문에서
모세가 태어나다

탈출기 2,1~10

이스라엘을 적대시하는 아시미스는
히브리 산파 시프라와 푸아에게
히브리 여인이 해산할 때
아들이거든 죽여버리고
딸이거든 살려주라 했지, 그러나
산파들은 하느님을 두려워하여
왕의 명을 거역하고
사내아이들을 살려주었지
하느님께서 산파들을 잘 돌보아 주셔서
히브리인들은 하루가 무섭게 불어 나갔지

새로 파라오가 된 투트무스 3세는
히브리인들의 대를 끊어버리기 위해
온 백성에게 명령을 내렸지
"히브리인들이 계집아이를 낳으면 살려 두되
사내아이를 낳으면 모두 강물에 집어넣어라."

이 무렵 이집트에 레위 가문에
아므람이라는 남자가 있었지
그는 나이가 차 같은 레위 가문의 여자 요게벳을
아내로 맞아 아론과 미리암을 낳았지
남매를 기르고 있던 요게벳이
세 번째 아기를 낳았는데 사내아이였지

파라오의 명에 두려움에 떨던 요게벳은
석 달을 숨겨 기르다가
더 이상 감출 수 없게 되었지
아므람과 요게벳은 하느님께 기도하며
아기를 하느님의 손에 맡기기로 결심했지
아므람과 요베겟은 얻어온 갈대 상자에
물이 새어들지 않게 역청과 송진을 바르고
그 안에 아기를 뉘어 강가 갈대숲으로 갔지

요게벳은 누가 볼까 조심스레 둘레를 살핀 후
아기에게 입을 맞추고는
떨어지지 않는 손으로 갈대 상자를 놓아주었지
요게벳의 두 눈에는 눈물이 흐르고 있었지
요게벳은 갈대 상자에서 눈을 떼지 않았지
아기의 누나 미리암도
동생이 담긴 상자에서 눈을 떼지 않고
갈대숲에 몸을 숨겨 살펴보고 있었지

마침 파라오의 딸 하트셉수트가
목욕하러 시녀들을 데리고 강으로 나왔지
시녀들은 강가를 거닐고 있었고
공주는 강물에 몸을 담그고 있었지
그때 아기 울음소리가 들리는
상자 하나가 떠내려오자
공주는 시녀를 보내어 그것을 건져오도록 했지

공주는 시녀를 시켜 상자를 열게 했지
상자 안에는 잘생긴 사내아이가 울고 있었지
공주는 불쌍한 생각이 들어 입속으로 말했지
"이 아기는 틀림없이 히브리인의 아기다."
공주는 이 아기가 오래전 이집트로 건너온
가나안 사람의 아기임을 알아차렸지

'아, 참 잘생긴 이이로구나!
나에게도 이런 아기가 있으면 얼마나 좋을까!'
공주는 아기를 데려다 기르고 싶었지만
그럴 수가 없었지

미리암은
일곱 살의 어린 나이에도 매우 영특했지
공주의 마음이 선하다는 것을 알아채고
공주 앞에 나아갔지

"공주님, 아기에게 젖을 물릴
히브리 유모를 데려다 드릴까요?"
공주가 미리암에게 그렇게 하라고 이르자
미리암은 곧바로 집으로 달려와
자기의 어머니 요게벳을 데려왔지
"내가 삯을 줄 테니 이 아기를 데려다가
젖을 먹여 길러 다오."
요게벳은 다시 자기 아들을 키울 수 있어 기뻤지
요게벳은 공주의 말대로
극진한 사랑으로 젖을 먹여 키웠지
젖을 물릴 때마다 이렇게 귓속에 들려줬지
'너는 히브리 사람이다.'
'너는 히브리 사람이다.'

젖을 뗄만하게 컸을 때
요게벳은 아이를 파라오의 딸에게 데려갔지
공주는 그 아이를 자기 아들로 삼고
'물에서 건져냈다.' 하여
'모세'라는 이름을 지어주었지

모세가 호렙산에서
하느님의 음성을 듣다

탈출기 2,11~3,15

세월이 지나 모세는
정의감 넘치는 아름다운 성년이 되었지
그는 이집트 파라오 딸의 양자로
왕궁에서 살고 있으나
이미 자신이
히브리인이라는 사실을 알고 있었지
오래전부터 자신의 동족들이 이집트 온 땅에서
천대받고 힘든 노동에 시달리며
어렵게 살아가고 있다는 것도 알고 있었지

그는 어느 날
궁 밖으로 나갔다가
히브리 사람이 이집트 사람에게
매 맞는 것을 보고 참을 수가 없었지
그는 주위를 살피고 사람이 없자
이집트인을 쳐 죽여 모래 속에 묻어버렸지

아무 일도 없었다는 듯이
궁궐로 돌아온 모세는
이튿날 다시 나갔다가 이번에는 히브리인 둘이
서로 맞붙어 싸우는 것을 보고
잘못한 사람을 나무랐지
"당신은 왜 동족을 때리시오?"

사내는 모세에게 다가가 빈정거렸지
"누가 당신을 우리의 우두머리로 삼고
우리의 재판관으로 세웠단 말이오?
당신은 이집트인을 죽이듯 나를 죽일 작정이오?"
'이 일이 탄로가 나고 말았구나!'

모세는 덜컥 겁이 났지
만약 이 일이 파라오에게 알려져
히브리인이 이집트인을 죽인 살인자라 밝혀지면
사형을 면하기 어려울 것이라 떨리고 두려웠지

이 소식을 전해 들은 파라오는
모세를 잡아 오라는 명령을 내렸지
모세는 파라오의 손을 피해 달아났지
이제 모세는 파라오 딸의 양자가 아니라
한낱 살인자가 되어
도망치는 사람이 되어버렸지

빠져나온 모세는
몇 날 며칠을 도망쳐
미디안 땅 한 우물가에 앉아있었지

미디안에는 딸 일곱을 둔 사제가 있었지
그 딸들이 물을 길어 구유에 붓고
아버지의 양 떼에게 물을 먹이려고 하는데
목동들이 달려와 딸들의 일을 방해했지
화가 난 모세는 일어나
목동들을 쫓아내고
그 딸들을 도와 양 떼에게 물을 먹였지

딸들이 아버지 이트로에게 돌아가자
이트로가 물었지
"오늘은 웬일로 일찍 돌아왔느냐?"
딸들은 사실대로 말했지
"어떤 이집트 사람이
우리를 목자들의 손에서 구해주고 우리 대신
물까지 길어 양 떼에게 먹였습니다."
이트로는 딸들에게
모세를 데려오게 해 크게 대접했지, 그리고
그의 딸 치포라를 모세에게 주어
사위로 삼고 양을 치게 했지
모세는 치포라에게서 두 아들을 얻었지

그 뒤 오랜 세월이 흘러
이집트 왕이 죽고
새로운 왕 메르넵타가 즉위했지
그런데도 히브리인들의 형편은 나아지지 않고
고통은 점점 더 심해졌지

모세는 미디안 남쪽
시내 산 부근까지
양 떼를 몰고 다니며 풀을 뜯겼지
어느 날 모세는 양 떼를 이끌고 광야를 지나서
하느님의 산 호렙으로 갔지

그때 하느님의 천사가 떨기나무에서
타오르는 불꽃 모습으로 모세에게 나타났지
모세는 놀라움과 두려움에 몸을 떨었지
떨기나무에서 불꽃이 피는데도
나무가 타지 않는 것을 본 모세는
이런 놀라운 광경을
가까이 가서 보기 위해 떨기나무에 다가갔지

떨기나무 가운데 계신 하느님께서 이르셨지
"모세야, 모세야, 이리로 가까이 오지 마라.
네가 서 있는 곳은 거룩한 땅이니
네 발에서 신을 벗어라.

나는 네 선조의 하느님이다.
아브라함의 하느님 이사악의 하느님
야곱의 하느님이다."

모세에게 나타나신 하느님께서는
자신은 전혀 다른 새로운 하느님이 아니라
히브리인들이 조상 대대로 믿던
그 하느님이라고 말했지

모세는 하느님 뵙기가 무서워 얼굴을 가렸지

"나는 내 백성이
이집트에서 고생하는 것을 똑똑히 보았고
억압받으며 괴로워 울부짖는 소리를 들었다.
나는 그들의 고통을 잘 알고 있다.
나는 이제 내려가서
그들을 이집트인들의 손아귀에서 빼내어
그들을 이끌고 젖과 꿀이 흐르는 넓은 땅
가나안족과 히티아트족과
아모리족과 프리즈족과 히위족 그리고
여부스족이 사는 땅으로 데려가고자 한다.
내가 이제 너를 파라오에게 보낼 터이니
너는 가서 내 백성 이스라엘 자손을
이집트에서 건져내어라."

모세가 하느님께 아뢰었지
"제가 무엇인데 감히 파라오에게 가서
이스라엘 백성을 이집트에서 건져내겠습니까?"
하느님께서 모세에게 이르셨지
"내가 네 힘이 되어 주겠다.
너는 나의 백성을 이집트에서 끌어낸 다음
이 산에서 하느님께 예배를 드릴 것이다."

모세가 다시 하느님께 아뢰었지
"제가 이스라엘 백성에게 가서
'너희 조상들의 하느님께서
나를 너희에게 보내셨다' 하면, 그들이
'그 하느님의 이름이 무엇이냐?'라 물을 텐데
어떻게 대답해야 하겠습니까?"

모세는 자신이 만난 하느님께서
어떤 하느님이신지 다시 한번 확인하고 싶었지
그것은 모세 자신이 하느님의 존재를
스스로 의심 없이 받아들이기 위해서였지

하느님께서
모세에게 자신이 누구인지 이르셨지
"에흐에 아셸 에흐에 אהיה אשר אהיה
나는 스스로 있는 자이다 I am that I am

네가 '나를 너희에게 보내신 분은 나다.'라고
하시는 그분이다.'
너는 그렇게 이스라엘 백성에게 일러라."

곧이어
하느님께서는 자신의 이름을 다시 한번 밝히셨지
"나를 너희에게 보내신 이는
너희 선조들의 하느님 '야훼'^{YHWH}이시다.
아브라함의 하느님
이사악의 하느님 야곱의 하느님이시다.
이것이 영원히 나의 이름이 되리라.
너희는 이 이름을 불러
나를 기리게 되리라."

하느님께서 당신의 이름을 거듭 말씀하신 것은
이스라엘 백성들에게는 하느님 말고는
다른 신이 없다는 것을 강조하기 위함이셨지

네 손에 있는 것이
무엇이냐?

탈출기 3,16~4,31

"어서 이집트로 들어가서
이스라엘 장로들을 모으고
내가 한 말을 전하여라.
장로들을 데리고 이집트 왕에게 가서
'히브리인의 하느님께서 우리에게 나타나셨으니
우리는 광야로 사흘 길을 걸어
우리 하느님께 제사 올리러 가겠습니다.'라 하라.
이집트 왕은 쉽게 허락하지 않을 것이다.
내가 손수 온갖 놀라운 일로 이집트를 칠 것인데
왕은 이런 일을 당한 후에 너희를 보낼 것이다."
하느님께서 모세에게 거듭 이르셨지

모세는 이스라엘 백성들이
자기를 하느님의 사람으로 인정할지
하느님의 큰 계획을 믿어줄지
확신이 서지 않았지

하느님을 만나는 사람들은
하느님 앞에서 감히 말을 건네지 못하는데
모세는 당돌할 정도로
자기 생각을 분명하게 말했지

"그들이 저를 믿지 않으면 어떻게 합니까?
제 말을 듣지 않고 헛소리라고 하면
어떻게 합니까?"

하느님께서는 답답하셨지
"네 손에 있는 것이 무엇이냐?"
"지팡이입니다."
"그 지팡이를 땅에 던져라."
모세가 지팡이를 땅에 던지니 뱀이 되었지
모세가 무서워 뒤로 물러섰지

하느님께서 뱀의 꼬리를 잡게 하시니
다시 지팡이가 되었지
하느님께서 모세에게 손을 품에 넣으라 하시어
그렇게 하니 손이 나병이 든 것처럼
흰 눈이 덮인 것 같았지
다시 손을 네 품에 넣어보라 하시어
그렇게 하니
손은 본래 살갗대로 말끔해졌지

하느님께서
모세의 지팡이를 뱀으로 만드시고
모세에게 나병에 대한 징표를 보여주신 것은
하느님의 힘과 권위를 주시겠다는 표징이었지
이것은 하느님의 사명을 받아들이지 않으려는
모세와 모세를 거부하는 백성에 대한
하느님의 경고였지

모세는 의심이 많고 고집이 셌지
이런 모세를 설득하기 위해
하느님께서는 특별한 표징을 보여주셨던 것이지

하느님께서 다시 모세에게 이르셨지
"만일 원로들이 이 두 증거를 보고도 믿지 않고
네 말을 듣지 않으면
나일강 물을 퍼다가 마른 땅에 부어라.
그 물이 피가 되리라."

이번에도 모세는 또 이렇게 말했지
"주여, 죄송합니다.
저는 도무지 말재간이 없는 사람입니다.
어제도 그러했고 당신께서
종에게 말씀하신 오늘도 마찬가지입니다.
저는 워낙 입이 둔하고 혀가 굳은 사람입니다."

모세가
백성에게 알아들을 수 있게 말할 줄 모른다며
변명을 늘어놓자
하느님께서 모세를 꾸짖으셨지

"누가 사람에게 입을 주었느냐?
누가 말을 못 하는 사람이나
듣지 못하는 사람을 만들고 눈을 열어주거나
앞 못 보는 사람이 되게 하느냐?
나, 주님이 아니더냐? 어서 가거라.
네가 말할 때 무슨 말을 할지 가르쳐 주겠다."

하느님께서는 이렇게까지 말했으니
모세가 당신의 뜻을 받들 것이라 여기셨지만
모세는 자기 뜻을 굽히지 않았지

"주여, 죄송합니다.
보내실 만한 사람이 따로 있을 줄 압니다.
그런 사람을 보내십시오."
모세가 또 사양하자
하느님께서는 명령하셨지
"레위 사람인 네 형 아론이 있지 않으냐?
내가 알기에 그는 말을 썩 잘하는 사람이다.
그가 지금 너를 만나러 오고 있다.

그가 너를 만나 기뻐할 것이다.
네가 할 말을 그에게 들려주고
그의 입에 넣어 주리라.
그가 너를 대신하여 백성에게 말해 줄 것이다.
그는 너의 입이 되어 하느님처럼 말하게 되리라.
너는 지팡이를 손에 잡고 가거라.
이것으로 네가
하느님의 사자라는 것을 증명하여라."

과연 나는 억압받는 내 민족의 고통을
외면하는 것이 옳은가?
모세는 한 번도 함께 살아본 적이 없는
이스라엘 백성에게 해방의 중개자가 될 수 있을까?
내가 하느님께 아브라함의 아버지 이사악의 아버지
야곱의 아버지임을 증거할 수 있을까?

모세에게는 선택의 여지가 없었지
모세는 하느님께서 보여주신 믿음으로
약해졌던 정의감과 사명감을 되찾았지

하느님께서
미디안으로 돌아온 모세에게 이르셨지
"어서 이집트로 돌아가거라.
너를 죽이려 했던 자들이 다 죽었다."

모세는
장인에게 작별 인사를 드린 후
아내와 두 아들을 나귀에 태워
이집트 땅으로 향했지

모세의 손에는 하느님의 지팡이가 들려 있었고,

모세가 이집트를 향해 가던 어느 날 밤
하느님께서는 모세를 죽이려고 하셨지
두 아들에게 할례를 베풀지 않았기 때문이었지

그때 치포라는
돌칼로 두 아들에게 할례를 해
아들들의 표피를 모세의 발에 대고 말했지
"당신은 할례로 얻은 피의 신랑입니다."
이후 하느님께서 모세를 놓아주시어
치포라와 두 아들과 함께
이집트로 들어가게 하셨지

이후 치포라는
모세가 이스라엘 백성을 이끌고
이집트를 나올 때 함께 나와
잠시 모세를 떠나 두 아들을 데리고
미디안으로 돌아와 아버지와 살았지

치포라가 미디안으로 돌아온 것은
모세의 40년 광야 생활에
걸림돌이 되지 않으려는 마음도 있었겠으나
'아론과 미리암이 에티오피아 출신인 자신을
아내로 맞아들인 모세를 비방하는'[민수기12,1]
말을 들어왔기 때문이기도 했지

한편 모세가 미디안을 떠날 무렵
하느님께서는 아론에게도 나타나시어
모세를 만나러 광야로 나가라 하셨지
아론은 하느님의 산 호렙에 가서
오랜 세월 헤어져 있던 동생 모세를 만나
입을 맞추었지

모세와 아론은 이집트로 돌아가서
이스라엘 백성의 장로들을 모두 불러 모았지
아론은 하느님께서 모세에게 하신 모든 말씀을
그들에게 들려주고
백성 앞에서 증거들을 보여주자
그들은 모세와 아론을 믿었지
또한 하느님께서 이집트에서 노예로 살아가는
이스라엘 백성을 찾아오시어
자신들을 살펴주실 거라는 아론의 말을 듣고는
땅에 엎드려 하느님께 경배했지

내 백성을
광야로 내보내라

탈출기 5,1~6,1

그 뒤
모세와 아론이 파라오에게 가서
이스라엘의 하느님께서 '나의 백성이 내 앞에서
축제를 올리도록 광야로 내어 보내라.' 하신
하느님 말씀을 전했지

파라오는
아론의 말이 끝나기 무섭게 거절했지
"이스라엘의 하느님이 누군데 내가
그의 말을 듣고
이스라엘 백성을 내보내겠느냐?
나는 너희들의 하느님을 알지도 못하거니와
이스라엘 백성을 내보낸다는 것은
당치도 않은 말이다."
모세와 아론이 다시 청했지
"히브리인의 하느님께서 우리를 찾아오셨습니다.

우리가 광야를 사흘 길을 나가
우리 하느님께 제사를 올릴 수 있도록
허락해 주십시오.
그러지 않으면 그분께서 우리에게 질병을
내리시든가 전쟁을 일어나게 할 것입니다."

모세의 히브리인 해방
첫 번째 계획은
가나안이나 이집트에서
신에게 제사하는 기간에는
일을 멈추고 다 함께 모여 제사하는
관습법을 들어
합법적으로 파라오를 설득하려 한 것이었지

파라오가 모세에게 호통을 쳤지
"너 모세와 아론은 어찌하여
히브리인들을 부추기느냐? 썩 물러가라.
저들이 이 땅의 백성보다 더 많다.
히브리인들, 저들에게 일을 시키지 말라는 거냐?"

그 당시 히브리인들은 귀족의 노예로 살거나
도시의 품팔이꾼으로
새로운 도시를 건설하거나 왕궁 건립에
노동자로 살았었지

실제로 이집트 파피루스 문서에는
새로운 도시 멤피스를 건설하기 위해
돌을 나르는 군인들이나 노예들에게
식량을 배급하라는 규정과
히브리 노예들의 이름도 기록되어 있지

파라오는 그날로
이스라엘 백성을 노동자로 쓰는
온 이집트 공사 감독과 현장 감독들에게
명령을 내렸지
"이제부터 흙벽돌을 만드는 데 쓸 짚을
대 주지 말아라.
그렇다고 생산량을 줄여서도 안 된다.
저들이 일하기가 싫어서
'우리 하느님께 제사하러 가게 해 달라.'고 하니
눈코 뜰 새 없이 더 힘든 일을 시켜
허튼소리에 귀를 기울일
겨를을 주지 말아라."

그날부터
히브리인들은 이집트 땅에 두루 흩어져 있는
여물로 쓸 짚을 모아들였지
그들은 일이 끝나면 여기저기 다니며
짚을 모으느라 다른 생각할 틈이 없었지

파라오가 이렇게 하는 것은
모세와 아론이 하느님의 사람으로 가지고 있는
힘과 권위를 땅에 떨어뜨려
모세가 자기 민족을 해방하여
자유롭게 살 수 있겠다고 한 약속을
지키지 못하게 하려는 교활한 생각이었지
그들에게 파라오를 따르지 않고
모세와 아론을 따르면
더 큰 고통이 온다는 것을 알게 하려는 속셈이었지

파라오는 도시마다 큰 공사를 벌여
이집트의 부흥을 꿈꾸고 있었지

큰 공사장에는 전체 공사를 감독하는
이집트인 감독이 있었고
그 밑에는 노동자들을 감시 감독하는
히브리인 현장 감독들이 있었지
그들 가운데는 스스로 억압당하는 처지인데도
이집트 감독에게 빌붙어
자기네 형제들을 혹사하는 감독이 있는가 하면
어찌하여 당신의 감독들이 저렇게 하도록
내버려 두느냐고
공사 감독들의 채찍질과 억압에 항의하는
현장 감독들도 있었지

이런 항의에도 파라오는 아랑곳하지 않았지
"이 게을러 빠진 것들아
너희는 일하기가 싫어서 그러는 것 아니냐?
당장 물러가서 일이나 하여라.
책임량을 줄여 줄 수 없다."

히브리인 현장 감독들은
파라오가 의도적으로 히브리인들의 상황을
점점 더 나쁘게 만드는 것은
이집트에서의 해방을 부르짖는
모세와 아론 때문이 아닐까! 하는
의구심을 갖게 되었지

히브리 감독들이
파라오 앞에서 물러 나오다가
자기들을 기다리고 서 있는
모세와 아론에게 다가가
조롱하며 소리쳤지
"하느님께서 너희들에게 벌을 내려주셨으면
좋겠다. 파라오와 그의 신하들이
우리를 억압하는 것은 모두 너희들 탓이다."
모세는 이 말을 듣고 자신의 행위로
히브리인들이 더욱 탄압받는 게 고통스러웠지
모세는 하느님이 원망스럽기도 했지

"주여, 어찌하여 이 백성을
이렇듯이 괴롭히십니까? 왜 저를 이리로
보내셨습니까?
제가 파라오를 찾아가
당신의 이름으로 말한 뒤로
이 백성은 더욱 들볶이고 있습니다.
어찌하여 당신께서는 당신의 백성을 건져 줄
기미도 보이지 않으십니까?"

하느님께서는 모세에게 이르셨지
"내가 파라오에게 어떻게 하는지
이제 네가 보게 되리라.
내가 손을 쓰면 그 강한 힘에 눌려
파라오가 이 백성을 내보내리라.
그들을 이 나라에서 보내지 않고는
견디지 못 하리라."

파라오에게
첫 번째 재앙을 내리시다

탈출기 7,14~24

파라오는 자기가 바라는 대로
백성들이 모세를 믿지 못하게 하는 데
성공하는 듯했고
모세의 해방 계획은 실패한 듯 보였으나
하느님께서는 그렇게 하시지 않으셨지

하느님께서는 모세를 다시 불러 말씀하셨지
"나는 주님이다. 나는 아브라함과 이사악과
야곱에게 전능하신 신으로
나를 드러낸 일은 있지만
주님의 이름으로 나를 알린 일은 없었다.
또 나는 그들이 유랑민으로 몸 붙여 살던
가나안 땅을 주기로 그들과 계약을 세웠다.
나는 이집트인에게 혹사당하는
이스라엘 백성들의 신음을 듣고
내가 세운 계약을 생각하였다."

하느님께서는
잠시 숨을 고르시고 이어 말씀하셨지
"너는 이스라엘 백성에게
나의 말을 전하여라.
나는 주님이다. 내가 너희를 이집트인들의
종살이에서 빼내고 그 고역에서 건져 내리라.
너희를 나의 백성으로 삼고
나는 너희의 하느님이 되어 주리라.
너희는 나 주님이 너희 하느님이며
너희를 종으로 부리는
이집트인들의 손아귀에서 빼낸
하느님임을 알리라."

모세가 이스라엘 백성에게
하느님의 말씀을 그대로 전했지
무서운 고역에 시달려
지칠 대로 지친 그들은
모세의 말을 들으려고 하지도 않았지

하느님께서는 모세에게
이제는 직접적으로
당신의 권능을 행사하시겠다는 의지를 이르셨지
"너는 이집트 왕에게 다시 가서 이스라엘 백성을
이 나라에서 내보내라고 요구하여라."

모세가 하느님께
자신의 처지를 아뢰었지
"주님, 보십시오. 이스라엘 백성들조차
제 말을 들어주지 않는데
말주변도 없는 제 말을
파라오가 어찌 들어 주겠습니까?"

하느님께서 모세에게 이르셨지
"보아라. 내가 너를 파라오 앞에
하느님처럼 세우리니
너의 형 아론이 너의 대변자가 되리라.
나는 파라오의 마음을 완고하게 하여
파라오는 너희 말을 듣지 않을 것이다.
그때 나는 표징과 기적을 많이 일으켜
손을 들어 이집트를 호되게 쳐서
나의 군대 나의 백성 이스라엘 자손을
이집트 땅에서 나오게 하리라.
그런 다음 나는
아브라함과 이사악과 야곱에게 주기로 한 땅을
너희를 데리고 가서 주겠다.
그것을 보고서야 이집트인들은
내가 주님임을 알리라."
모세와 아론은 하느님의 말씀으로
힘과 용기를 얻었지

하느님의 능력으로 그들이
파라오 앞에 정면으로 다가가 말할 때
모세는 여든 살
아론은 여든세 살이었지

그들은 주님께서 분부하신 대로
파라오 앞에 가서
이스라엘 백성이 광야에서
하느님께 예배드릴 수 있도록 허락해 달라고
다시 한번 부탁했지
파라오는 그들을 비웃으며
히브리인들의 신에 대해 비아냥거렸지

모세는 참을 수 없는 모멸감으로 돌아와
하느님께 기도를 드렸지
하느님께서는 모세의 기도에 응답하셨지
"파라오가 너희에게 이적으로 보이라 하면
아론에게 지팡이를 들어
파라오 앞에 던지게 하여라.
지팡이는 뱀이 되리라."
모세와 아론이 파라오 앞에서
하느님 말씀대로 하자
지팡이는 파라오와 그의 신하들 앞에
뱀이 되었지

파라오도
이집트의 현자들과 마술사들을 불러들여
같은 재주를 부렸지
그들이 저마다 지팡이를 던지자
그 지팡이들도 모두 뱀이 되었지
그 뱀은 힘이 없어
아론의 지팡이가 만든 뱀에게 다 먹히고 말았지
파라오는 고집을 부려
그들의 말을 듣지 않았지

하느님이 자기의 마술사처럼
지팡이를 뱀으로 만든 것이
마술에 지나지 않는다고 여겼던 것이지

하느님께서는
모세에게 다시 이르셨지
"파라오가 내 말을 듣지 않으니
그가 아침에 물로 나갈 때 가서 기다리다가
그를 만나
'내가 주님인 줄을 너에게
알리고야 말리라.'고 당당하게 말하라.
이제 내가 내 손의 지팡이로
강물을 치겠다.
강물이 피가 될 것이다."

아침이 되자
파라오는 신하들과 함께 강가에 나타났지
그들을 기다리고 있던 모세에게
하느님께서 다시 이르셨지
"너는 아론에게 지팡이를 들고
이집트에 있는
모든 강이나 운하나 늪이나 그밖에 물이 괸
모든 곳을 향하여 손을 뻗치라고 하여라.
나무 그릇이나 돌항아리에 있는 물까지
피가 되리라."

모세와 아론이
파라오와 그의 신하들 앞에서
곧바로 지팡이를 들어 나일강 물을 내리쳤지
순간 넓은 강물이 모두 피가 되었지
강에 있는 고기가 죽어가기 시작하자
물에서는 썩은 냄새가 나고
이집트인들은 강물을 마실 수가 없게 되었지
이집트 땅은 온통 피바다가 되었지

이번에도 파라오는 마술사들을 불러
대항하려 했으나 실패하고 말았지
파라오는 아무렇지도 않은 듯이
궁으로 돌아갔지

나일강은 이집트의 생명줄이지
이집트인들은
나일강에서 태어나 거기에서 죽지, 그래서
이집트인들은 삶과 죽음의 터인 나일강을
신으로 섬겼지
이런 나일강을 피바다로 만든 것은
이집트의 근원을 파괴하는 일이었지
이번에도 파라오는
고집을 버리지 않았지

개구리, 모기, 등에로 재앙을 내리시다

탈출기 7,25~8,28

하느님께서 나일강을 치신 지
7일이 지나서
다시 모세에게 이르셨지
"너는 파라오에게 가서 주님의 말씀이다.
라 말하고 이렇게 전하여라.
'나의 백성을 내보내어 나를 예배하게 하여라.'
아론에게는 지팡이를 들고
모든 강가 운하와 늪 쪽으로 손을 뻗쳐
개구리가 온 땅에 기어오르게 하여라."

모세의 말을 전해 들은 아론이
그대로 행하자
이집트의 개구리들이 기어 올라와
이집트 땅을 온통 덮었지
심지어는 파라오의 궁궐과 침실에 들어가
침대에까지 뛰어올랐지

파라오의 신하들과
이집트 백성들의 집에도 기어들어
솥에도 빵 반죽 그릇에도 뛰어올랐지

파라오는 모세와 아론을 궁으로 불러들였지
"개구리가 나와 나의 백성에게서 물러가도록
너희의 주님께 기도하면
너희 백성이 주님께 제사할 수 있도록
내보내 주겠다. 내일까지 그렇게 해달라."

"그대로 하겠습니다. 개구리들이 당신과
당신의 궁에서 물러나서
나일강에만 남아 있도록 하여
우리 주님 같으신 분이 없으시다는 것을
알려드리겠습니다."

모세와 아론이 파라오 앞에서 물러 나와
개구리들이 파라오를 괴롭히지 않게 해달라고
하느님께 기도하자
개구리 떼가 나일강에 뛰어들었지
나일강으로 돌아가지 못한
집과 뜰에 있던 개구리들은 거기서 죽었지
이집트 온 땅에는
개구리들이 썩는 냄새로 가득 찼지

개구리들이 궁에서 빠져나가
한숨 돌리게 된 파라오는
다시 고집을 부려
그들의 요구를 들어주려 하지 않았지
개구리 재앙은
하느님께서 파라오에게 내린
두 번째 재앙이었지

개구리는 해마다 일어나는
나일강 홍수 후에 엄청나게 번식하여
이집트 사람들은 개구리를 풍요의 상징으로 여기지
그래서 이집트인들은 개구리를 신처럼 믿는데
주님께서는 그것을
거꾸로 이용하여 재앙으로 바꾸셨지

하느님께서는 이스라엘 백성을
이집트에서 끌어내시려고
모세를 통해 파라오에게
재앙을 계속 내리시지

주님께서 이번에는 모세에게
땅의 먼지를 쳐 모기로 만드셨지
수없이 많은 모기들이
사람과 짐승들에게 달려들어 물기 시작했지

이집트의 마술사들도
그같이 해보려 했으나 되지 않았지
마술사들은 파라오에게 말했지
"이것은 직접 신이 하는 일입니다."

신하들의 말에도 파라오의 마음은 굳어져
그들의 말이 귀에 들어오지 않았지
모기의 습격은 세 번째 재앙이었지

또다시 하느님께서는 모세에게 이르셨지
"파라오가 물가로 나올 터이니
'나의 백성을 내보내어
나를 예배하게 하여라.'라고 말하라
그렇지 않으면 내가 등에를 보내어
너와 너의 신하들과 너의 백성을 쏘고
너의 집안에도 들끓게 하리라.
너희 이집트인이 사는 집이나 너희가 서 있는 땅은
남은 구석 없이 등에 천지가 되리라.

그날 나의 백성들이 사는
고센 땅에만은 날아들지 못하게 하여
너에게 나 주님이 이 땅에 있음을 알게 하리라.
이처럼 나는 나의 백성을 너의 백성과 구별하겠다.
이러한 증거가 내일 일어나리라."

다음 날 숱한 등에가
파라오의 궁궐과 신하들의 집에 날아들었지
이집트 온 땅은 등에 등쌀에
살 수가 없었지

등에는 쇠파리라고도 불리는데
사람이나 가축을 가리지 않고 달라붙어 쏘아
피를 빨아 먹지
그 과정에 사람이나 가축에 병균을 옮겨
피부병을 앓게 하거나
질병을 일으키지
등에 소동은 네 번째 재앙이었지

파라오는
히브리인들의 권리를 돌려줄 마음이 전혀 없었지
마술사들이
히브리인들의 해방을 막을 수 없다고 말해도
듣지 않았지
파라오는 하느님께서
히브리인들과 이집트인들을 구별하여
벌하시는데도 아랑곳하지 않았지

마침내 파라오는 모세와 아론을 불렀지
"가서 너희 신에게 제사하여라.

내가 허락을 해도 이 땅에서는
한 발짝도 나가서는 안 된다."
"그렇게 할 수는 없습니다.
우리는 광야로 사흘 길을 나가
주님께 제사를 올려야겠습니다."

모세가 광야로 나가 제사 드리겠다는 것은
히브리인들이 희생제물을 바쳐드리는
그 제례를 따라 예배드리겠다는 뜻이었지

파라오는 멀리 가면 안 된다는 단서를 달고
나를 위하여도 기도하라며
광야로 나가 제사하게 허락했지
"당신 앞에서 물러나는 길로
주님께 기도하겠습니다. 등에에게
당신과 당신의 신하와 백성에게
내일까지 모두 떠나게 해 달라고 빌 터이니
다시는 변덕을 부리지 마십시오.
'이 백성을 보내 주님께 제사하게 할 수는 없다.'
라는 말을 해서는 안 됩니다."

주님께서 모세의 기도를 들어주시어
등에가 흔적도 없이 사라지자
파라오는 다시 약속을 깼지

계속되는 재앙에도
파라오는 고집을 부리다

탈출기 9,1~35

주님께서 히브리인들과
동맹을 맺고 있는 것을 알면서도
그것을 부정하며 고집을 꺾지 않았지

하느님께서
다섯 번째 재앙을 내리겠다고
모세에게 이르셨지
"너는 파라오에게 가서 히브리인의 하느님이신
주님의 말씀이라고 이렇게 전하여라.
'나의 백성을 내보내어 나를 예배하게 하여라.'
만일 네가 그들을 내보내지 않고
그대로 붙잡아두려고 한다면
들에 있는 너희 말과 나귀와 낙타와
소와 양 떼를 쳐서 무서운 병이 들게 할 것이다.
이때도 이스라엘 백성의 가축들은
하나도 죽지 않을 것이다."

하느님께서는
때를 정하시고 행하시니
이집트인들의 가축들은
하나둘 병이 들어 죽어갔지 그러나
이스라엘 백성의 가축은 온전했지

파라오는 그것을 인정하지 않고 고집을 세워
이스라엘 백성을 내보내지 않았지

하느님께서
모세와 아론에게
여섯 번째 재앙을 이르셨지
"가마솥 밑에 붙은 그을음을
두 손에 가득히 움켜쥐고
파라오 앞에 가서 공중에 뿌려라.
그 그을음이 먼지가 되어 이집트 온 땅에 퍼져
이집트 사람과 가축은
종기가 나서 곪아 터지게 되리라."

하느님께서 이르신 대로
이집트 하늘에는 꺼먼 그을음들이 날아다니며
공기 중에 균을 옮겼지
이집트 사람은 물론 가축들까지 종기가 터져
이집트의 고통은 극심했지

하느님께서는
이집트 마술사들에게도 종기를 붙여
모세 앞에 나서지도 못하게 하셨지
하느님께서는 이 재앙으로
파라오를 받쳐주던 마술사까지 쳐서
파라오의 고집과 아집을 갈래갈래 찢어 놓으셨지

이제 모세는 더욱 하느님의 힘을 받아
파라오가 스스로 버텨내지 못할 지경까지 만들었지
그런데도 파라오는 억지를 부려
그들의 말을 듣지 않았지

주님께서 모세에게 이르셨지
"너는 아침 일찍 일어나 파라오 앞에 나가서
히브리인들의 하느님 말씀이라고 하고
이렇게 전하여라. '내가 이번에는 온갖 재앙을
너와 너의 신하들과 너의 백성에게 내려서
온 누리에 나 같은 신이 없음을
너에게 기꺼이 알리리라.
나는 너와 너의 백성들을 질병으로 쳐서
땅 위에서 쓸어버릴 수도 있지만
까닭이 있어 너를 남겨두리라.
그것은 너에게 나의 힘을 나타내어
이 땅 위에서 나의 이름을 두루 떨치려는 것이다.

너는 아직도
나의 백성을 업신여겨
내보내려 하지 않으니
내일 이맘때 나는 우박을 억수로 퍼부으리라.
이집트가 나라가 선 뒤
오늘까지 일찍이 보지 못했던
우박을 내리리라.
너는 들에 있는 가축을 안전한 데로 모아들여라.
미처 집으로 돌아오지 못한 사람이나 짐승은
우박에 맞아 모조리 죽으리라.'"

파라오의 신하들 가운데
주님의 말씀을 두려워한 사람들은
제 종과 가축들을 집으로 모아들였으나
주님의 말씀을 가볍게 여긴 사람들은
들에 그대로 내버려 두었지

주님께서 이르신 대로 모세가
하늘을 향하여 팔을 쳐들자
번개가 번쩍하더니 천둥소리와 함께
하늘이 무너지는
우박이 쏟아졌지
우박은 그치지 않고
더욱 맹렬하게 내렸지

이집트 전국에 걸쳐 사람을 비롯하여
가축들이 다치거나 죽었지
들에 있는 풀과 나무들도 우박을 맞아
줄기와 가지들이 모조리 부러졌지
이때도 이스라엘 백성들이 사는
고센 땅만은 우박이 내리지 않았지

그때는 이삭이 패어 익은 보리가 추수를
기다리고 있었고 아마도 꽃이 피어 있었는데
이 우박으로 보리와 아마가 다 문드러지고 말았지
밀과 귀리만은 아직 이삭이 팰 때가 아니어서
그대로 남아났지

파라오는 모세와 아론을 불러 말했지
"내가 이제야 잘못을 깨달았다.
주님께서 옳으시고 나와 나의 백성이 나빴다.
그러니 너희 하느님께 기도해다오.
하느님께서 내리시는 저 천둥소리와 우박은
견디어 낼 수가 없구나. 어서 가거라.
더 이상 너희를 이곳에 붙들어 두지 않겠다."

파라오는 처음으로
자신과 자기 백성들의 잘못을 인정하며
이스라엘 백성이 자기의 백성이 아니라 했지

파라오는 모세와 아론에게
이스라엘 백성이 하느님의 백성임을 고백했지
하지만 모세는 파라오의 마음을 꿰뚫고 있었지
이번에도 약속을 지키지 않으리라는 것을,

모세가 말했지
"내가 이 성을 나서면
곧 주님께 손을 들어 빌겠습니다.
그때 저 천둥이 멎고 우박이 그칠 것입니다.
아울러 이 땅도 주님의 것임을 알려드리리다.
이때도 당신과 당신의 신하들은
하느님을 두려워하지 않을 줄 잘 알고 있습니다."
이제 모세는 이집트 땅마저 주님의 것이라
당당히 말했지

그가 파라오 앞에서 물러 나와
성 밖으로 나오면서
주님께 손을 들어 기도하니
천둥소리와 우박이 멎고
땅에 내리던 비도 그쳤지
파라오는 불안하고 두려웠지
조금 전까지 일을 부정하며
마음이 뒤틀려 신하들과 함께 고집을 부려
이스라엘 백성을 내보내지 않았지

메뚜기떼로 이집트를
쑥밭으로 만드시다

탈출기 10,1~20

주님께서
모세에게 다시 이르셨지
"너는 가서 파라오를 만나거라.
아울러 이렇게 전하여라.
'네가 내 백성을 내보내지 않으면
나는 내일 메뚜기 떼를
너의 영토 안에 몰아넣겠다.
땅바닥이 보이지 않을 만큼
온통 메뚜기로 덮으리라.
우박에 피해받지 않고 남은 것들을
모조리 먹어 치우고
너희가 가꾸는 과일나무들도 갉아 먹으리라.
그뿐이랴! 너의 궁궐과 네 신하의 집과
이집트인의 모든 집을 덮치리라.
이는 너희 할아버지의 할아버지들이
일찍이 보지 못한 것이리라.'"

모세와 아론이 파라오의 앞에서
발길을 돌려 물러 나오자
신하들이 파라오를 거세게 몰아붙였지
"이들이 우리를 못살게 굴도록
언제까지 내버려 두시렵니까?
이들을 내보내어 저들의 신을 섬기게 하는 게
좋지 않겠습니까? 이집트에
이미 망조가 든 것을 아직 모르십니까?"

계속되는 재앙으로
이집트 백성의 삶은 더욱 어려워지고
백성들은 언제 또 어떤 재앙이 내릴지 몰라
두려움과 불안 공포로 나날이 고통스러웠지

민심은 하루가 다르게 변해 갔지
흉흉해진 민심에
이제 파라오의 신하들도
파라오의 권위를 무시하는 말까지
서슴지 않았지
곧 이집트에 위기가 닥쳐올 것도 알고 있었지
그들은 파라오가 히브리인들이 섬기는
하느님의 놀라운 힘을 받아들이지 않고
자꾸만 고집을 부리는 것이 옳지 않다며
파라오에 크게 저항했지

1. 영원한 약속 · 183

파라오의 권력을 뒷받침하는
신하들마저 등을 돌린다는 것은
파라오에게는 매우 심각한 상황이었지

모세와 아론이 또 파라오에게 불려갔지
파라오가 말했지
"너희의 신 하느님께 예배를 드리러 가거라.
갈 사람이 누구누구냐?"
"우리는 어린이고 노인이고
모두 데리고 가야겠습니다.
아들딸도 데리고 가고
소 떼 양 떼도 다 몰고 가야겠습니다.
주님께 축제를 올리려는 것이니까요."

파라오는 하느님께 드리는 축제를 빌미로
모세가 자기 민족을 데리고
이집트에서 탈출하려 한다고 생각했지
"내가 너희를 가족과 함께 내보내게 해달라고
너희 하느님께 실컷 빌어 보아라.
내가 너희에게 식구들을 딸려 보낼 성싶으냐?
허튼수작은 부리지 말아라.
어림도 없다.
장정들이나 가서 제사해라.
너희가 바라던 것이 그것이 아니냐?"

파라오는
모세의 말을 비아냥대며
더욱더 노골적으로 자기의 속셈을 드러냈지
그리고 자신에게 쏟아지는
신하들의 비난을 잠시 모면하려
궁에서 모세를 쫓아냈지
신하들에게 자기의 위력을 보여주려
술수를 부린 것이었지

파라오에게 쫓겨나온 모세는
주님께서 분부하신 대로
이집트 땅 위로 손을 뻗치자
주님께서 그 땅에 주야로 샛바람이 불게 하셨지

아침이 되어 보니 샛바람을 타고
새카맣게 메뚜기 떼들이 날아왔지
이집트 온 땅을 덮은 메뚜기들은
우박의 피해에서 남아난
모든 푸성귀와 나무 열매를 먹어버렸지
온 이집트 땅에 풀이고 나무이고
푸른 것이라고는 하나도 남지 않았지
이제 메뚜기 떼들은 파라오의 궁궐은 물론
신하와 백성들의 집까지 몰려들어
이집트를 쑥밭으로 만들었지

그들은 갑작스러운 끔찍한 재앙에
어찌할 줄 몰랐지
파라오는 급히 모세와 아론을 불러들여 말했지
"너희의 신 하느님과 너희들에게 잘못했다.
한 번만 더 나의 잘못을 용서하여라.
너희의 신 주님께 기도하여
이런 모양으로 죽지는 않게 해다오."

파라오는 자신이 이집트의 왕이라는 것도 잊은 듯
모세에게 애걸했지
메뚜기를 곡물의 신으로 믿고 있던 파라오도
메뚜기에게 갉아 먹혀 죽기는 싫었지

모세가 파라오의 앞에서 물러 나와
주님께 기도드리자
주님께서는 바람의 방향을 바꾸어
세찬 해풍을 불게 하셨지
그 바람은 이집트 땅에 있는 메뚜기를
한 마리도 남기지 않고 모조리 휩쓸어다가
홍해 바다에 쓸어 넣었지
그런데도 파라오는
또 이스라엘 백성을 내보내지 않았지

이집트를 어둠으로 덮으시고
맏이를 멸하시다

탈출기 10,21~11,10

주님께서 모세에게
아홉 번째 재앙을 선포하셨지
"너는 하늘을 향하여 팔을 뻗어라.
그러면 이집트 온 땅이 손으로 만져질 만큼
짙은 어둠에 휩싸이게 되리라."

모세가 하늘을 향하여 팔을 뻗치니
이집트 온 땅이 짙은 어둠에 싸여
사흘 동안 암흑세계가 되었지
사람들은 서로 알아보지도 못했고
제자리에서 움직이지도 못했지
이스라엘 백성이 사는 고장만 환했지

이것은 하느님께서
이집트의 하늘에서
태양을 사라지게 한 것이지

태양신을 최고의 신으로 섬기던
이집트 사람들에게는
매우 무섭고 두려운 공포였지
태양신의 후계자였던
파라오의 권위와 지배력도
무너질 수밖에 없는 지경에 이르렀지

이것은 히브리인들의 하느님께서는
태양마저 지울 수 있다는
매우 큰 권능을 가지신 분이라는 인식을
파라오와 신하들과 이집트인들에게
심어주기 충분한 것이었지

마지막인 듯싶은 파라오가
모세를 불러들여 말했지
"나가서 너희들의 하느님께 예배하여라.
딸린 식구들은 데리고 가도 좋지만
너희의 양 떼와 소 떼만은 남겨두어야 한다."

파라오는 히브리인들이 광야로 나가
예배드리고 다시 돌아오게 하려고
그들이 귀중하게 여기는
양과 소를 볼모로 삼으려 했지
모세가 물러서지 않고 파라오에게 물었지

"그렇다면
우리 하느님께 드릴 제물과
번제물을 당신이 손수 마련해 주시겠다는
말씀입니까? 우리는 가축을 한 마리도
남기지 않고 다 몰고 가야겠습니다.
그 가운데서 좋은 것을 골라
하느님께 바칠 터인데 목적지에 닿을 때까지
무엇을 드려 예배할지 모르겠습니다."

파라오가 한발 물러서는 듯한 모습을 보이자
모세는 뜻을 굽히지 않고
자기주장을 계속 밀고 나아가며
파라오를 더욱 압박했지
파라오는 모세에게 밀릴까 싶어
오히려 위협하며 호통을 쳤지
"썩 물러가거라.
내 얼굴을 볼 생각을 말아라.
다시 내 앞에 얼씬거렸다가는 죽을 줄 알아라."

모세는
파라오와 지루한 협상이 결렬된 것을 알고
담대하게 말했지
"그 말씀 잘하셨습니다.
나도 다시는 당신 앞에 나타나지 않을 것입니다."

하느님께서는
여러 재앙을 모세를 통해 내려
파라오의 신하들과 백성들이
모세를 위대한 인물로 여기게끔 세워 주셨지

주님께서 파라오에게
열 번째 재앙을 내리신다고 모세에게 이르셨지
"파라오와 이집트에 내릴 재앙이 하나 더 남았다.
그 뒤에야 너희를 여기에서 내보낼 것이다.
내가 한밤중에 이집트인들 가운데로 나가리라.
이집트에 있는 맏이는 다 죽으리라.
장차 왕위에 오를
파라오의 맏아들도 죽으리라.
맷돌을 가는 계집종의 맏아들과
짐승이 낳은 첫배도 살아남지 못 하리라.
이집트에서는 전무후무한 곡성이 터지리라.
다만 이스라엘 백성들과 짐승들은
그 누구도 그 무엇도 죽거나 다치지 않을 것이니
하느님께서 이스라엘 백성을 이집트인들과
구별하신다는 것을 알게 되리라.
그리하면 파라오의 신하들이
모두 내려와 내 앞에 엎드려 나를 따르는 백성을
데리고 나가 달라고 빌 것이다.
그때 나는 나가리라."

하느님께서
파라오의 왕위를 물려받을
그의 맏아들마저 치시겠다는 것은
피라오 왕조 자체와 그와 더불어
이집트 정치체제를 붕괴시키시겠다는
강력한 경고를 하신 것이었지
이때도 파라오는 이스라엘 백성을
그의 땅에서 내보내지 않았지
모세는 노기에 차서 파라오 앞을
물러 나왔지

하느님께서 모세를 통해
이집트에 열 가지 재앙을 내리신 것은
하느님 외에 이집트의 그 어떤 신도
용납하시지 않겠다는
하느님의 강한 의지를 드러내신 것이며
수많은 우상 신을 섬기는 이집트로부터
하느님을 경외하는
이스라엘 백성을 빼내시려는
계획적인 징벌이었지

이스라엘 백성이
이집트를 나오다

탈출기 12,1~42

하느님께서 모세와 아론에게
이스라엘 백성들을
어떻게 이집트에서 끌어내실지
하느님의 계획을 자세히 이르셨지
"너희는 이스라엘의 모든 백성에게 알려라.
이달 십 일에 한 집마다
한 마리씩 새끼 양을 마련하여라.
흠이 없는 일 년 된 수컷이면
양이든 염소든 상관없다.
너희는 그것을 이달 14일까지 하여라.
 20일에는 그 피를 받아
그것을 먹을 집의 좌우 문설주와
문 상인방에 바르라고 하여라.

그날 밤에는 고기를 불에 구워
누룩 없는 빵과 쓴 나물을 곁들여 먹도록 해라.

고기를 날로 먹거나
삶아 먹어서는 안 된다.
그것을 아침까지 남겨두어서도 안 된다.
아침까지 남은 것은 불에 살라버려야 한다.
그것을 먹을 때는 허리에 띠를 띠고
발에는 신을 신고
손에는 지팡이를 잡고 서둘러 먹어야 한다.
그날 밤 나는 이집트 땅을 지나가면서
이집트 전국에 있는 맏아들을 모조리 치리라.
짐승의 첫배도 치리라.
또 이집트의 신들도 모조리 심판하겠다.
집에 피가 묻어있으면
그것이 너희가 있는 집이라는 표시가 되리라.

나는 이집트 땅을 칠 때
그 피를 보고 너희를 쳐 죽이지 않고 넘어가겠다.
너희가 재앙을 피하여 살 것이다.
이날이야말로 너희가 기념해야 할 날이니
너희는 이날을 나 주님께 올리는 축제일로 삼아
대대로 길이 지키도록 하여라. 너희는
이달 정월니산 14일 저녁부터 20일 저녁까지
7일간 누룩 없는 빵을 먹어야 한다.
이것은 유다인들의 하루가 해지는 저녁부터
다음 날 해지는 저녁까지이기 때문이지

그 기간 첫날 거룩함 모임을 열고
7일째 되는 날에도 거룩한 모임을 열어라.
그날에는 그동안 먹을 것을 장만하는 일 말고는
어떤 일도 해서는 안 된다."

모세는 하느님의 말씀을 꼼꼼히 기록한 다음
이스라엘 백성들에게 자세하게 설명했지
"당신들의 자녀들이
'이것이 무슨 예식이냐?' 묻거든
하느님께서 이집트인을 치실 때
이집트에 있는 이스라엘 백성들의 집을
그냥 건너가시어 우리의 집을 건져 주신
주님께 드리는 파스카 축제라 일러주시오."
이스라엘 백성들은 돌아가서
주님께서 모세와 아론에게 분부하신 대로 했지

정월니산 14일 밤
한밤중에 하느님께서 이집트 땅에 있는
모든 맏이를 모조리 쳐 죽이셨지
왕위에 오를 파라오의 맏아들을 비롯하여
땅굴에 갇힌 포로의 맏아들과
짐승의 첫배에 이르기까지 다 쳐 죽이셨지
문기둥과 문짝 위 가로로 얹은 둥걸에
양의 피를 바른 집만은 건너가셨지

한밤중에 이집트 온 땅은
곡성으로 가득했지
초상나지 않은 집이 한 집도 없었지

이제 아무런 힘도 쓸 수 없는 파라오는
밤중에 모세와 아론을 불러들여 빌었지
"너도 이스라엘 백성도 어서 내 백성에게서
떠나가거라. 가서 너희가 말하는 대로
너희 하느님께 예배드려라.
양도 소도 모두 끌고 가거라. 그리고
나를 위하여 빌어다오."

이집트인들은 자기들도
모두 떼죽음을 당하는 줄 알고
이스라엘 백성에게 어서 떠나달라고 재촉했지

히브리인들은 빵 반죽이 부풀기도 전에
그릇째 옷에 싸서 어깨에 둘러메고 나섰지

마침내 모세는
이스라엘 백성을 지휘하여
라므세스를 떠나
수콧으로 향했지
장정만 60만 가량이 되었지

그 뒤를 이어 식구들과 그에 딸린 사람들과
그밖의 여러 종족이 따라나섰지
소와 양 등 가축들도 떼 지어 따랐지
이집트를 탈출한 사람은 200만 명쯤 되었지

그들은 이집트에서 가지고 나온
누룩 없는 빵 반죽으로 과자를 구워야 했지
이집트에서 경황없이 나오느라고
먹을 것을 미처 장만하지 못했던 것이지
그래서 그들은 발에 신을 신고
손에 지팡이를 잡고 먹어야 했지

이스라엘 백성이 이집트에 머무른 것은
요셉이 이집트로 노예로 팔려 간 이후
야곱이 열두 아들과 가족들을 데리고
고센 땅에 자리 잡은 때부터 430년 동안이었지

마침내 430년이 끝나던
바로 그날
하느님의 백성들은
모두 이집트 땅에서 빠져나왔지
기원전 1250년 무렵이었지
그날 밤 이스라엘 모든 백성은
이스라엘의 하느님을 생각하며 밤을 새웠지

그것은 하느님께서 그들을 이집트 땅에서
끌어내시려고 밤새워 지켜주셨기 때문이었지
그날 밤은 이집트 종살이에서 풀려난
이스라엘 해방의 밤이었지
히브리인들은 그 해방을 기념하기 위한 밤에
자신들을 자유롭게 하신 하느님을
대대로 잊지 않기 위하여 깨어 있어야 했지

파스카^{πασκα}는 본디 유목민들이
가축과 양 떼를 지키기 위하여
어린 양을 잡아 그 피를 가지고
천막에 바른 데서 비롯되었지
과월절 또는 유월절이라 불리는 이 축제는
하느님께서 파라오를 치시기 전
문설주와 문 상인방에 양의 피가 묻은 집은
'건너뛰기'로 약속하실 때 말씀하셨지

파스카는 히브리인들이
노예에서 자유로 죽음에서 생명으로
이집트 땅에서 약속의 땅 가나안으로 '넘어감'을
기념하는 축제가 되었지

이스라엘 백성이 약속의 땅으로 넘어 올 때는
이듬해, 봄이 시작되는 3월^{니산}이었지

니산은 아빕이라고도 하는데
첫 이삭이 패는 달로
이달을 새해의 첫 달로 삼고
달수를 이달에서 시작하지

이스라엘은 봄 여름 가을 겨울보다는
우기와 건기에 맞추어 살아가지

'첫째 달 니산[3월]은 한 해의 시작인 이스라엘의
정월이며 우기가 끝나가는 달이지
이달에 이스라엘 백성들은 파스카 축제를 올리지
보리와 밀에 이삭이 패기 시작하고
포도나무에 새순이 돋아나지
둘째 달 아야르[4월]부터 우기가 완전히 끝나고
건기가 시작되면
셋째 달 시반[5월]과 넷째 달 탐무즈[6월] 사이에
보리와 밀 수확이 이루어지고
새해 첫 열매를 드리는 맥추절 축제를 지내지
다섯째 달 압[7월]에는 무더위가 절정이지
여섯째 달인 엘룰[8월] 달까지 포도 수확을 마치고

일곱째 달 티쉬리[9월]에는
추수감사절인 초막절 축제를 벌이지
이스라엘은 이달 끝 무렵부터 우기가 시작되지

여덟째 달 마르케쉬반[10월]에는
올리브 열매를 따지
아홉째 달 키슬레우[11월]에는 밭갈이가 시작되고
열 번째 달 테벳[12월]에는 보리와 밀 씨앗을
밭에 뿌리지
열한 번째 달 스밧[1월]에는 우기가 절정을 이루어
아몬드에 꽃이 피며
열두 번째 달 아다르[2월]에는 감귤을 수확하지'

이렇게 그들은 한 해를 보내며
생명이 솟아나는 봄
자유를 찾은 매년 첫 달[니산] 십사일 저녁에
하느님께서 해방하신 것을 기념하지
어린 양을 잡아 번제물로 바치고
그 고기를 불에 구워
누룩 없는 빵과 쓴 나물을 곁들여 먹지
출애굽의 고통을 기억하기 위해서지

파스카 축제는
신약 시대 예수님의 죽음과 부활의 신비로
자연스럽게 이어졌지
이스라엘 백성들은 파스카 축제로
은총의 새 생명과 자유로 태어나는
참 행복을 누리게 되지

모세가 갈대 바다를
갈라 건너다

탈출기 13,17~14,31

모세가 약속의 땅
젖과 꿀이 흐르는 땅으로 들어가기에는
큰 난관들이 기다리고 있었지
그 첫째 난관은 바다를 건너는 것이었지

파라오가 이스라엘 백성을
이집트에서 내보내자
하느님께서는 그들을 곧장
블레셋^{팔레스타인들이 사는 가자지역} 땅으로 가는 길로
인도하지 않으셨지
블레셋 길은 지중해 해안가로
가나안 땅으로 가는 편한 길이었으나
힘든 구릉길로 인도하셨지
그것은 이집트 군대가 쉽게 뒤쫓아와
히브리인들을 해칠까
걱정하셨던 것이지

이와 더불어 하느님께서는
닥쳐올 전쟁을 미리 예견하시고
혹여 이스라엘 백성이 후회하여
이집트로 되돌아가지나 않을까 염려하시어
갈대 바다에 이르는
광야 길로 돌아가게 하셨지

이때 모세는 요셉의 유해를 모시고 떠났지
그들은 수콧을 떠나 광야 접경 에탐에 진을 쳤지
하느님께서는 그들이 밤낮으로 이동할 수 있도록
낮에는 구름 기둥으로 앞서가시며
길을 인도하시고
밤에는 불기둥으로 앞길을 비춰 주셨지

어느 날 주님께서
모세에게 가려던 길의 방향을 바꾸라고 하셨지
"너는 이스라엘 백성에게 가던 길을 돌이켜
믹돌과 바알츠폰 앞 바다 사이에 있는
피하히롯 앞 바닷가에 바알츠폰을 마주보고
진을 치라고 하여라. 그러면
파라오는
이스라엘 백성이 광야에서 길이 막혀
아직도 이집트 땅에서 헤매고 있다고 생각하고
너희들을 추격할 것이다.

그때 나는 주저하지 않고
파라오와 그의 군대를 쳐서 내 영광을 드러내어
이집트인들이 내가 너희들의
하느님으로 알게 하리라."

모세가 떠났다는 것을 알게 된
파라오와 그의 신하들은 마음이 바뀌었지
이스라엘 백성을 노예로 부려 먹지 않고
풀어 보내는 것은 안 될 일이라고 생각했지

모세가 바알츠폰 앞 해변에 진을 쳤다는
정보를 들은 파라오는
특수 병거 육백 대로 편성된 정예부대를
앞세워 추격에 나섰지
언제 재앙으로 고통을 받았냐는 듯
그들은 의기양양하게 행군했지
이스라엘 백성들은
그들이 추격해오는 것을 모르고 있었지
마침내 파라오의 군대들은 별 어려움 없이
모세의 부대들을 따라잡았지

이스라엘 백성들은
파라오의 병거와 기마 기병 보병들이
물밀듯이 몰려오자 두려웠지

앞에는 바다가 막아섰고
뒤에는 파라오의 군대가 다가오고 있으니
오지도 가지도 못하고 바닷물에 빠져 죽거나
포로로 잡혀
다시 종살이할까 아우성쳤지

이스라엘 백성들은 모세를 원망했지
"이집트에는 묻힐 데가 없어서
우리를 광야로 끌어내어
여기에서 죽이려느냐? 왜 우리를
이집트에서 끌어내어 이렇게 만드느냐?
우리가 이럴 줄 알고
이집트에서 이집트인들을 섬기게
그대로 내버려 두라고 하지 않았더냐?
이집트인들을 섬기고 사는 것이
광야에서 죽는 것보다 낫다고 하지 않았느냐?"

그때 모세가 소리쳤지
"두려워 말라. 불평하지 말고 오늘 하느님께서
어떻게 너희를 구원하시는가 보아라.
오늘 눈앞에 보이는 이집트인들을
다시는 보지 않게 되리라.
주님께서 너희를 위하여 싸워 주실 터이니
진정하여라."

하느님께서 모세에게 말씀하셨지
"너희는 어찌하여 나에게 부르짖기만 하느냐?
너는 이스라엘 백성에게 전진하라고 명령하여라.
너는 너의 지팡이를 들고
바다 위로 팔을 뻗쳐 물을 가르고
바다 가운데로 마른 땅을 걸어 건너가게 하여라."

모세는 부대의 머리를
갈대 바다 쪽으로 돌렸지
이스라엘을 앞서 인도하던
하느님의 천사가 뒤로 돌아가 그들을 호위하자
그들 앞에 서 있던 구름 기둥도 뒤로 돌아가
이집트의 진과 이스라엘의 진 사이에 섰지
그러자 검은 구름 벽으로 생긴 캄캄한 어둠으로
이집트 군대는 이스라엘 진에
가까이 가지도 못하고 밤을 새웠지

모세는 갈대 바다에 이르러
온몸의 힘을 다 모아
두 손으로 지팡이를 하늘에 들어 올렸지
절체절명의 시간 모세가 바다로 팔을 뻗쳤지
그때부터 주님께서는 밤새도록 거센 바람을 일으켜
바닷물을 뒤로 밀어붙여 바다를 말리셨지

바다가 갈라지자 이스라엘 백성은
바다 가운데로 마른 땅을 밟고 걸어갔지

물은 그들 좌우에서 벽이 되어 주었지
파라오의 군대가 뒤쫓아 왔지
파라오의 말과 병거와 기병이
모두 그들을 따라 바다로 들어섰지
새벽녘에 하느님께서 불과 구름 기둥에서
그들을 내려다보시자
무슨 일인지 모르게
이집트 군대는 갈팡질팡했지
하느님의 기운이 그들을 헤쳐놓으셨던 것이지
또한 하느님께서 그들의 병거 바퀴들을
서로 얽히게 하시어
그것들은 서로 엉켜 부서지고 뒤집혀
앞으로 나아갈 수 없도록 꼼짝 못 하게 하셨지
이집트 군대는 큰 혼란에 빠졌지

기이하고 특이한 사태에 놀란
이집트인들은 소리쳤지
"이스라엘 사람들을 버려두고 도망가자
주님께서 이스라엘 사람들 편이 되어
우리 이집트 군대를 치신다."

날이 새어
이스라엘 백성들이 모두 바다를 건넜을 때
모세가 팔을 뻗쳤지

갈라졌던 물 벽이 허물어져
바닷물이 합쳐지기 시작했지
이집트 군대는 필사적으로
물결을 헤치고 도망치려 했으나
폭포처럼 쏟아지는 거센 물결은
그들을 삼켜버리고 말았지
이스라엘 백성을 따라 바다에 들어섰던
파라오의 군대는 하나도 살아남지 못했지

주님께서는
이렇게 이스라엘을 이집트 군대로부터 건지셨지
그날 하느님께서 세우신 물 벽은
이스라엘과 이스라엘 백성을 지키는
보호벽이고 방어벽이었지
그들이 뭍에서 뒤돌아보니
해변에는 거센 물결에 부서진
병거 잔해들이
여기저기 흩어져 있었고
죽은 말과 사람들의 시신들이 밀려와
차마 쳐다볼 수 없었지

모세를 원망했던 이스라엘 백성들은
하느님께서 그 큰 팔을 펴시어
이집트인들을 치시는 것을 보고
하느님을 경외하며
하느님과 그분의 종 모세를 믿게 되었지

모세가 이집트를 떠난 경로는
라므세스를 떠나
수콧으로 갔다가 거기서
수르 광야 경계에 있는 에탐으로 갔지
모세는 이곳에서 다시 하느님의 말씀을 듣고
바알츠폰 앞 바다로 돌아와 진을 쳤지
이후 잘 조직되지 않은 진영을 가다듬어
홍해와 지중해 가운데
갈대가 무성히 자란 나일강 삼각주
갈대 바다^{얄숩}인 비터 호수를 건넜지
그리고 약속의 땅을 향하여
광야로 나아갔지

모세와 아론이 이집트에 들어가서
고통받는 이스라엘 백성을 이집트에서 빼내어
광야로 나올 때까지
채 열 달이 안 되었지

이스라엘 백성들이
승리의 노래를 부르다

탈출기 15,1~21

그제야 모세와 이스라엘 백성들은
승리의 기쁨으로
주님께 이 노래를 불렀지

"'나는 주님을 찬양하리라.
그지없이 높으신 분
기마와 기병을 바다에 처넣으셨네.'
주님은 힘있게 나를 붙드시어
나를 살려 주셨네.
내 하느님이시니 어찌 찬양하지 않으랴.
내 선조의 하느님이시니 어찌 우러르지 않으랴.
주님은 용사 그 이름 주님이시네.
파라오의 병거와 군대를 바다에 처넣으시니
이집트 군사들이 갈대 바다에 빠지더라.
성난 바다가 덮치니 깊은 물 속에
잠기더라.

당신의 오른손이 영광스럽습니다.
당신의 오른손이 원수를 짓부셨습니다.
무서운 권능으로 적수를 꺾으셨습니다.
불타는 분노로 검불처럼 살라 버리셨습니다.
당신의 거친 숨결로 바닷물이 갈리고
물결은 벽이 되어 일어섰으며
바닷속 깊은 데서 물이 엉겼습니다.
원수는 장담했지.
'내가 그들을 따라잡아서
재산을 약탈해 내 욕망을 채우리라.
칼을 뽑아 들고 이 손으로 쳐부수리라.'
그러나 당신은 바람을 일으키시자.
바다가 그들을 덮으셨습니다.
모두 거센 물속에 납덩이처럼 잠겼습니다.
주님, 신 중에 당신 같은 분이 어디 있겠습니까?
누가 당신처럼 영광스럽겠습니까?
당신께서 해내신 놀라운 일에
모두 경외하며 찬양을 드립니다.
당신께서 오른팔을 뻗으시니
땅이 그들을 삼켰습니다.
당신께서 손수 건지신 이 백성
아, 사랑으로 이끌어 주시고
위엄있는 모습으로
당신의 성소로 인도해 주십니다.

이 소식 듣고
만방이 술렁거립니다.
블레셋 주민은 겁에 질리고
에돔 족장들은 놀라고
모압 권력자들은 두려워 떨며
가나안 주민들은 기가 죽었습니다.
덮쳐 오는 공포에 사로잡혔습니다.
주님, 당신의 백성이 지나가기까지
당신께서 건져내신 백성이 지나가기까지
모두 당신의 기적에
돌처럼 말문이 막혔습니다.
당신께서는 그들을 데려다가
당신의 산 위에 심으셨습니다.
주님, 이곳이 바로 당신께서 계시려고 마련하신 곳
손수 지으신 성소가 아닙니까?

주님만이 영원히 다스리실 왕이시어라."

파라오의 말들이
그의 병거와 기병들과 함께
바다에 들어섰을 때
주님께서는 그들 위에 바닷물을 덮으셨고
이스라엘 백성들은 바다 가운데로
마른 땅을 밟고 걸어갔다

아론의 누이요 예언자인 미리암이
손북을 들고 나서자
여자들도 모두 손북을 들고나와
그를 따르며 춤을 추었지

미리암이 그들에게 노래를 메겼지
"주님을 찬양하여라. 그지없이 높으신 분
기마와 기병을 바다에 처넣으셨다."

이 노래는 고대 히브리 여인들이
전장에서 승리하고 돌아오는 남편들을 위해
춤과 노래로 맞이하던 풍습에서 비롯되어
민족 대대로 이어져 오는
이스라엘 공동체의 찬미가가 되었지

미리암은 이스라엘 백성들이 이집트에서
빠져나올 때 이스라엘 여인들과 아이들을 이끌고
모세와 함께 갈대 바다를 건넜지
미리암은 이와 같은 생생한 체험으로
모세의 노래를 힘차게 메겼지

모세가 40년 동안
광야 생활을 시작하다

탈출기 15,22~16,36

주님께서 이스라엘 민족을 건져주시어
모세와 이스라엘 백성이
승리의 노래를 부르며 광야로 나아갔지만
그들 앞에는 두 번째 난관이 길을 막았지

모세는 이스라엘 백성을 거느리고
갈대 바다를 건너 수르 광야로 진을 옮겨 갔지
그들은 사흘 동안 옮겨 가면서도
물을 찾지 못했지
마른 모래바람과
뜨거운 태양으로 목이 타들어 갔지
마라에 다다라 물이 있는 곳을 찾았으나
그곳 물은 써서 마실 수가 없었지
광야의 물은 소금기가 많아 대체로 쓴맛이 나지
그래서 모세는 그곳을 '쓰디 쓴'이란 뜻으로
'마라'라고 불렀지

모세가 이렇게 옮겨 가는 곳마다
특별한 이름을 붙여 가는 것은
약속의 땅으로 들어가기 위해 겪은 고통을
기억하기 위해서였지

주님께서는 바로 이곳 '마라'에서
불평불만만 늘어놓는 그들에게
'순종하라.'는 규칙을 주시며 말씀하셨지
"너희 이스라엘이 너희 하느님의 말을 들어
순종하고 바르게 살며
나의 규율을 귀에 담아 잘 지키면
이집트인들에게 내렸던
그 어떤 재앙도 내리지 아니하리라.
나는 너희를 살리시는 주님이다."

백성들은 또다시 모세에게 투덜거렸지
모세가 주님께 물을 주실 것을 부르짖자
주님께서는 나무 한 그루를 보여주셨지
그 나뭇가지를 꺾어 물에 던지니 마실 수 있는
단물이 되었지

하느님께서는
이렇게 늘 반항하고 불평만 늘어놓는
이스라엘 백성들을 한결같이 지켜주셨지

이제 하느님께서는 그들을
샘이 12개가 있고
종려나무가 70그루가 있는
엘림에 이르러 물가에 진을 치게 하셨지

이스라엘 백성들이 엘림을 떠나
엘림과 시나이산 사이에 있는
신 광야에 이르렀지
이집트를 떠난 지 두 달째 되는 보름날이었지

모세 앞에 또 하나 난관이 있었지
이집트에서 들고나온 식량이
다 떨어진 것이었지

풀 한 포기
나무 한 그루 없이
뜨거운 태양만 이글거리는 드넓은 광야에서
목마름과 배고픔에 시달리는 이스라엘 백성들은
또다시 모세와 아론에게 거세게 불만을 터뜨렸지
"차라리 이집트 땅에서
주님의 손에 맞아 죽느니만 못하다.
거기에서 고기와 빵을 배불리 먹던 우리를
이 광야로 데리고
나와 굶겨 죽일 작정이냐?"

하느님께서 모세에게 말씀하셨지
"이제 내가 하늘에서 너희에게
먹을 것을 내려 줄 터이니 너희들은 날마다
아침에 나가 하루 것만 거두어들여라.
여섯째 날에는 이틀 치를 거두어
다음날 안식일에 먹어라.
너희는 오늘 저녁에 고기를 먹고
아침에는 빵을 배불리 먹을 것이다."

모세와 아론이
온 이스라엘 백성에게 말했지
"주님께서는
너희가 원망하는 소리를 들으셨다.
우리가 무엇이라고 너희는 우리를 원망하느냐?
우리에게 하는 원망은 주님께 하는 것이다.
오늘 저녁 너희는 이집트 땅에서
너희를 끌어내신 분이 주님임을 알게 되리라.
아침이 오면
너희는 주님의 영광을 보게 되리라."

그날 저녁때가 되자
난데없는 메추라기가 날아와
그들이 친 진을 뒤덮으며 땅으로 내려왔지
그들은 메추라기를 잡아 배부르게 먹었지

그다음 날 아침
진 둘레에 안개가 자욱했지
안개가 걷힌 뒤에 보니
마당에 마치 가는 싸라기 같은 것이 덮여있었지
이스라엘 백성은 무엇인지 몰라 서로 물었지
"이게 무엇이냐?"
모세가 말했지
"이것은 주님께서 너희에게 주시는 양식이다.
저마다 먹을 만큼씩 거두어들여라.
한 사람에 한 오메르씩 식구 수대로
거두어들이면 된다."

이스라엘 백성들은
특별한 이 양식을 '만나'라고 불렀지
그것은 고수풀 씨앗같이
흰 알갱이들이었는데
꿀벌 과자처럼 쫀득쫀득하고 맛있었지

모세는 거두어들인 음식을 먹고
남은 것은 남겨 두지 말라고 당부했지만
모세의 말을 듣지 않고
남겨 둔 것은
구더기가 끓고 썩는 냄새가 났지
모세는 그들에게 화를 냈지

이후 사람들은
아침마다 식구 수대로
한 오메르씩만 거두어들였고
땅에 남겨진 것들은
햇볕에 녹아버렸지

여섯째 날에는 한 사람마다
두 오메르씩 이틀분을 거두어들이고
하루분을 남겨 다음날 먹었지
여섯째 날에 먹고 남은 것은
쉬지도 않고 구더기도 생기지 않았지
그들은 실컷 먹고 배불렀지

하느님께서는
순종하는 백성에게
그들의 원망을 저버리지 않으시고 들어주셨지

모세가 말했지
"오늘은 주님의 안식일이니
거두어들일 것이 없을 것이다.
주님께서 너희에게
안식일을 주셨다는 것을 명심하여라.
이날에는 누구든지 밖으로 나가지 말고
집에서 쉬어라."

이스라엘 사람들은 곡식을 담을 때
흙으로 빚은 옹기를 썼지
이 그릇에 담기는 곡식의 양은 약 2.2리터인데
이것이 한 오메르이지

모세가 백성에게 다시 일렀지
"주님의 명령이시다.
이것을 한 오메르씩 가득 담아 대대로 보관하여
내가 이집트에서 너희를 끌어낼 때
광야에서 먹여 살린 양식이었다는 것을
후손들에게 보여주도록 하여라."
모세의 말에 따라
아론은 한 오메르 들이 옹기 하나에
만나를 가득 담아
성막 안 증언판 앞에 놓아 보관하게 했지

이스라엘 백성은 가나안 접경에 이르기까지
40년 동안 만나를 먹었지
이스라엘 백성이 가나안에 들어서자
만나는 내리지 않았지

만나는 깍지벌레의 분비물로
'이것이 무엇이냐?'라는
히브리어 '만후 man hu'에서 비롯되었지

여호수아가
아말렉을 쳐부수다

탈출기 17,1~16

모세 앞에는 약속의 땅에 이르기까지
또 물 기근과 전쟁이 기다리고 있었지

그들이 신 광야를 떠나서
주님의 지시대로 진지를 옮겨 가면서
앞으로 나아갔지
르피딤에 이르렀을 때
수르 광야에서처럼 또 물을 찾지 못했지
백성들은 모세에게 물을 내놓으라고 들이대었지
"주님께서 우리 가운데 계시는가?
안 계신 것 아닌가?"
모세가 말했지
"어찌하여 나에게 대드느냐?
어찌하여 주님을 시험하느냐?"
백성들은 당장 목이 말라 견딜 수 없어
모세에게 분통을 터뜨렸지

"'어쩌자고 우리를 이집트에서 데려왔습니까?
이 광야에서 죽일 작정입니까?
먹을 것도 없고 마실 물도 없습니다.
이제 이 거친 음식은 진저리가 납니다."
모세는 성난 백성들이 자기를
돌로 쳐 죽일 것만 같은 위협을 느꼈지

그러자 하느님께서는 불뱀을 보내
불평하는 자들을 물어 죽였지
그들이 잘못을 회개하자
하느님께서는 모세에게 구리로 불뱀을 만들어
기둥에 달아놓게 하셨지, 뱀에게 물렸어도
구리뱀을 쳐다본 사람은 죽지 않았지'민수기21,5~9

주님께서 모세의 마음을 헤아리시고 말씀하셨지
"너는 이스라엘 백성 가운데 나이 먹은
지혜로운 사람들을 데리고 백성보다 앞서 오너라.
나일강을 치던 너의 지팡이를 손에 들고
호렙산으로 오너라. 내가 호렙산 바위 옆에서
네 앞에 나타나리라.
네가 그 바위를 치면
물이 터져 나와 이 백성이 마시게 되리라."
모세가 그들 앞에서 그대로 하자
바위 속에서 물줄기가 터져 나왔지

이스라엘 백성이
이곳에서 모세에게 대들고
하느님을 시험했다고 해서
이 고장을 '므리바'라고도 하고
'마싸'라고도 부르게 되었지
므리바는 '다투다, 논쟁하다'
마싸는 '유혹, 시험'이라는 뜻이지
모세는 이때 '요르단강을 건널 수 없다.'라는
하느님의 말씀을 듣게 되지

하느님께서는 모세에게
왜 이런 말씀을 하셨을까?
모세는 하느님께서 이집트에 재앙을 내리실 때
파라오에게 '히브리인의 하느님이신
주님의 말씀'이라고 전하며
모든 권능의 주체가 주님임을 밝혔고
갈대 바다가 갈라질 때도 모세는
'하느님께서 어떻게 너희를 구원하시는가 보아라.'
라고 말했지. 그런데 모세가 므리바에서
샘을 낼 때는 하느님의 이름으로 행하지 않고
자신의 힘만 믿고 지팡이로 바위를 내리쳤지
하느님께서는 모세가 하느님의 권능을
드러내지 않고 자신의 권위를 세우려고 한 것이
마음에 들지 않으셨지

모세는
백성들의 타는 목마름과 배고픔을
주님을 통해 해결했지만
이번에는 아말렉족이
이스라엘 백성들 뒤로 쫓아와 공격했지

아말렉은
야곱의 형 에사우의 아들 엘리바즈가
소실 딤나에게서 얻은 아들이었지
에사우의 에돔 왕국은
이스라엘과 형제로 지냈으나
아말렉은 에돔 왕국에서 벗어나 가자 지역 아래
수르 광야에서 유목민으로 살면서
끊임없이 이스라엘을 괴롭혔지
용맹한 에사우의 피를 이어받은 아말렉족은
광야의 주요 샘터와 오아시스
목초지를 장악하여 세력이 강했지
이스라엘 백성이 이곳으로 옮겨 오자
그들을 쫓아내려고 공격해왔지

이스라엘 백성은 이집트 탈출 후
오랜 광야 생활에서 지쳐있었지
종살이하던 그들은
전투 한번 해보지 않은 백성이었지

더군다나 그들에겐 전투부대도 없었지
어려움이 닥칠 때마다
오히려 불평불만만 쏟아내던 그들이었지
그러나 그들에게는 하느님께
순종하고 모세를 믿고 따르는
젊은 여호수아가 있었지

싸움이 벌어지자
모세가 여호수아를 불러 이렇게 명령했지
"튼튼한 장정들을 뽑아서
내일 아말렉과 싸우러 나가시오.
나는 하느님의 지팡이를 들고
산꼭대기에 서 있겠소."
여호수아는 젊고 튼튼한 장정들을 뽑아
아말렉 군이 진을 친 르피딤으로 향했지
물 때문에 모세를 돌로 쳐 죽이려고 하고
주님을 시험했던 바로 그곳이었지
여호수아는 모세의 명령대로
아말렉과 싸우러 나갔지

모세와 아론과 미리암의 남편 후르는
언덕 위에 올라가 있었지
그들은 언덕 위에서
여호수아가 승리하길 빌고 또 빌었지

모든 것을 하느님께 맡기며
전투에 나선 여호수아 장정들을
멀리 바라보고 있었지

전투 경험이 전혀 없는 그들이었지만
아말렉 군사들에게 밀리지 않았지
고전하는 쪽은 아말렉 군대였지

언덕 위에서
모세는 하늘을 향해 팔을 쳐들었지
여호수아 장정들에게 승리할 것을 확신하는
하느님의 의지를 전하기 위해서였지

모세가 팔을 들면 이스라엘이 이기고
모세가 팔을 내리면
아말렉이 이기는 이상한 전투였지

모세의 팔에 힘이 빠지기 시작하자
사람들이 돌을 갖다 놓고
모세를 그 위에 앉히고는
아론과 후르가 모세의 팔을 좌우에서
각각 붙들어 떠받치니
해가 질 때까지
그의 팔은 처지지 않게 되었지

여호수아는
하느님에 대한 믿음으로 무장하여
아말렉을 쳐부수고 돌아왔지

이스라엘을 공격한 아말렉은
정의로운 사회를 건설하시고자 하는
하느님의 계획에 걸림돌을 상징하지
이스라엘 백성들은
자유를 위해 가는 여정에서
늘 이런 걸림돌을 만나게 되지

주님께서 모세에게 말씀하셨지
"이 일을 책에 기록하여 후세에 남겨 두어라.
내가 아말렉을 기억하는 사람이 없도록
전멸하겠다고
여호수아에게 똑똑히 일러 주어라."

모세는 그곳에 제단을 쌓고
깃발이라는 뜻으로
'야훼니씨'라 이름 붙이고 이렇게 외쳤지
"주님의 사령기를 향해 손을 들자.
주님께서 대대로 아말렉과 싸워 주시리라."
그 후 아말렉은
하느님의 백성으로 살지 않아 멸절했지

미디안 사제 이트로가 모세를 찾아오다

탈출기 18,1~27

모세의 장인이요
미디안 사제인 이트로는
하느님께서 온갖 일로
모세와 그의 백성 이스라엘을
이집트에서 건져내셨다는 소식을 들었지
그는 모세가 이끄는 이스라엘 백성들이
안정을 찾아가자 친정에 있던 치포라와
모세의 두 아들을 데리고 나섰지

한 아들은 모세가 이집트인을 죽이고
미디안에 들어와서 치포라에게서
'도망자의 신세로 낳은 아들'이라고
이름 붙인 게르솜과
'하느님의 도움으로
파라오의 칼에서 모세를 건져주셨다.'
하여 이름 붙인 엘리에젤이었지

모세는 두 아들의 이름에
자신의 삶을 투영해
세상을 떠날 때까지
나그네의 삶과 하느님의 삶을 생각했지

이트로는
모세가 진을 친 광야에 있는 하느님의 산
그 기슭에 이르러
모세에게 전갈을 보냈지

모세는 장인을 맞으러 나가 엎드려
인사를 올리고 입을 맞추었지
그들은 서로 안부를 물으며 천막으로 들어갔지
모세는 장인에게 그동안 하느님께서
이스라엘을 위하여
파라오와 이집트인들에게 어떤 일을 하셨는지
얼마나 고달픈 일을 겪었으며
그때마다 주님께서 어떻게 건져 주셨는지
낱낱이 이야기해 주었지

이트로는 주님께서 이스라엘을
이집트의 손아귀에서 건지시기 위하여 베푸신
온갖 고마운 일을 듣고 기뻐했지
이어 하느님께 대한 자신의 신앙을 고백했지

"방자한 파라오의 손에서 너희를 건지신
주님이야말로 마땅히 찬양받으실 분이다.
이제야 나는 주님께서
어떤 신보다도 위대하시다는 것을 알았다."

이트로가 번제물과 여러 가지 제물을
하느님께 바쳤지
이때 아론과 이스라엘의 장로들이 모두 와서
이트로와 함께 하느님 앞에서 제사 음식을 먹었지

이튿날 아침 모세가 백성들의 소송을
재판하기 위하여 재판석에 앉았지
백성들은 아침부터 달려와 저녁까지
모세 둘레에 서 있었지
모세는 하느님께서 판가름하실 일
이웃끼리의 다툼을 조정해주실 일
하느님께서 주신 율법과 규칙을
알려주는 일로 눈코 뜰 새 없이 바빴지

이트로는 백성을 다스리느라고 애쓰는
모세의 모습을 보고 안쓰러웠지
하루는 일을 다 마친 모세에게
"이렇게 해서야 되겠는가?
자네뿐 아니라 백성들도 지쳐버리고 말겠네.

이렇게 힘든 일을 어떻게 혼자서 하겠는가?"
이트로는 모세에게 두 가지를 충고했지

"첫째, 율법을 교육하는 것으로
백성들이 지켜야 할 규칙과
그들이 하느님과 공동체를 위하여
어떻게 살아야 하며 무엇을 할지 가르쳐주게.

둘째, 권력의 분산과 조직의 정비를 위해
하느님을 두려워하여 참되게 살며
욕심이 없고 유능한 사람을 찾아내어
백성을 다스리게 세워 주는 것이 좋겠네.
자네는 중요하고 큰 사건만 처리하고
작은 사건은 모두 그들이 처리하도록 하게.
자네가 이렇게 일을 처리한다면
이것이 곧 하느님의 뜻에도 부합되고
자네 일도 다 감당할 수 있어
하느님과 백성들이 모두 만족할 걸세."

모세는 장인의 충고를 받아들여
이스라엘 열두 지파 가운데
유능한 사람들을 골라내어 지도자로 삼았지
천인 대장 오십인 대장 십인 대장을 세워
그들에게 일을 나누어 맡겼지

모세가 계약 받을 준비를 하다

탈출기 19,1~25

이스라엘 백성이
이집트 땅에서 나온 지
석 달째 되는 초하룻날

그들은 르피딤을 떠나
시나이 광야에 이르렀지
시나이 광야는 대부분 메마른 땅과 산악지대이지
그런데 시나이산 가운데 모세의 산으로 불리는
예벨무사 계곡에는
수십만 명이 들어설 수 있는 넓은 평원이 있지
일찍이 모세가 이 산에 올라
타지 않는 떨기나무 앞에서
하느님의 음성을 들은 곳이지

모세는 그곳 산기슭에 진을 친 다음
하느님 계신 곳으로 올라갔지

마라에서
하느님께서 말씀하신
하느님의 규율을 받기 위해서였지

하느님께서 산에서 모세를 부르셨지
"너희는 내가 이집트인들을 어떻게 다루었는지
너희를 어떻게 독수리 날개에 태워
나에게로 데려왔는지 보지 않았느냐?
이제 너희가 나의 말을 듣고
내가 세워 준 계명을 지킨다면
너희야말로 뭇 민족 가운데서 내 백성이 되리라.
사제직을 맡은 내 나라
거룩한 내 백성이 되리라."

모세가 돌아와
백성 가운데 장로들을 불러 모으고
주님께서 분부하신 말씀을
모두 그들에게 전했지
백성들은 일제히 대답했지
"주님께서 말씀하신 것은
모두 그대로 실천하겠습니다."
모세는 백성들의 말을 주님께 그대로 아뢰었지
모세는 하느님과 이스라엘 백성을 잇는
신통한 영매였지

주님께서 모세에게 말씀하셨지
"내가 너와 말하는 소리를 이 백성이 듣고
또 너를 길이 믿게 하려고
이제 짙은 구름 속에서 너에게 나타나리라.
너는 백성들에게 가서
오늘과 내일
몸과 마음을 깨끗이 하라고 하여라.
옷을 빨고 셋째 날을 맞을 준비를 하여라.
이날 나 주님은 온 백성이 보는 가운데
이 산에 내리리라.

너는 이 산기슭을 돌아가며 표를 해 놓고
아무도 이 산에 오르거나
산기슭에 발을 들여놓지 말아야 한다.
짐승이든 사람이든 한 발짝이라도 들여놓으면
살아남지 못 하리라.
산양 뿔 나팔 소리가 길게 울리면 올라오게 하여라."

모세가 산에서 내려와 백성에게 이르러
그들을 성결하게 하자
셋째 날 아침 천둥 번개가 치고
산 위에 짙은 구름이 덮이며
나팔 소리가 크게 울려 퍼지자
진지에 있던 백성이 모두 떨었지

모세는 백성들에게
하느님을 만나 보게 하려고
진지에서 데리고 나와 산기슭에 세웠지
산에는 연기가 자욱했지
주님께서 불 속에서 내려오셨기 때문이었지

마치 가마에서 뿜어 나오듯
연기가 치솟으며
산이 송두리째 뒤흔들렸지

나팔 소리가 점점 크게 울려 퍼졌지
모세가 하느님께서 분부하신 대로
준비를 마쳤다고 말씀드리자
하느님께서는 천둥소리로 대답하셨지

"어서 내려가서 아론을 데리고
올라오너라. 사제들이나 백성은
올라와서는 안 된다. 그들이 올라오면
주님이신 내가 내려가 마구 칠 것이다."

이스라엘의 하느님께서는
모세만
시나이산에 오를 수 있도록 허락하셨지

십계명을
받다

탈출기 20,1~26

이스라엘 백성은
천둥 번개와 나팔 소리와
자욱한 연기를 멀리서 바라보며 떨었지
산이 송두리째 흔들리며 불길에 휩싸여
내려오시며 말씀하시는, 주님이 두려워
주님의 말씀을 더 이상 들을 수가 없었지
백성들은 산에서 내려온 모세에게
"당신이 주님께서 주신 말씀을 듣고 와서
우리에게 말해 주시오. 잘 듣겠습니다.
하느님께서 직접 우리에게 말씀하신다면
우리는 죽을 것입니다."
모세가 백성들을 진정시켰지
"두려워하지 말아라. 하느님께서는
너희를 시험하시기 위해서 나타나신 것이다.
너희에게 하느님을 경외하고
죄짓는 일이 없도록 하려는 것이다."

모세가 다시 하느님 쪽으로 나아가는 동안
백성들은 멀찍이 서 있었지
모세가 산에 올라 주님 앞에 서자
하느님께서 말씀하셨지

"너희 하느님은 나 주님이다. 바로 내가
너희를 이집트 땅 종살이하던 집에서 끌어낸
하느님이다.
너는 이스라엘 백성에게 이렇게 일러라."

1. 너희는 내 앞에서 다른 신을 모시지 마라.
2. 너희는 위로 하늘에 있는 것이나
   아래로 땅 위에 있는 것이나
   땅 아래 물속에 있는 어떤 것이든지
   그 모양을 본떠 새긴 우상을 섬기지 마라.
   너희 하느님은 질투하는 하느님이시다.
   나를 사랑하여 내 계명을 지키는 백성에게는
   수천 대에 이르기까지 한결같은 사랑을 베풀고
   나를 싫어하는 백성에게는 아비의 죄를
   그 후손 삼 대에까지 갚을 것이다.
3. 너희는 너희 하느님의 이름을
   함부로 부르지 마라.
   내 이름 함부로 부르는 자
   '죄 없다' 하지 않는다

4. 안식일을 기억하여

　　거룩하게 지켜라.

　　엿새 동안 힘써 너희 모든 생업에 종사하고

　　이렛날은 반드시 너희 하느님 앞에서 쉬어라.

　　너희와 너희 아들딸과 남종 여종뿐 아니라

　　가축이나 집에 머무는

　　식객이라도 일하지 마라.

　　나는 엿새 동안 하늘과 땅과 바다와

　　그 안에 있는 모든 것을 만드시고

　　이레째 되는 날 쉬었기 때문이다.

　　주님께서 이런 이유로 이날을

　　안식일로 축복하시고 거룩한 날로 삼으신 것이다.

5. 너희는 부모를 공경하여라. 그래야

　　너희는 너희 하느님께서 주신 땅에서

　　오래 살 것이다.

6. 살인하지 마라.

7. 간음하지 마라.

8. 도둑질하지 마라.

9. 이웃에게 불리한 증언을 거짓으로 하지 마라.

10. 재물을 탐내지 마라.

　　네 이웃의 아내나

　　남종 여종이나 소나 나귀나 할 것 없이

　　이웃의 소유는 무엇이든지 탐내지 마라.

하느님께서
천둥 번개와 함께 시뻘건 불에 휩싸여
모세에게 십계명을 내리는 순간은 장엄했지

십계명 가운데
첫째 계명부터 넷째 계명은
하느님께 대한 계명이고
다섯째 계명부터 열째 계명은
인간과 사회에 대한 계명이지

이와 같은 십계명은
인간의 자유를 억압하고
옭아매는 것이 아니라
인간의 존엄성을 깊이 인식하고
좀 더 평화롭고 자유로운 세상을 위한
사회 공동체의 계약이었으며
하느님으로부터 받은 인간의 기본권을 보장하고
타인의 권리를 존중하며
우리의 삶을 새롭게 이해하고 살아가기 위해
하느님께서 주신
자유의 헌장이었지

모세가
율법을 완성하다

탈출기 21,1~24,9

하느님께서는
모세에게 계명을 주시고 율법도 내리셨지
하느님께서는 모세에게 직접
여러 율법을 공포하라 하셨지

종살이에 대해서,
'히브리 사람을 종으로 삼았을 경우,
6년 동안만 종으로 부리고 7년이 되면
보상 없이 자유를 주어 내보내도록 하라.
주인이 함께 살려고 한 여종 가운데서
눈에 들지 않으면 몸값을 치르고 내보내고
주인이 약속을 어겼을 때는
그 여종을 외국인에게 팔 수 없게 하라.'
이것은 종들도 노예에서 벗어날 기회를 주시고
종들을 팔아 이득을 얻는 일을 방지하여
인간의 존엄성을 보호하기 위함이셨지

살인에 대해서,
'남을 때려죽인 자는 반드시
사형에 처하라.
악의로 흉계를 꾸며 이웃을 죽인 자도
부모를 욕하고 때린 자도
사형에 처해야 한다.
유괴범은 유괴한 사람을 팔았든지
잡아두었든지 간에 반드시 사형에 처하라.'

과실 치사 및 과실치상에 대하여,
'서로 싸우다가
어느 한쪽이 상대편을 돌이나 주먹으로 때려
맞은 사람이 죽지 않고 병석에 눕게 되면
그 맞은 사람이 지팡이라도 집고 다니더라도
그동안의 치료비와 생활비는 물어 주어라.
그래야 때린 사람은 체형은 면하게 하라.
눈에는 눈으로, 이에는 이로
손에는 손으로, 발에는 발로 갚아야 한다.'

하느님께서 모세에게
'눈에는 눈으로, 이에는 이로'라고 하신 것은
죄를 지은 사람한테
앙심을 가지고 복수하라는 것이 아니라
그 죄에 걸맞게 비례로 징벌하라는 말씀이었지

절도죄에 대해서,
'누구든지 남의 황소나 양을 훔쳐다가
잡아먹었거나 판 경우에는
황소 한 마리에 다섯 마리를
양 한 마리에는 네 마리를 배상해라.
훔친 것은 반드시 갚아야 한다.
훔친 물건이 아직 자기에게 있으면
두 배로 물어줘야 한다.
물어줄 것이 없으면 제 몸을 종으로 팔아서라도
훔친 물건의 값을 물어 주어라.'

손해 배상에 대해서,
'자기 밭이나 포도원에서 풀을 뜯기던
가축을 풀어 놓아
남의 밭곡식을 뜯어 먹게 하였다면
그 밭의 소출을 보상해야 한다.
밭곡식을 모두 뜯어 먹은 경우는
자기 밭에서 제일 좋은 소출과
자기 포도원에서 제일 탐스러운 소출을 거두어
배상해야 한다.
불이 나서 가시덤불에 당겨
남의 낟가리나 추수하지 곡식이나
남의 밭을 태웠을 때는
불을 낸 자가 그것을 모두 배상해야 한다.

어떤 사람이
이웃에게 돈이나 물건을 맡겼다가
그 집에서 도둑을 맞으면
그 도둑이 잡히면 두 배로 배상받아라.'

처녀에 대한 성폭력에 대해서,
'어떤 사람이 아직 약혼하지 않은 여성에 대해
성폭력을 저질렀을 경우
그 여성의 집에
혼수금을 모두 지불하고
그 처녀를 아내로 맞아들여라.'

이 율법은
하느님께서 남성의 성폭력으로부터
여성을 보호하기 위해서 내리셨지

약자 보호와 정의 실현에 대해서,
이민자나 과부나
고아나 가난한 사람들은
스스로 자신을 보호할 수 없는 사람들이지
'과부와 고아를 괴롭히지 말아라.
너희가 그들을 괴롭혀
그들이 나에게 울부짖어 호소하면
나는 반드시 그 호소를 들어주리라.

1. 영원한 약속 · 241

너희 가운데 어렵게 사는 사람에게
돈을 꿔주게 되면
채권자로 행세하거나 이자를 받아서는 안 된다.
너희는 죄 있는 권력자들에게
유리한 증언을 하지 마라.
송사에서 가난하다고
그의 권리를 빼앗지 마라.
뇌물도 받지 마라.'

주님을 위한 축제에 대해서,
'다른 신의 이름을 찬양하지 말아라.
일 년에 세 차례
내 앞에서 축제를 올려라.
이집트에서 나온 날을 기념하여
어린 양을 잡아 번제로 드리며
누룩 없는 빵을 먹는 과월절^{무교절}을 지켜라.
첫 보릿단을 수확할 때는 오순절^{맥추절}을 지키고
연말에는 너희 밭에 씨 뿌려 얻은
모든 곡식의 맏물을 바치는 초막절^{추수절}을 지켜라.'

약속하신 땅에 들어가 해야 할 일에 대해서,
하느님께서는
너희 앞에 천사를 보내 너희를 지켜주어
내가 정해 준 곳으로 데려갈 것이다

'너희는 그를 존경하여 그의 말을 잘 따르고
거역하지 말아라. 그는 나의 대리자다.
우상으로 섬기는 신상들과 석상들을
모두 부수고 깨뜨려라.'

하느님께서 이스라엘 백성에게 주신 율법은
당신 백성들이 방종이 아닌 참자유를 누리고 살며
그들 사회에서 평화와 정의를 실현하라는
최소한의 도덕률을 제시하신 것이지

모세가 백성에게 와서
주님의 모든 말씀과 법규를 자세히 알려주자
온 백성은 입을 모아 말했지
"주님께서 말씀하신 대로 다 따르겠습니다."

모세는 주님의 말씀과 백성들의
응답을 다 기록한 다음
아침 일찍 일어나 시나이산 기슭에 제단을 쌓고
이스라엘의 열두 지파를 표시하는
돌기둥 열두 개를 세워 놓았지
모세는 이스라엘 백성 중 몇몇
젊은이들을 보내어
짐승을 잡아 가죽을 벗기고 통째로 불에 태워
하느님께 번제를 바쳤지

그다음 모세와 이스라엘 백성들은
수송아지들을 잡아 기름을 태워
화목제^{하느님과 화목하게 지내기 위해 드리는 제사}를 올리고
익은 고기를 나누어 먹으며
하느님과 이웃과 친교를 나누었지

모세는 그 피의 절반을 받아
항아리에 담아놓고
그 절반은 제단에 뿌렸지, 그리고
계명과 율법에 대해 계약을 기록한
문서를 집어 들고 백성들에게 읽어주었지

모세는 피를 가져다가
백성에게 뿌려주며 선언했지
"이것은 주님께서 너희와 계약을
맺으시는 피다. 그리고 여기 이 모든 말씀은
계약의 조문이다." 이로써 하느님께서는
이스라엘 백성을 참 백성으로 만드시기 위해
율법을 완성하시고 계약을 맺어
당신의 거룩한 백성으로 살아가게 하셨지
이 무렵 하느님께서는 아론에게
'나는 너에게 사제직을 선물로 준다.'^{민수기 18,7}
하시고 이스라엘의 첫 대제사장으로 삼으셨지

모세가 하느님의 증언 판을 깨뜨리다

탈출기 24,12~32,29

"내가 있는 이 산으로
올라와 머물러 있어라.
내가 이 백성을 가르치려고
계명을 기록한 돌판을 너에게 주리라."
모세가 계명을 받기 전
주님께서 모세에게 이렇게 말씀하셨지

모세는 자기의 시종 여호수아를 데리고
하느님의 산으로 올라가며
장로들에게 일러두었지
"우리가 그대들에게 돌아올 때까지
여기 앉아 기다리시오. 아론과 후르가
여기 남아 있을 터이니 사건이 생기면
그들과 논의해 잘 판단해 주시오."
산허리에 이르러 여호수아는
거기에 머물렀지

모세가 산에 오르자 구름이 산을 덮었지
주님의 영광이 시나이산 위에 머물러 있어
구름이 엿새 동안 산을 뒤덮고 있었지

하느님께서는 이레째 되는 날
그 구름 속에서 모세를 부르셨지
백성들의 눈에는 주님의 영광이 마치
그 산봉우리를 태우는 불처럼 보였지
모세는 구름을 뚫고 산으로 올라가
사십 밤낮을 그 산에서 지냈지
주님께서 모세에게 말씀하셨지
"내가 이 백성들 가운데서 살고자 하니
그들에게 내가 있을 지성소를 지어라.
내가 너에게 보여주는 설계대로
성막을 짓고 거기에서 쓸 기구들도
내가 보여주는 도본에 따라 만들어라."

주님께서는 모세에게
성막 제조 기술자 브찰엘을 지명하여
하느님께서 이 땅에서 머무를 지성소와
그 안에 모실 계약 궤, 그 궤를 덮을 속죄판과
성막과 제상과 번제 단에 딸린 모든 기물과
사제의 옷과 사제의 머리 위에 부을 기름과
성소에서 쓸 향을 지시하신 대로 만들도록 했지

주님께서는 이야기를 다 마치시고
손수 돌판에 새기신
증언판 두 개를 모세에게 주셨지

계약 궤는 십계명을 새긴
두 개의 증언판을 넣어두기 위해 만든 상자인데
아카시아 나무로 짜고 금을 입혔지
계약 궤를 덮는 속죄판은 순금으로 만들고
그 위에 두 천사를 세워 마주 보게 했지

모세가
오래도록 산에서 내려오지 않자
불안한 백성들은 사제 아론에게 몰려와 청했지
"어서 우리를 앞장설 신을 만들어 주시오.
우리를 이집트에서 데려온 그 어른 모세는
어떻게 되었습니까?"

아론도 불안하고 두려웠지
모세가 사라졌거나 죽었으리라 생각한
이스라엘 백성들은
자기들을 가나안 땅으로
이끌어 줄 새로운 지도자가 필요했지
아론은 백성들을 안정시키는 게
무엇보다 중요하다고 생각했지

아론은 그들의 불안감을 덜어주려고
그들에게 금붙이를 거두어 녹여
수송아지 신상을 만들게 했지
하느님 보시기에 좋지 않았지

사람들은 그 신상 앞에서 외쳤지
"이스라엘아, 이 신이 우리를
이집트에서 데려 내 온 우리의 신이다."
아론은 그 신상 앞에 제단을 만들고
내일 주님 앞에서 축제를 벌이자고 선포했지
이튿날 그들은 일찍 일어나 번제를 드리고
신상 앞에 화목제물을 바쳤지
그들은 앉아서 먹고 마시며 정신없이 뛰놀았지

이 모습을 내려다 보고 계시던
하느님께서 진노하시어 모세에게 말씀하셨지
"당장 내려가 보아라. 네가 이집트에서 데려온
너의 백성들이 고약하게 놀아나고 있다.
저들이 내가 명령한 길에서
저다지도 빨리 벗어나 우상을 섬기는구나.
나는 이 백성을 잘 안다. 보아라,
얼마나 고집이 센 백성이냐? 나를 말리지 마라.
내가 저들을 모조리 쓸어버리라.
그 후 너에게서 큰 백성을 일으키리라."

모세는 하느님의 노기를 풀어드리려고 애원했지
"주님, 당신께서는 그 강하신 팔을 휘두르시어
놀라운 힘으로 당신의 백성을 이집트 땅에서
데려 내 오시지 않으셨습니까?
왜 어찌하여 이 백성에게 이토록 화를 내십니까?

만약 당신께서
이 백성을 쓸어버리신다면
이집트인들이 '아하, 그가 화를 내어
그 백성을 데려 내다가
산골짜기에서 죽여 없애버리고
땅에 씨도 남기지 않았구나.' 하는 말을
들으시렵니까? 제발 화를 내지 마시고
당신 백성에게 내리시려던 재앙을 거두어 주십시오.
당신의 명예를 걸고
너의 후손을 하늘의 별처럼 많게 하고
내가 약속한 이 땅을 다 너의 후손에게 주겠다고
맹세해 주셨던 당신의 종 아브라함과
이사악과 이스라엘을 기억해 주십시오."

주님께서는 모세의 간절한 애원을 들으시고
당신 백성에게 내리시겠다던 재앙을 거두셨지
모세는 두 증언판을 손에 들고 돌아서서
산에서 내려왔지

산허리에서 기다리던 여호수아와 함께
기슭으로 내려올 즈음
승리의 노래도 아니고 패전의 곡성도 아닌
우상에게 화답하는 노랫소리가 들려왔지
모세가 진지에 가까이 이르러보니
수많은 백성이 수송아지를 둘러싸고
춤을 추고 있었지
순간 모세는 분노가 치밀어 올랐지

격분한 모세는 두 증언판을 산 아래로 내던졌지
증언판은 깨어져 산산조각이 났지
모세가 하느님과의 계약을 파기한 것이지

모세는 수송아지를 끌어다가 불에 태우고
빻아서 가루를 만들어 물에 타
그 백성들에게 마시게 했지

모세는 우상의 흔적을 깨끗이 지우고
우상을 섬기던 우매한 백성들을 모조리 쳐 없앴지
그 숫자는 약 3,000명이었지

하느님께서 모세와
다시 계약을 맺으시다

탈출기 32,30~34,35

이튿날
모세는 이스라엘 백성들이 계명을 어기고
죄를 지은 것에 대해 용서받으려고
다시 산으로 되돌아가
하느님 앞에 엎드려 빌었지
"비옵니다. 이 백성이 큰 죄를 지었습니다.
용서해주십시오. 만일 용서하지 않으시려거든
당신께서 손수 쓰신 기록에서
제 이름을 지워주십시오."

하느님께서 모세에게 이르셨지
"나에게 잘못을 저지른 자는 누구든지
그의 이름을 나의 기록에서 지워 버린다.
너는 이집트 땅에서 데려 낸 온
이 백성을 이끌고 여기를 떠나라.
내가 약속한 땅으로 올라가거라.

그 땅은 내가 아브라함과 이사악과
야곱의 후손들에게 주겠다고 맹세한 땅이다.
내가 천사를 보내어 가나안족 아모리족
히타이트족 프리즈족 여부스족을 몰아내
너희가 젖과 꿀이 흐르는 땅으로 갈 수 있도록
인도할 것이다. 그러나
나는 너희와 함께 가지 않겠다.
너희는 고집이 센 백성이기 때문에
동행하다가는
도중에 너희를 없애 버릴지도 모른다."

백성들은 하느님의 참담한 말씀에 슬퍼하며
이집트에서 달고 나온 우상 패물들을 다 버렸지

모세가 진지 밖 멀리 떨어진 장막에서
주님께 아뢰었지
"이제 당신께서는 저에게 이 백성을 이끌고
올라가라고 하셨습니다.
하지만 당신께서 누구와 함께 갈지는
알려주지 않으셨습니다.
당신께서는 저에게 너는 잊을 수 없는 이름
너는 내 눈에 드는 사람이라고 하셨는데
제가 정녕 당신의 눈에 드셨다면
저의 갈 길을 부디 가르쳐주십시오.

제가 당신을 잘 앎으로써
항상 당신 눈에 들게 해 주십시오.
이 민족이 당신의 백성인 것을 기억해 주십시오.

만일 당신께서 함께 가지 않으시면
저희도 여기를 떠나 올라가지 않겠습니다.
당신께서 저희와 함께 가지 않으신다면
저와 백성이 당신의 마음에 들었는지
어떻게 알 수 있겠습니까? 함께 가셔야만,
주님께서 세상의 모든 백성과 저와 당신의 백성을
사랑하신다는 것이 증명됩니다."

모세는 엎드려
이스라엘 백성이 하느님께 지은 큰 죄를 고백하며
깨진 계약을 다시 세워 주실 것을 빌고 또 빌었지

하느님께서 모세의 애원을 받아주시어
다시 계약을 맺어주셨지
"너야말로 과연 내 마음에 드는 자요
잊을 수 없는 이름이다.
지금 네가 청한 것을 다 들어주리라."
모세는 하느님의 응답을 듣고
가나안으로 향해 진을 옮겨갔지
진을 옮길 때마다 장막도 옮겨갔지

장막은 '옮겨 다니는 시나이산'으로
모세가 주님을 만나는 장소였지
모세는 그 장막을 만남의 장막이라 부르며
주님께 여쭈어볼 일이 생기면 그곳으로 가야 했지

모세가 장막에 들어가면
모든 백성은 자기 천막 앞에 서서
그가 장막으로 들어갈 때까지
그 뒤를 지켜보곤 했지
모세가 장막에 들어서면
구름 기둥이 내려와 장막 문간에 섰고
주님께서 모세와 말씀을 나누셨지
주님께서는 마치 친구끼리 말을 주고받듯이
얼굴을 마주 대고 이야기하셨지

모세는 그 장막에서 주님께 다시 간청을 올렸지
"주님, 당신의 존엄하신 모습을 보여 주십시오."
모세는 이스라엘 민족을 세우는데
하느님의 현존이 필요했지
주님께서 응답해 주셨지
"나는 내 모든 선한 모습으로 네 앞을 지나가며
주님의 이름을 선포하리라.
나는 돌보고 싶은 자는 돌보아 주고
가엾이 여기고 싶은 자는 가엾게 여긴다.

너희는 내 얼굴만은 보지 못한다.
나를 보고 나서 사는 사람은 아무도 없다."
하느님의 광채는
인간이 바라볼 수 없을 만큼 강렬했지

주님께서 다시 이르셨지
"너는 여기 내 옆에 있는 바위 위에 서 있어라.
돌판 두 개를 처음 것처럼 다듬어 놓아라.
그 돌판에 네가 깨뜨린 첫 돌판에 써 주었던 글을
다시 새겨 주리라.
내일 아침까지 준비해 놓았다가
아침 일찍 시나이산으로 올라와
산꼭대기에서 나를 기다리고 있어라.
아무도 너를 따라 올라와서는 안 된다.
이 산기슭에서는 양과 소에게 풀도 뜯기지 마라."

하느님은
인간이 접근하기 힘든 신비이긴 하지만
하느님을 부르짖는 인간에게는
언제나 그의 곁에 머무는 현존하는 분이시지

모세는 주님께서 분부하신 대로
돌판 두 개를 처음 것처럼 다듬어
손에 들고 시나이산으로 올라갔지

주님께서
구름을 타고 내려와
모세 옆에 서시어 주님의 이름을 선포하셨지
"나는 주님이다. 자비와 은총의 신이다.
좀처럼 화를 내지 아니하고
사랑과 진실이 넘치는 신이다.
수천 대에 이르기까지 사랑을 베푸는 신
거슬러 반항하고 실수하는 죄를
용서해주는 신이다.
그렇다고 마냥 벌하지 않는 신은 아니다.
조상이 거스르는 죄를 아들 손자들을 거쳐
삼사 대까지 벌한다."

모세는 얼른 땅에 엎드려 기도하고 아뢰었지
"주님, 제가 정녕 당신 눈에 드셨으면
부디 저희와 동행해 주십시오.
이 백성이 고집이 센 것은 사실입니다.
저희가 저지른 죄와 실수를 용서하시고
저희를 길이 당신의 것으로 삼아 주십시오."
모세는 간절했지
간절함은 인간에게만 있는 것이 아니라
하느님께도 있지
주님께서는 모세의 간절함에
당신의 간절함으로 응답하셨지

이제 다시 계약을 맺겠다.
온 세상 어느 민족에게도 이루어진 적이 없는
놀라운 일을 너희 온 백성 앞에서 이루리라.
너는 나의 모든 말을 기록하여 두어라.
내가 이 모든 말을 조건으로 삼고
너와 이스라엘 백성과 계약을 맺는다."

하느님께서도
이스라엘 백성이 계명과 율법을
간절히 지켜줄 것을 바라며
모세에게 처음 돌에 쓰신 것처럼 다시 새겨주셨지
모세는 시나이산에서 주님과 함께
사십 주야를 지내는 동안 빵도 먹지 않고
물도 마시지 않았지, 그러나
모세의 모습은 초췌하지 않고 광채가 났지

모세는 주님께서 주신 두 개의 증언판을 들고
산에서 내려왔지
아론과 백성들이 모세를 쳐다보니
모세의 얼굴에서 빛이 나고 눈부셨지
그들은 두려워 가까이 가지 못했지
모세는 그들과 열두 지파 지도자들을 불러
주님께서 맺어주신 계약을
하나하나 전해 주었지

약속의 땅 앞에서
모세가 생을 마치다

탈출기 40,1~38
신명기 32,49~50, 34,1~12

모세는 시나이산 아래 진을 치고 있던
광야 2년째 되는 정월^{니산} 초하루
아름다운 성막^{하느님께서 머무시는 천막}을 완성했지

모세는 성막 가장 안쪽에 지성소^{하느님께서 계시는 곳}를
마련하고 계약 궤에 증언판과 속죄판을 넣어
하느님께 거룩하게 바쳤지
그때 구름이 성막을 덮고
주님의 영광이 성막 안에 가득 찼지
이스라엘 백성은 구름이 성막에서 걷히기만 하면
성막을 모시고 진을 거두어 떠나곤 했지
구름이 걷히지 않으면 그 안에 주님께서 계셔
구름이 걷히는 날까지 기다렸다가
길을 떠났지
계명을 대대로 잘 지키겠다고 다짐하며…….

'모세가 이집트를 떠나
처음 진을 친 곳은 수콧이었다
모세는 모압에 이르기까지
서른한 번 진을 옮겨가며 40년 동안
광야를 떠돌았지'^{민수기 33,1~49} 그동안
낮에는 주님의 구름이 성막을 덮어 주었고
밤에는 그 구름 속에서 불이 비치어
이스라엘 눈앞을 환히 밝혀 주셨지

광야 생활 40년째 5월 초하루 아론이 죽었지

모세도 죽음을 예감하고
온 이스라엘을 불러
쓰고 힘든 광야 생활의 소회를 이렇게 토로했지
"주님께서는 이집트 땅에서
너희가 지켜보는 가운데
파라오와 그의 신하들과 온 이집트를 해치우셨다.
그들에게 재앙을 내리시는 것도 목격하였다.
주님께서는 이날까지 너희에게 깨닫는 마음과
보는 눈과 듣는 귀를 주시지 않으셨다.
그 후 나는 40년 동안이나 광야에서
너희를 이끌고 다녀야 했다.
그동안 너희가 걸친 옷은 해어지지 않았고
발에 신은 신발은 닳아지지 않았다."

모세는 하느님과 백성 앞에
다시는 나설 수 없음을 알고
눈의 아들 여호수아를 불러 일렀지
"네가 이 백성을 이끌고 약속의 땅으로 들어가라.
하느님께서는 나에게
'므리바에서 너는 나를 시험하고
내 이름을 드러내지 않았으므로
너는 요르단강을 건너지 못한다.' 이르셨다."
주님께서는 모세의 충정을 아시고
여호수아에게 통수권을 맡기셨지
"힘을 내어라. 용기를 가져라."

바로 같은 날 주님께서 모세에게 말씀하셨지
"너는 예리코 맞은편 모압 땅에 있는
아바림 산맥을 타고 느보산 봉우리에 올라가서
내가 이스라엘 백성에게 주어 차지하게 할
가나안 땅을 바라보고 그 산에서 죽어라."

모세는 하느님의 분부대로
모압 광야 예리코 맞은편
느보산 피스가 봉우리에 올랐지
백스무 살의 나이에도
그의 눈은 아직 정기를 잃지 않았고
그의 힘은 그대로였지

주님께서 그에게 약속의 땅을 보여주셨지
단에 이르는 길르앗 지방
온 납달리와 에프라임과 므나쎄 지방
서쪽 바다에 이르는 온 유다 지방
네겝과 예리코 골짜기 분지의 종려 도시 초아르가
모세의 눈앞에 펼쳐졌지
모세의 늙고 주름진 눈에는 눈물이 흘렀지
주님의 종인 모세는 그곳 모압 땅에서
주님의 말씀대로 죽었지
모세가 죽을 때
어떻게 죽었는지 무덤은 어디인지
오늘까지 아무도 모르지

그 후로 이스라엘에는
두 번 다시 모세와 같은 예언자
하느님과 얼굴을 마주 보면서 사귀는 사람은
태어나지 않았지
또한 모세만큼 강한 손으로
그토록 크고 두려운 일을
온 이스라엘 백성의 눈앞에서
이루어 보인 사람은 다시 없었다.

2
사랑의 완성

예수님께서
사람의 아들로 태어나시다

마태 1,1~25

아브라함의 후손이요 다윗의 자손인
예수 그리스도의 족보

아브라함은 이사악을 낳고
이사악은 야곱을 낳았으며
야곱은 유다와 그 형제들을 낳았지
유다는 타마르에게서 페레츠와 제라를 낳고
페레츠는 헤츠론을 낳았으며
헤츠론은 람을 낳았지
람은 암미나답을 낳고

암미나답은 나흐손을 낳았으며
나흐손은 살몬을 낳았지
살몬은 라합에게서 보아즈를 낳고
보아즈는 룻에게서 오벳을 낳고
오벳은 이사이를 낳고
이사이는
다윗 임금을 낳았지

다윗은 우리야의 아내에게서
솔로몬을 낳고
솔로몬은 르하브암을 낳았으며
르하비암은 아비야를 낳고
아비야는 아삽을 낳았지
아삽은 여호사팟을 낳고
여호사팟은 여호람을 낳았으며
여호람은 우찌야를 낳았지
우찌야는 요탐을 낳고
요탐은 아하즈를 낳았으며
아하즈는 히즈키야를 낳았지
히즈키야는 므나쎄를 낳고
므나쎄는 아몬을 낳았으며
아몬은 요시야를 낳았지
이스라엘 민족이 바빌론으로 끌려갈 무렵
요시야는 여호야킨과 그 동생들을 낳았지

바빌론 유배 뒤에
여호야킨은 스알티엘을 낳고
스알티엘은 즈루빠벨을 낳았지
즈루빠벨은 아비홋을 낳고
아비홋은 엘야킴을 낳았으며
엘야킴은 아조르를 낳았지
아조르는 차독을 낳고
차독은 아킴을 낳았지
아킴은 엘리웃을 낳고
엘리웃은 엘아자르를 낳았지
엘아자르는 마탄을 낳았으며
마탄은 야곱을 낳았지
야곱은 마리아의 남편 요셉을 낳았는데
마리아에게서 그리스도라고 불리는
예수님이 태어나셨지

그리하여 이 모든 세대의 수는
아브라함부터 다윗까지 14대이고
다윗부터 바빌론으로 끌려갈 때까지가 14대이며
바빌론으로 끌려간 다음 그리스도까지가 14대이지

예수 그리스도는 이렇게 태어나셨다
그분의 어머니 마리아는
나자렛에서 태어나 예루살렘에서 자랐다

나이가 차자
마리아는 베들레헴에서
목수로 살아가는
다윗 가문의 요셉과 약혼했는데
그들이 같이 살긴 전에
성령으로 잉태한 사실이 드러났지
그 당시 법에 간통한 여자는 돌로 쳐서 죽였지
마리아의 남편 요셉은 의로운 사람이었고
마리아의 일을 세상에 드러내고 싶지 않았지
요셉은 남모르게 마리아와
파혼하기로 생각했지

요셉이 이런 생각을 하고 있을 때
꿈에 주님의 천사가 나타나 말했지
"다윗의 자손 요셉아, 두려워하지 말고
마리아를 아내로 맞아들여라.
그 몸에 잉태된 아기는 성령으로 인한 것이다.
마리아가 아들을 낳으리니
그 이름을 예수라 하여라.
그분께서 당신 백성을 죄에서 구원하실 것이다."

이처럼 하느님께서는
예수님께서 태어나시기도 전에
천사를 통해 예수님의 사명을 천하에 드러내셨지

이것은 일찍이 예언자 이사야가
'보아라. 동정녀가 잉태하여 아들을 낳으리니
그 이름을 임마누엘이라고 하리라.'^{이사야 7,14}
한 말이 이루어지려 한 것이지

임마누엘은
'하느님께서 우리와 함께 계시다.'는 뜻이지
잠에서 깨어난 요셉은
주님의 천사가 명령한 대로 마리아를
아내를 맞아들였지
요셉은 마리아가 아들을 낳자
이름을 예수라 했지
예수란 '주님께서 우리를 구원하신다.'라는 뜻이지

예수님께서는 로마 황제
아우구수투스가 임명한 헤로데가 다스리던
유다 땅 베들레헴에서 태어나셨지
유다 사람들은
이스라엘에 영광을 안겨 줄 메시아가
다윗 가문에서 태어나기를 기다리고 있었지
마리아의 남편 요셉은
어엿한 다윗의 후손이었으니
그 아들 예수님께서는
메시아가 되기에 흠결이 없었지

그분은 메시아로 오셨지만
태어날 때 그분께는
정작 방 한 칸 없으셨지
포대기에 싸여 구유에 놓이신
아기 예수 둘레에 주님의 천사들이 나타나
거룩히 찬양했지

'지극히 높은 곳에서는
하느님께 영광
땅에서는
그분 마음에 드는 사람들에게 평화'^{루카 2,14}

동방박사들이 아기 예수님께 경배하고 돌아가다

마태 2,1~12

이 무렵
동방에서 박사들이 예루살렘에 와서
헤로데 임금을 만나고자 했지
그들은 천문학자로 별을 보고
미래를 예측하는 사람들이었지
그들은 유다 땅 하늘에서 떠오른
유난히 빛나는 별을 보고
메시아의 탄생을 알게 되었지
"유다인들의 임금으로 태어나신 분이
어디 계십니까? 우리는 그분의 별을 보고
그분께 경배하러 왔습니다."
헤로데는 깜짝 놀랐지
유다인들의 임금이 태어나셨다는 말이
믿어지지 않아 당황했지
'나의 아들 말고 누가
유다 임금이 될 수 있단 말인가?'

헤로데는 예루살렘이 온통 술렁거리자
백성의 수석 사제들과 율법 학자들을
모두 모아 놓고 물었지
"그리스도께서 나실 곳이 어디냐?"
"유다 베들레헴입니다."
이어 수석 사제들과 율법 학자가 말했지
"사실 예언자가 이렇게 기록해 놓았습니다.
'유다 땅 베들레헴아, 너는 유다 가운데
가장 작은 고을이 아니다.
이스라엘의 목자가 될 영도자가
너에게서 나리라.'^{미카5,1}고 했습니다."

베들레헴은 히브리말로 '빵의 집'을 의미하는데
예루살렘 남쪽 8km쯤 떨어진 작은 고장이었지

헤로데는 동방에서 온 박사들을 몰래 불러
별이 나타난 때를 정확히 알아보고
그들을 베들레헴으로 보내면서 부탁했지
"가서 그 아기를 잘 찾아보시오.
그 아기를 찾거든 알려주시오.
나도 가서 경배하겠소."
동방박사들은
'헤로데가 메시아를 없애려고 하는구나.'라 생각하고
즉시 베들레헴으로 떠났지

이때 동방에서 보았던 그 별이
그들을 앞서가다가
그 아기가 있는 곳 위에 이르러 멈추었지
그들은 대단히 기뻐했지

동방박사들은 별이 멈춘 그 집에 들어가
어머니 마리아와 함께 있는 아기를 보고
엎드려 경배했지
그들은 가지고 온 보물상자를 열어
황금과 유향과 몰약을 예물로 드렸지

박사들은 꿈에 헤로데에게 돌아가지 말라는
하느님의 지시를 받고
다른 길로 해서 자기 고장으로 돌아갔지

헤로데는 박사들에게 속은 것을 알고
크게 화를 냈지
그는 바로 군사들을 보내어
베들레헴과 그 온 일대에 사는
두 살 이하의 사내아이들을
모조리 죽여 없애라 명령했지

헤로데의 유아 학살이 있기 전 꿈에
주님의 천사가 요셉에게 나타나 말했지

"헤로데가 아기들을 찾아 없애려고 하니
이집트로 피신해 죽을 때까지 거기 있어라."
요셉은 즉시 그 밤에
아기와 마리아를 데리고 이집트로 떠났지

헤로데가 죽은 후
요셉은 예수님과 그의 어머니와 함께
다시 이스라엘 땅으로 돌아왔지, 그러나
헤로데의 아들 아르켈라오가
유다의 왕이 되었다는 말을 듣고
예루살렘으로 가기가 두려워
갈릴래아 나자렛이라는 동네로 떠났지
나자렛은 예루살렘에서
북쪽으로 134km 떨어진 산골 마을이었지
예수님께서는 어린 시절부터
나자렛에 30년 동안 살아서
그를 '나자렛 사람'이라 했지

그러면 헤로데 임금은 어떤 사람인가?
그는 유다인이 아닌 이방인의 혼혈아로 태어났지
아버지가 죽은 뒤 그는 기원전 37년
로마의 승인을 받아 유다 임금이 되어
기원후 4년까지 33년 동안
팔레스타인을 다스렸지

그는 예루살렘에 성전을 짓고
헤브론에는 성조들의 무덤을 보호할
성벽을 쌓아 백성들의 환심을 사기도 했지
큰 가뭄이 들었을 때는 자기의 재산을 팔아
이집트에서 곡식을 사서
가장 기근이 심한 지역에 나누어 주었지
이런 일은 백성들에게 환심을 사고
자신의 출생 배경을 감추기 위한 것이었지

그는 살아서는 찬양받고
죽어서는 존경받는 사람이 되고 싶었으나
그의 성품은 이런 생각을 받쳐줄 만큼
선하지 않았지

헤로데는
언제 왕에서 쫓겨날지 모르는 두려움 때문에
자신의 왕위를 위협하는
어떤 사람도 남겨두지 않고
어떤 일도 용납하지 않았지
베들레헴 유아 대량 학살 사건은
헤로데가 광적으로 저지른
역사적 범죄였지

세례자 요한이
메시아를 위해 준비하다

마태 3,1~12

AD Anno Domini · 주님의 해라는 뜻으로 예수 탄생 후 연호

27년, 28년 무렵
세례자 요한이 유다 땅에 나타나
광야에서 이렇게 외쳤지
"회개하여라.
하늘나라가 다가왔다!"

세례자 요한은 예수보다 앞서 태어나
일찍이 광야로 나가 엘리야처럼 낙타 털옷을 입고
허리에 가죽 띠를 두르고
메뚜기와 들 꿀을 먹으며 유목민처럼 지냈지
그의 이런 모습은 당시 부유층이나
거들먹거리는 유다인들과는 크게 달랐지
전형적인 예언자 모습이었지
사람들은
그를 엘리야라고 생각했지

이런 요한이
서른 살부터
요르단강에서
사람들에게 물로 세례를 주었지
세례는 몸 전체를 물에 담가
죄를 씻어 내는 의식이었지, 그래서
사람들은 그를 세례자 요한이라 불렀지

세례자 요한이
'하늘나라가 다가왔다.'라고 말하는 것은
신의 분노가 이 땅에 내려
하느님의 심판이 멀지 않다는 것이었지

이때 예루살렘과 온 유다와
요르단 지방 사람들이 줄을 지어
그의 설교를 듣거나 세례를 받기 위해
요르단강으로 모여들었지

메시아를 고대하던 사람들은
그가 메시아처럼 보여 몰려왔던 것이지

당시 유다 사람들 가운데는
믿음의 근본과 방식과
율법의 해석이 다른 사람들이 있었지

율법을 엄격하게 지키며
율법의 형식과 논리만을 좇으며
율법을 모르는 이들을 배척하는 바리사이파와
모세의 오경만을 인정하며
육신의 부활과 천사들의 존재를 믿지 않는
사두가이파, 그리고
예루살렘을 떠나 동굴에 살며
믿음의 공동체를 이루어
율법 중심의 근본주의를 부르짖는 에세네파였지

이들은 요한이 생각하는 신앙과는 매우 달랐지
바리사이파는 율법에만 얽매이는 것이
하느님의 뜻에 반한다고 보았고
사두가이파는 로마인들과 결탁하여 권력을 누리는
타락한 신앙인으로 여겼으며
에세네파는 하느님께 드리는 예배가 배타적이어서
선민의식에 빠졌다고 생각했지
그리하여 요한은 세례를 받으러 오는
바리사이파 사람들과 사두가이파 사람들에게
가혹하리만큼 힐책했지

"이 독사의 자식들아,
닥쳐올 하느님의 심판을 피하라고
누가 너희들에게 일러주더냐?

너희는 회개했다는 증거를 행실로써 보여라.
'아브라함이 우리 조상이다.'라고
말할 생각도 하지 마라.
사실 하느님께서는 이 돌들로도
아브라함의 자녀들을 만들 수 있다.
도끼가 이미 나무뿌리에 닿았으니
좋은 열매를 맺지 않는 나무는
모두 찍혀서 불 속에 던져질 것이다.

나는 너희를 회개시키려고
물로 세례를 베풀지만 내 뒤에 오시는 분은
성령과 불로 세례를 베푸실 것이다.
그분은 나보다 훌륭한 분이시어
나는 그분의 신발을 들고 다닐
자격조차 없는 사람이다.
그분은 손에 키를 드시고
당신의 타작마당의 곡식을 깨끗이 가려
알곡은 모아 곳간에 들이시고
쭉정이는 꺼지지 않는 불에 태우실 것이다."

세례자 요한이 바랐던 것은 단 하나
새로운 메시아를 맞을 준비를 하는 것이었지
지금까지 하느님과 등지고 살았던 사람들을
하느님께 돌아오도록 회개시키는 일이었지

세례자 요한을 두고
예언자 이사야는 이렇게 말했지
"광야에서 외치는 소리가 들린다.
'너희는 주의 길을 닦고
그의 길을 바르게 내어라.'"^{마르코 1,3}

예수님께서 세례자 요한에게
세례를 받으시다

마태 3,13~17

이즈음
예수님께서는 세례를 받으시려고
갈릴래아를 떠나
요르단강으로 요한을 찾아가셨지
"회개하여라.
하늘나라가 다가왔다!"
요한의 이런 외침이 예수님 귀에까지 들렸지

요한은 예수님께서 자기한테 오시는 것을 보고
군중들에게 말했지
'보라 세상의 죄를 없애시는
하느님의 어린 양이시다.' 요한 1,29
군중과 요한은 예수님께 고개를 숙여 경배했지

당시 예루살렘의 유다 백성들은
영적인 부활을 갈망하고 있었지

그것은 유다 백성들이
기원전 587년에 유다 왕국의 멸망으로
바빌론으로 끌려가 포로로 살면서
기원전 538년까지 49년 동안
유배 생활을 했기 때문이지
그 후에도 유다 백성들은 아시리아와 신바빌로니아
페르시아 등 타민족의 지배를 받아 오다가
기원전 63년에는 영토확장에 나섰던
로마의 지배 밑에 들어갔지

유다 백성들은 로마로부터 독립하고자
여러 곳에서 독립운동을 일으켰지만
로마의 진압으로 물거품이 되곤 했지

이런 이스라엘 민족의 비극은
하느님을 경외하지 않고 죄를 지어
하느님 눈 밖에 난 결과라 생각했지
이방인의 신을 믿고
우상을 섬기며 회개하지 않아
유다 백성들은 고난과 고통 속에서
빠져나올 수가 없었지
이런 문제들과 더불어
유다 백성들이 여러 종파로 갈라지게 되자
선지자 요한이 세례 운동에 앞장섰던 것이지

세례는 유다 백성들이 죄를 씻고
다시 거룩한 민족으로 태어나기 위한
신앙 운동이었지

예수님께서 공생활을 시작하시면서 선포하신
첫 말씀도 '회개하여라.'였지
회개라는 말은 아람어로 타브^{tab}라 하는데
'돌아오다', '회복하다'는 뜻이지

예수님께서
요한에게 세례를 받으려 하셨으나
요한은 굳이 사양했지
"제가 선생님께 세례를 받아야 할 터인데
어떻게 선생님께서 제게 오십니까?"
"지금은 제가 하자는 대로 해주시오.
우리가 이렇게 해야 하느님께서 원하시는 대로
모든 일이 이루어집니다."
예수님의 간곡한 청에
요한은 예수님께서 하자는 대로 세례를 내렸지
요한이 예수님의 세례 요청을 사양한 것은
예수님께서 성령으로 태어나신 것을
이미 알고 있었으므로
굳이 세례를 받으실 이유가 없다고
판단한 것이었지

예수님께서는 다른 이들과 같이
세례를 받으시어 그들과 하나이심을 보이셨지

예수님께서
세례를 받으시고 물에서 올라오시자
홀연히 하늘이 열리고
하느님의 성령이 비둘기 모양으로
당신 위로 내려오시는 것이 보였지

그때 하늘에서 이런 소리가 들려왔지
"이는 내 사랑하는 아들 내 마음에 드는 아들이다."
그 자리에 있던 다른 유다 사람들과
세례자 요한도 들을 수 없었던 신의 음성이었지
이것은 예수님께서 요셉과 마리아에게서
태어난 분이시지만
이 순간부터는 신의 아들로 다시 태어난 것이라는
하느님의 선언이셨지
예수님께서는 세례를 통해 영적으로
그 어느 때보다 최고의 경지에 올랐지
이때 예수님은 30세이셨지

그 순간 하느님께서는 어김없이
자신이 사용할 인물을 시험하시지
일찍이 아브라함에게 그리하셨던 것처럼

광야에서
악마의 유혹을 물리치시다

요한 4,1~27
마태 4,1~11

한편 예수님께서 요한에게 세례를 받으시고
유다를 떠나 갈릴래아로 가실 때
사마리아를 가로질러 가셨지

그때 예수님께서는
'야곱의 우물'이라 하는 곳에
물 길으러 나온 사마리아 여인을 보셨지
예수님께서는 그 여인에게
물을 청해 드신 후 말씀하셨지
"내가 주는 물을 마시는 사람은
영원히 목마르지 않을 것이다."
남편을 다섯이나 둔 그 여자가 예수님께 말했지
"저는 그리스도라고 하는 메시아께서
오신다는 것을 압니다."
예수님께서 그 여자에게 이렇게 말씀하셨지
"너와 말하고 있는 내가 바로 그 사람이다."

그 뒤 예수님께서는 성령의 인도로
다시 갈릴래아를 떠나
유다 광야로 나가
40일 밤낮 단식하며 기도하실 때
악마에게 유혹받으셨지

광야! 그곳은 샘도 없고
풀 한 포기 없는 메마른 곳
밤에는 심한 추위와
들짐승들의 소리가 들리는 두려운 곳
사람이 살 수 없는 버려진 공간
세상에서 멀리 떨어진 외딴곳
이런 광야가 예수님께는
자신에게 몰두할 수 있는 공간이어서
엘리야가 하느님께 들었던
'섬세한 침묵의 소리'를 들을 수 있는 곳이었지

예수님께서 몹시 배고프실 때
악마는 돌멩이를 집어 들고 유혹했지
"당신이 하느님의 아들이거든
이 돌을 빵이 되라고 해보시오."
"성서에 '사람이 빵으로만 사는 것이 아니라
하느님의 입에서 나오는
모든 말씀으로 살리라.'신명기 8,3 하시지 않았느냐?"

이제 악마는 예수님을
예루살렘으로 데리고 가서
성전 꼭대기에 세워놓고 또 유혹했지
"당신이 하느님의 아들이거든 뛰어 내려보시오.
성서에 '하느님이 천사들을 시켜
너를 시중들게 하시리니
그들이 손으로 너를 받들어 너의 발이
돌에 부딪히지 않게 하시리라.'^{시편 91,11~12}
하지 않았소?"
예수님께서는 단호하게 대응하셨지
"'주님이신 너의 하느님을
떠보지 말라.'^{신명기 6,16}는 말씀도 성서에 있다."

악마는 다시 예수님을
높은 산으로 데리고 가서
세상의 모든 나라를 보여주며 유혹했지
"당신이 내 앞에 절하면 이 모든 나라를 주겠소."
예수님께서는 조금도 흔들리지 않으시며
오히려 호통을 치셨지

"사탄아, 물러가라. 성서에 '주님이신 너희
하느님을 경배하고 그분만을 섬겨라.'^{신명기 6,13}
하시지 않았느냐?" 마침내 악마는 물러가고
천사들이 와서 예수님께 시중들었지

베드로, 안드레아,
야고보, 요한이 예수님을 따르다

마태 4,12~22

예수님께서는
요한이 잡혔다는 말을 들으시고
다시 갈릴래아로 가셨지

기원전 4년 헤로데 왕이 죽자
유다 땅은 그의 세 아들이 나누어 맡아 통치했지
세 아들 가운데 둘째인 헤로데 안티파스는
갈릴래아와 베레아의 영주가 되어 그곳을 다스렸지

그 무렵 세례자 요한의 명성이 높아지고
백성들이 그를 따르자 안티파스는 점차 불안해졌지
자신의 왕권을 위협할 수 있다고 생각했던 것이지
이런 중에 안티파스가 그의 동생 아내인
헤로디아와 불륜을 저지르자
이를 강하게 비판한 세례자 요한을 없앨 생각으로
감옥에 가두었지

그 후 안티파스는
헤로디아의 사주를 받은 살로메를 통해
요한을 그의 생일에
감옥에서 데려와 처형했지

예수님께서는
교활한 안티파스를 '여우'라고 부르시며
로마의 앞잡이라고 비난했지

갈릴래아로 돌아가신 예수님께서는
나자렛에 머물지 않으시고
즈불룬과 납달리 지방 호숫가에 있는
카파르나움에 머무시면서 전도하셨지
요르단강이 갈릴래아 호수로 들어가는
입구에서 4km쯤 떨어져 있는 어촌이었지

이리하여 이사야 예언자를 통하여
"즈불룬과 납달리 사람들과
호수로 가는 길가 사람들과
요르단강 건너편 사람들과
이방인의 갈릴래아와 같은 어둠 속에 앉은 백성들
그리고 죽음의 그늘진 땅에 사는
사람들이 큰 빛을 볼 것이다."이사야 8,23~9,5라
하신 말씀이 이루어졌지

예수님께서
당신의 첫 번째 설교에서
'이방인의 갈릴래아'를 말씀하신 것은
이스라엘 민족에게 구원의 희망을 전하기 위해
이스라엘의 수난 기억을 깨워주시려고 한 것이지

그 수난은 이랬지
'이스라엘이 솔로몬 이후 남유다 왕국과
북이스라엘 왕국으로 분열했을 때
기원전 721년 아시리아 왕 디글랏빌레셀이
사마리아를 쳐들어와
북이스라엘 왕국 갈릴래아를 점령하고
이스라엘 백성 2만 7천여 명을 끌고 갔지
이때부터 유다인들은 조국을 떠나
세계 여러 곳으로 흩어져 디아스포라로 살게 되지

대제국을 건설한 아시리아 왕은
여러 해에 걸쳐 갈릴래아 사마리아에 바빌론, 구다,
아와, 하맛, 스발와임 사람들을 이주시키고
그들의 신들을 갈릴래아에 전파했지
그 결과 사마리아인들이 혼혈 민족이 되면서
그들은 하느님을 섬기지 않고
이방 신의 성전을 세우고
그 신들을 믿었지'^{열왕기하 15,29, 17,24~31}

이런 일로 유다 사람들은
사마리아 사람들을 배척하게 되었지
사마리아 사람들은
유다 사람들을 증오하고,

때가 차자 예수님께서는 이스라엘 백성에게
"회개하여라. 하늘나라가 다가왔다."라
선포하셨지

'회개하라'와 '하늘나라'는
예수님께서 선포하시는 설교의 핵심 주제로
구원의 희망을 갈망하는
백성들을 위한 외침이셨지

회개하라는 것은
자기의 생각과 말과 행동을 바꾸어
인생의 목표와 방향을 하느님께 맞추라는 것이며
하늘나라가 다가왔다는 것은
이 세상 심판 날에 하느님께서 이 땅에 오셔서
다스리시게 될 나라를 가리키지

어느 날 예수님께서 갈릴래아 호숫가를
걸어가시다가 시몬과 안드레아 형제가
그물을 던지고 있는 것을 보고 계셨지

그들은 어부였지
예수님께서 그들에게 말씀하셨지
"나를 따라오너라.
내가 너희를 사람을 낚는 어부로 만들겠다."
그들은 곧바로 그물을 두고
예수님을 따라갔지

예수님께서
거기에서 더 가시다가
이번에는 제베대오의 아들 야고보와
그의 동생 요한이 아버지와 함께
배에서 그물 손질하는 것을 보시고
그들을 부르셨지
그들은 즉시 배와 아버지를 남겨두고 따라갔지
예수님께서는 카파르나움에서
네 사람을 첫 번째 제자로 선택하시고
그들을 부르셨지

그들은 어떤 의심도 없이 하던 일을
모두 제쳐두고 곧바로 예수님을 따라나섰지
예수님을 따라나선 제자들은
예수님과 함께 살면서
그분의 삶을 배우고 전도 활동에 참여하며
마침내 그분의 뒤를 따라 십자가를 지게 되지

예수님께서 '나를 따라오너라.' 하신 것은
'나의 제자가 되어라.'라는 말씀이며
이들에게 '사람 낚는 어부로 만들겠다.'라는 것은
이들을 하늘나라의 선포자로 삼으시겠다는
비유의 말씀이었지

예수님께서 나자렛에 계실 때
필립보와 나타나엘을 제자로 삼으시고
사흘째 되던 날 가나의 혼인 잔치에 가셨지

가나는 나자렛에서 티베리아로 가는 길목에서
약 6.4km 떨어진 곳이지

그 잔치에는 예수님의 어머니 마리아와
제자들도 초대받았지
잔치 도중 포도주가 떨어지자
예수님께서 돌항아리 여섯 개에 들어있는 물을
새 포도주로 만들어
잔치를 잘 마치게 하셨지

이것은 예수님의 공적 생활에서 일으키신
첫 번째 기적이셨지
제자들은 이 기적을 보고 예수님을 믿게 되었지
그 당시 혼인 잔치는 일주일 동안 치러졌지

예수님께서 참된 행복에 대해서
말씀하시다

마태 4,23~5,12

예수님께서
온 갈릴래아를 두루 다니시며
회당에서 복음을 가르치시고
하늘나라를 선포하시며
병든 사람과 허약한 사람들을 고쳐주셨지

예수님의 소문이 온 시리아에 퍼지자
사람들은 갖가지 병에 걸려 신음하는 환자들과
마귀 들린 사람들과 간질 병자들과
중풍 병자들을 예수님께 데려왔지
예수님께서는 그들을 하나하나 모두 고쳐주셨지

이런 소문을 들은
갈릴래아와 데카폴리스와
예루살렘과 유다와 요르단강 건너편에서 온
많은 사람이 그분을 따랐지

그러면 예수님께서 선포하시는 하늘나라는
어떤 나라일까?

하늘나라는 하느님의 통치로
사랑과 평화 정의를 누리며
하느님께서 인간에게 부여하신
자유와 평등 인권이 지켜지는 나라이지

예수님께서 고통 속에 신음하는 병자들과
권세에 억눌린 미약한 이들과
마귀 들린 이들을 구원하시는 것은
이미 하늘나라가 예수님으로부터 시작되었음을
드러내신 것이라 할 수 있지

그런데 이 시대는 어떤가?
지금도 세계 곳곳에서 벌어지고 있는
전쟁과 폭력으로 평화는 위협받고 있으며
자유와 인권은 유린 되고 있지
소중한 생명은 보호받지 못하고 있고

특히 러시아의 우크라이나 침공[2022]과
팔레스타인 무장 정파 하마스와
이스라엘 간의 전쟁[2023]으로
포로와 인질은 물론 어린이와 노약자

심지어 부녀자들의 목숨까지 무참히 짓밟는
반인륜적 행태가 일어나고 있지
하느님께서는 이 세상의 타락을
소돔과 고모라처럼 내려다보시지 않을까!

이제 예수님께서는
그 옛날 모세가 시나이산에서
이스라엘 백성을 가르친 것처럼
산 위에 오르시어 제자들과 군중들을 가르치셨지
복음에 목마르고
몸과 마음에 상처가 있는 사람들과
악마에 시달리는 사람들이 예수님께 몰려왔지
그들은 위로받고 싶고 치유되고 싶었지

예수님께서 카파르나움과 가까운
갈릴래아 호수가 내려다보이는
타브가 언덕에 오르시어
그 군중들에게 이렇게 말씀하셨지

첫 말씀은 '참 행복'이 주제였지
"행복하여라. 마음이 가난한 사람들!
하늘나라가 그들의 것이다.
행복하여라. 슬퍼하는 사람들!
그들은 위로받을 것이다.

행복하여라. 온유한 사람들!
그들은 땅을 차지할 것이다.
행복하여라. 의로움에 주리고 목마른 사람들!
그들은 흡족해질 것이다.
행복하여라. 자비로운 사람들!
그들은 자비를 입을 것이다.
행복하여라. 마음이 깨끗한 사람들!
그들은 하느님을 볼 것이다.
행복하여라. 평화를 이루는 사람들!
그들은 하느님의 자녀라 불릴 것이다.
행복하여라. 의로움 때문에 박해를 받는 사람들!
하늘나라가 그들의 것이다.
사람들이 나 때문에 너희를 모욕하고 박해하며,
너희를 거슬러 거짓으로 온갖 사악한 말을 하면,
너희는 행복하다! 기뻐하고 기뻐하여라.
너희가 받을 상이 크다.
너희에 앞서 예언자들도 그렇게 박해받았다."

행복한 사람들은
모두 비슷한 이유로 행복하지만
불행한 사람들은 저마다의 이유로 불행하지
행복은 나와 타인과의 관계에서
  사랑하고 사랑받고 존중하고 존중받아
마음이 만족한 상태지

하느님을 믿는 사람들의 행복은
감사와 은총의 시간을 만나는 순간에 오지
마음이 가난한 사람들은 하느님만으로도
충분한 행복을 누리는 사람들이지
하느님의 뜻에 따르기를 갈망하는
정의로운 사람들도 행복하지
평화를 이루는 사람들은
이해와 화해 헌신과 희생을 도모해
스스로 행복을 느끼지

'행복하여라! 주님의 가르침을 좋아하고
그분의 가르침을 밤낮으로 되새기는 사람'시편 1,1~2

모세의 율법을
더 넓고 깊게 심화하시다

마태 5,13~42

"너희는 소금이다.
만일 소금이 짠맛을 잃으면
무엇으로 다시 짜게 할 수 있겠느냐?
이런 소금은 아무 데도 쓸데없어
밖에 내버려 사람들에게 짓밟힐 따름이다.

너희는 세상의 빛이다. 그 빛으로
산 위에 있는 마을은 드러나게 마련이다.
등불은 켜서 함지 속이 두지 않고 그 위에 둔다.
그래야 집 안에 있는 사람들을
다 밝게 비출 수 있지 않겠느냐?

너희도 이처럼
너희의 빛을 사람들 앞에 비추어
그들이 너희의 착한 행실을 보고
하늘에 계신 아버지를 찬양하게 하여라."

예수님께서는 산상설교에 이어
제자들에게 이렇게 가르치셨지

당시 율법 학자들과 바리사이파 사람들은
율법 준수만이 구원에 이르는 길이라고 생각했지
그러나 그들 생각과는 다른 예수님께서는
백성들이 너무 율법에만 얽매여
율법 속에 담긴 하느님의 위대한 뜻을
저버릴까 염려하셨지
율법이 오히려 백성들의 자유와 권리를 제한하며
하느님께서 이루시고자 하는
정의로운 사회에 얼마나 도움이 될지 고민하셨지
백성들이 율법을 얼마나 잘 지키는지
하나하나 따져보는 것이 아니라
그들이 하느님의 정의와 자비를 위해
얼마나 애쓰는가를 살피는 것이
올바른 율법이라고 판단하셨지

율법 학자들과 바리사이파 사람들이
예수님께서 율법을 파괴한다고 공격하자
예수님께서는 이렇게 말씀하셨지
"내가 율법이나 예언서들을 폐지하러 온 줄로
생각하지 마라. 오히려 그것들을 완성하러 왔다.
내가 진실로 너희에게 말한다.

하늘과 땅이 없어지기 전에는
모든 것이 이루어질 때까지
율법에서 한 자 한 획도 없어지지 않을 것이다.
내가 너희에게 말한다.
너희가 율법 학자들이나 바리사이파 사람보다
더 옳게 살지 못한다면
결코 하늘나라에 들어가지 못할 것이다."

예수님께서는 율법의 한 자 한 획에
집착하지 않으시고
모세의 율법을 더 넓고 깊게 심화하셨지

'살인해서는 안 된다.'라는 계명에 대해
율법 학자들과 바리사이들은
사람을 죽이지만 않으면
이 계명을 지키는 것으로 간주했지
생각이 다르신 예수님께서는 이렇게 말씀하셨지

"'살인해서는 안 된다.
살인한 자는 재판에 넘겨진다.'고
옛사람들에게 이르신 말씀을 너희는 들었다.
나는 너희에게 말한다.
자기 형제에게 성을 내는 자는
누구나 재판에 넘겨질 것이다.

자기 형제에게 '바보!'라고 하는 자는
최고 의회에 넘겨지고
'멍청이!'라고 하는 자는 불붙는
지옥에 넘겨질 것이다.
네가 제단에 예물을 바치려고 하다가
거기에서 형제가 너에게 원망을 품고 있다 생각되면
예물을 제단 앞에 놓아두고 물러가
그 형제와 화해하여라. 그런 다음에
돌아와서 예물을 바쳐라."

예수님께서는 형제와 화해하지 않으면
하느님에 대한 진정한 예배도 있을 수 없으며
빚진 것을 갚아주지 않으면
하느님의 사랑도 없음을 강조하셨지
이처럼 예수님께서는
살인을 금하는 규정으로만 축소한 율법을
형제와 이웃에 대한 화해와 존중이라는 목적으로
그 범위를 넓혀가셨지, 타인을 향한
더 깊은 자비의 세계로 우리를 초대하셨지

"'간음해서는 안 된다.'라고 이르신 말씀을
너희는 들었다. 나는 너희에게 말한다.
음욕을 품고 여자를 바라보는 자는
누구나 이미 마음으로 그 여자와 간음한 것이다.

네 오른 눈이 너를 죄짓게 하면
그것을 빼서 던져 버려라.
온몸이 지옥에 던져지는 것보다
지체 하나를 잃는 것이 낫다.
또 네 오른손이 너를 죄짓게 하면
오른손을 잘라 던져 버려라.
온몸이 지옥에 던져지는 것보다
지체 하나를 잃는 것이 낫다."

유다인에게는 '소박법'이 있었지
남편은 수치스러운 일을 저지른 아내를
소박할 수 있고 그렇지 않고도
소박할 마음만 있으면
아내에게 이혼장만 써 주면 되었지
이것은 버림받아 혼자가 된 여자가 생존을 위해
다른 남자와 살게 되었을 때
전남편이 간통죄로 고발하면 혼자가 된 여자가
죽게 되던 폐해가 있었지, 소박법은 이런 폐해에서
힘없는 여성들의 생명을 보호하려는 율법이었지

예수님께서는 당시에도 있었던
소박법에 대해 단호하게 말씀하셨지
"'자기 아내를 버리는 자는 그 여자에게
이혼장을 써 주어라.' 하신 말씀이 있다.

나는 너희에게 말한다.
불륜을 저지른 경우를 제외하고
아내를 버리는 자는 누구나
그 여자가 간음하게 만드는 것이다. 또
버림받은 여자와 혼인하는 자도 간음하는 것이다."

예수님께서는 '결혼으로 한 번 맺어지면
죽을 때까지 두 사람 사이를 갈라놓을 수 없고
재혼도 허용하지 않으며
아내를 소박조차 할 수 없다.'
는 분명한 결혼관을 가지고 계셨지

아내를 버리는 것도 죄짓는 일이라 하셨지
"'거짓 맹세해서는 안 된다.
네가 맹세한 대로 주님께 해 드려라.' 하고
옛사람들에게 이르신 말씀을 너희는 또 들었다.
나는 너희에게 말한다.
아예 맹세하지 마라. 하늘을 두고도 맹세하지 마라.
땅을 두고도 맹세하지 마라.
예루살렘을 두고도 맹세하지 마라.
네 머리를 두고도 맹세하지 마라.
너희는 말할 때 '예' 할 것은 '예' 하고
'아니요' 할 것은 '아니요'라고만 하여라.
그 이상의 것은 악에서 나오는 것이다."

"'눈은 눈으로, 이는 이로'라고 이르신
말씀을 너희는 들었다. 나는 너희에게 말한다.
악인에게는 맞서지 마라.
오히려 누가 네 오른뺨을 치면
다른 뺨마저 돌려대어라.
또 너를 재판에 걸어
네 속옷을 가지려는 자에게는 겉옷까지 내주어라.
누가 너에게 천 걸음을 가자고 강요하면
그와 함께 이천 걸음을 가주어라.
달라는 자에게는 주고 꾸려는 자를 물리치지 마라.'

상대방이 폭력을 저지르면
그 폭력 그대로 갚아주라는 법이 있었지
이 법은 기원전 18세기
바빌로니아 왕국의 함무라비 대왕이
편찬한 법전의 기본으로
'동태복수법'이라 부르기도 하지

예수님께서는 이 구약의 명제를 더욱 심화해
'악인에게 맞서지 마라.'고 하시며
보복이 아닌 용서로 화해하라 하셨지
뒤에 로마에서 전도하던
사도 바울도 '악을 선으로 갚아라.'로마서 12,17 했지

원수를
사랑하여라

마태 5,43~6,4

예수님께서는
모세의 율법을 더 넓고 깊게 가르치시며
이제는 '원수도 사랑하라.'는
최고의 사랑을 이르셨지
모세가 율법을 완성했다면
예수님께서는 사랑을 완성하셨지
"'네 이웃을 사랑해야 한다.
네 원수는 미워해야 한다.'라고 이르신 말씀을
너희는 들었다.
나는 너희에게 말한다.
너희는 원수를 사랑하여라.
너희는 너희를 박해하는 자들을 위하여
기도하여라. 그래야 너희가 하늘에 계신
너희 아버지의 자녀가 될 수 있다.
그분께서는 악인에게나 선인에게나
당신의 해가 떠오르게 하신다.

의로운 이에게도 불의한 이에게도
비를 내려주신다.

사실 너희가
자기를 사랑하는 이들만 사랑한다면
무슨 상을 받겠느냐? 그것은 세리들도 한다.
너희가 자기 형제들에게만 인사한다면
너희가 남보다 잘하는 것이 무엇이겠느냐?
그런 것은 다른 민족 사람들도 하지 않느냐?
너희 아버지께서 완전하신 것처럼
너희도 완전한 사람이 되어야 한다."

원한이 쌓일 만큼
씻을 수 없는 상처와 해악을 저지른 사람을
어떻게 사랑할 수 있나
예수님의 이 말씀은 현실적으로는
불가능에 가깝지, 그러나
세상 사람들 가운데는 부모 형제와
사랑하는 자녀들을 죽인 사람을
용서하고 사랑하는 완전한 사람들이 있지
예수님의 가르침대로 사는 사람들이 있지
'원수도 사랑하라.'는 말씀은
'눈에는 눈 이에는 이'라는 동태복수법을
초월하라는 경이로운 가르침이시지

예수님께서는
원수도 사랑하라는 말씀을
율법에 있는 자선에 비추어 가르치셨지
"너희는 일부러 남들이 보는 앞에서
선행을 하는 일이 없도록 하여라.
그렇지 않으면 하늘에 계신 아버지에게서
아무런 상도 받지 못한다.
자선을 베풀 때는 위선자가 칭찬받으려고
회당과 거리에서 하듯이
스스로 나팔 불지 말라.

오른손이 하는 일을 왼손이 모르게 하여라.
그렇게 하여 자선을 숨겨두어라.
숨은 일도 아버지께서 갚아주실 것이다."

자선은 유대인들의 중요한 신앙 표지이지
그들은 가난한 이들을 위한 자선 활동이
죄를 없애는 행위이며 희생으로 생각했지
그래서 율법에서도 자선을 의무로 규정했지

예수님께서도 자선은
자기 재산을 나누는 것이므로
이기적인 소유욕을 이기고
사랑과 정의를 실천하는 것이라 말씀하셨지

주님의 기도를 가르쳐주시다

마태 6,5.~15

"너희는 기도할 때
위선자들처럼 해서는 안 된다.
그들은 사람들에게 드러내 보이려고
회당과 한길 모퉁이에서 기도하기를 좋아한다.
내가 진실로 너희에게 말한다.
그들은 자기들이 받을 상을 이미 받았다.
너희는 기도할 때 골방에 들어가 문을 닫고
보이지 않는 네 아버지께 기도하여라.
숨은 일도 보시는
네 아버지께서 갚아주실 것이다.

너희는 기도할 때
다른 민족들처럼 빈말을 되풀이하지 마라.
그들은 말을 많이 해야
들어주시는 줄로 생각한다.
너희는 그들을 닮지 마라.

너희 아버지께서는 너희가 청하기도 전에
무엇이 필요한지 알고 계신다. 그러니
너희는 이렇게 기도하여라.

'하늘에 계신 저희 아버지
아버지의 이름을 거룩하게 드러내시며
아버지의 나라가 오게 하시며
아버지의 뜻이 하늘에서와 같이
땅에서도 이루어지게 하소서
오늘 저희에게 일용할 양식을 주시고
저희에게 잘못한 이를 저희도 용서하였듯이
저희 잘못을 용서하시고
저희를 유혹에 빠지지 않게 하시고
저희를 악에서 구하소서.'

너희가 다른 사람들의 허물을 용서하면
너희 아버지께서도 너희를 용서하실 것이다.
그러나 너희가 다른 사람들을 용서하지 않으면
아버지께서도 너희 허물을
용서하지 않으실 것이다."

기도는 자신의 부끄러움을 고백하고
내 삶이 하느님 뜻에 합당한 지
하느님께 간절히 여쭙는 것이지

예수님께서는
하느님을 아빠^{abba}라 부르시며
하느님의 이름이 더욱 거룩히 빛나시도록
모든 영광을 하느님의 영광으로 돌리는
기도를 드려야 하며

이 세상 모든 백성이
하느님의 자녀가 되기를 바라시는
하느님의 뜻에 따라
하느님을 섬기며 이웃을 사랑하여
이 땅에 사랑과 정의가 넘치는 아버지의 나라
곧 하늘나라가 오도록 기도하라 가르치셨지

아울러 날마다 주시는
육신의 빵과 영혼의 양식인
하느님 말씀에 감사하며

우리에게 지은 죄를 용서해주시라고
하느님께 기도하기 전에, 먼저
자신에게 잘못한 사람을 용서하라 하셨지
아울러 예수님께서는 우리에게
세상의 유혹과 악의 구렁에 빠지지 않도록
하느님께 늘 기도하라 하셨지

하늘나라에 들어가는 데
필요한 것을 가르치시다

마태 6,16~34

단식은 모세의 율법에는
속죄일 하루뿐인데
유다 사람 가운데는
다른 날에도 단식하는 사람들이 있었지
단식은 하느님과의 만남을 위해
자기를 비우고 정화하는 것인데
마치 단식의 횟수가 신앙의 척도처럼 여겼지

예수님께서 하늘나라에 들어가는데
필요한 것들을 가르치셨지
"너희는 단식할 때 위선자들처럼
침통한 표정을 짓지 마라.
그들은 단식한다는 것을 드러내 보이려고
얼굴을 찌푸린다.
내가 진실로 너희에게 말한다.
그들은 자기들이 받을 상을 이미 받았다.

너희는 단식할 때 머리에 기름을 바르고
얼굴을 씻어라.
너희들이 단식한다는 것을
사람들에게 드러내 보이지 말고
숨어 계신 네 아버지께 보여 드려라.
숨은 일도 보시는
너희 아버지께서 너에게 갚아주실 것이다."

"너희는 자신을 위하여
보물을 땅에 쌓아두지 마라.
땅에서는 좀과 녹이 망가뜨리고
도둑들이 뚫고 들어와 훔쳐 간다. 그러니
하늘나라에 보물을 쌓아라.
거기에서는 좀도 녹도 망가뜨리지 못하고
도둑들이 뚫고 들어오지도 못하며
훔쳐 가지도 못한다.
사실 너희의 보물이 있는 곳에
너희의 마음도 있다."

"눈은 몸의 등불이다.
너희 눈이 맑으면 온몸도 밝을 것이며
너희 눈이 그렇지 못하면 온몸도 어두울 것이다.
너희 안에 있는 빛이 어둠이면
그 어둠이 얼마나 짙겠느냐?"

"아무도 두 주인을 섬길 수는 없다.
한 편을 미워하고 다른 편을 사랑하면
한 편을 떠받들게 되고 다른 편은 업신여기게 된다.
너희는 하느님과 재물을 함께 섬길 수 없다."

"목숨을 부지하려고
무엇을 먹을까? 무엇을 마실까?
또 몸을 보호하려고 무엇을 입을까? 걱정하지 마라.
목숨이 음식보다 소중하고
몸이 옷보다 소중하지 않으냐?

하늘의 새들도 눈여겨보아라.
그것들은 씨를 뿌리지 않고
거두지도 않을 뿐만 아니라
곳간에도 모아들이지 않는다.
하늘의 너희 아버지께서는 그것들을 먹여 주신다.
너희는 그것들보다 더 귀하지 않으냐?

너희는 왜 옷을 걱정하느냐?
들에 핀 나리꽃이 어떻게 자라는지 지켜보아라.
그것들은 애쓰지도 않고 길쌈도 하지 않는다.
내가 너희에게 말한다.
솔로몬도 그 온갖 영화 속에서
이 꽃 하나만큼 차려입지 못하였다.

오늘 서 있다가도
내일이면 아궁이에 던져질 들풀까지
하느님께서 이처럼 입히시는데
너희야 훨씬 더 잘 입히시지 않겠느냐?

이 믿음이 약한 자들아!
하늘의 너희 아버지께서는
이 모든 것이 너희에게 필요하심을 아신다.
너희는 먼저 하느님 나라와
그분의 의로움을 찾아라.
이 모든 것도 곁들여 받게 될 것이다.
너희는 내일을 걱정하지 마라.
그날 고생은 그날로 충분하다."

새로운 율법을
선포하시다

마태 7,1~29

예수님께서
예언자들이나 율법 학자들과
다른 점은
자기 확신이 강하신 분이셨지

예수님께서는
늘 자신이 메시아라고 말씀하셨지
예수님께서 메시아로 깨달은 우주의 비밀은
인간 안에는 하느님의 형상이 있으며
그것을 회복하는 자는
모두가 하느님의 자녀로
영적인 위대한 존재로
다시 태어날 수 있다는 것이었지

이날도 예수님께서는 제자들에게
삶의 지혜가 되는 새로운 율법을 가르치셨지

"남을 심판하지 마라.
그래야 너희도 심판받지 않는다.
너희가 심판하는 그대로 너희도 심판받고
너희가 되질하는 바로
그것으로 너희도 받을 것이다.
너는 어찌하여 형제의 눈 속에 있는 티는 보면서
네 눈 속에 있는 들보는 깨닫지 못하느냐?
네 눈 속에는 들보가 있는데
어떻게 형제에게
'네 눈에서 티를 빼내 주겠다.' 말할 수 있느냐?
위선자야 먼저 네 눈에서 들보를 빼내어라.
그래야 네가 뚜렷이 보고
형제의 눈에서 티를 빼낼 수 있을 것이다."

"청하여라. 너희에게 주실 것이다.
찾아라. 너희가 얻을 것이다.
문을 두드려라. 너희에게 열릴 것이다.
누구든지 청하는 이는 받고
찾는 이는 얻고 문을 두드리는 이에게는
열릴 것이다.
너희 가운데 아들이 빵을 청하는데
돌을 줄 사람이 어디 있겠느냐?
생선을 청하는데 뱀을 줄 사람이
어디 있겠느냐?

너희가 악해도
자녀들에게는 좋은 것을 줄 줄 알면서
하늘에 계신 너희 아버지께서야
당신께 청하는 이들에게
좋은 것을 얼마나 더 많이 주시겠느냐?"

하늘 문은 손으로 두드리는 것이 아니지
눈물의 기도로 두드려야 하는 것이지
입으로만 하는 기도에는 오히려 하늘 문이 닫히지
하늘 문은 진실한 눈물에 열리지

"너희는 남에게 대접받고자 하는 대로
남을 대접하여라.
이것이 율법과 예언서의 정신이다."
사람이 더불어 사는 곳이라면
시간과 공간을 초월하여 통하는 잣대가 있지
'남에게서 바라는 대로 남에게 해 주어라.'는 것은
사람이 살아가는데 황금처럼 귀하게 여겨야 해
동서양이나 예나 지금이나
모두 '황금률'이라고 부르지

"너희는 좁은 문으로 들어가라.
멸망으로 이끄는 문은 넓고 길도 널찍하여
그리로 들어가는 자들이 많다.

생명으로 이끄는 문은
매우 좁고
또 그 길도 매우 좁아
그리로 찾아드는 이들이 적다."

"너희는 거짓 예언자들을 조심하여라.
그들은 양의 옷차림을 하고 너희에게 오지만
속은 게걸든 이리들이다.
너희는 그들이 맺은 열매를 보고
그들을 알 수 있다.
가시나무에서 어떻게 무화과를 거두어들이고
엉겅퀴에서 어떻게 무화과를 거두어들이겠느냐?

이처럼 좋은 나무는 좋은 열매를 맺고
나쁜 나무는 나쁜 열매를 맺는다.
좋은 나무가 나쁜 열매를 맺을 수 없고
나쁜 열매가 좋은 열매를 맺을 수 없다.
좋은 열매를 맺지 않는 나무는 모두 잘려
불에 던져진다."

"나에게 '주님, 주님!' 한다고 해서
모두 하늘나라에 들어가는 것은 아니다.
하늘에 계신 내 아버지의 뜻을
실행하는 이라야 들어간다.

그날에 많은 사람이 나에게
주님, 주님 저희가 주님의 이름으로 예언하고
주님의 이름으로 마귀를 쫓고 주님의 이름으로
많은 기적을 일으키지 않았습니까?
하고 말할 것이다.

그때 나는 그들에게
'나는 너희를 도무지 알지 못한다.
내게서 물러가라.
불법을 일삼는 자들아!'라고 말할 것이다.
나의 이 말을 듣고 실행하는 이는
모두 자기 집을 반석 위에 지은
슬기로운 사람과 같을 것이다.

비가 내려 강물이 밀려오고
바람이 불어와 그 집에 들이쳤지만
무너지지 않았다.
반석 위에 세워졌기 때문이다.
나의 이 말을 듣고 실행하지 않는 자는
모두 자기 집을 모래 위에 지은
어리석은 사람과 같다.
비가 내려 강물이 밀려오고
바람이 불어와 그 집에 휘몰아치면
그 집은 여지없이 무너지고 말 것이다."

예수님의 산상설교는
반석의 비유로 끝맺으셨지

예수님께서 여러 말씀을 마치시자
군중들은 그분의 가르침에 놀랐지
그들의 얼굴에는
희망과 설렘의 빛이 가득했지

그들이 놀란 것은
자기들의 율법 학자들은
전통에 따라 율법을 해석하고 풀이하는데
예수님께서는 자기들의 율법 학자들과는 달리
율법에 대한 권위를 인정하시며
율법이 인간을 자유롭게 한다는 확신으로
율법의 참뜻을 밝히시기 때문이었지

예수님께서는
인간을 옥죄는 율법 학자들보다는
자신이 아버지의 아들로서
하느님의 뜻을 이루어야 할 소명을
분명히 알고 계셨기 때문이었지

예수님께서
기적을 일으키시다

마태 8,1~27

예수님께서
산에서 내려오시자
많은 군중이 뒤따랐지
그 가운데
머뭇거리던 나병환자 하나가 용기를 내어
예수님 앞에 나아와 절하며 간청했지

"주님! 주님께서는 하고자 하시면
저를 깨끗하게 하실 수 있습니다."
나병환자는 온몸에 부스럼이 돋고 물러서
고름과 진물이 흐르고
손가락과 발가락이 떨어지는데
신경이 무뎌져 아픔을 모르지

이들은 얼굴의 흉한 부스럼을
수건으로 가리고 다녀야 했지

이 당시 사람들은
전염성이 강한 나병을
신의 저주를 받아 생기는 병으로 생각해
이들과는 접촉이 금지되어
공동체와 따로 분리해
외딴곳에 살도록 했지

예수님께서
그에게 손을 대시며 말씀하셨지
"그렇게 해 주마. 깨끗하게 되어라."
그에게서 경이롭고 신비스러운 일이 벌어졌지
그가 수건을 내리자
온몸을 덮었던 부스럼은 사라지고
맑고 깨끗한 새살이 돋았지

예수님께서 말씀하셨지
"아무에게도 말하지 말아라.
다만 사제에게 가서 네 몸을 보여라. 그리고
모세가 정해 준 대로 예물을 드리고
네 몸이 깨끗해진 것을 사람들에게 증명하여라."

예수님께서 '아무에게도 말하지 마라' 하신 것은
당신의 기적이 자칫 정치적으로 오해되어
바리사이파들에게 빌미를 주지 않기 위해서였지

예수님께서
카파르나움에 들어가셨을 때
한 백인대장이 다가와 도움을 청했지
그는 병사 100명을 거느린 로마군 지휘관이었지
"주님, 제 종이 중풍으로 집에 드러누워 있는데
몹시 괴로워하고 있습니다."
예수님께서는 그의 청을 들어주셨지
"내가 가서 그를 고쳐주마."
"주님, 저는 주님을 제 지붕 아래로 모실
자격이 없습니다. 그저 한 말씀만 해 주십시오.
제 종이 나을 것입니다.
사실 저는 상관 밑에 있는 사람입니다만
제 밑으로도 군사들이 있어서
이 사람에게 가라 하면 가고
저 사람에게 오라 하면 옵니다
또 노예더러 이것을 하라 하면 합니다."

예수님께서 갈릴래아 호수에서
복음을 가르치던 시기는
로마 제국의 군대도 들어와 있었지
백인대장은 자신이 이방인이어서 자기 집에
예수님을 모실 수 없다는 것을 알고 있었지
당시 율법은 '유다 사람이 다른 민족 사람의 집에
출입하는 것을 금지하고 있었지'^{사도 10,28}

예수님께서는
백인대장의 말에 감탄하시며
당신을 따르는 이들에게 이르셨지
"내가 진실로 너희에게 말한다.
나는 이스라엘의 그 누구에게도
이런 믿음을 본 일이 없다. 내가 너희에게 말한다.
많은 사람이 동쪽과 서쪽에서 모여 와
하늘나라에서 아브라함과 이사악과 야곱과 함께
잔칫상에 자리 잡을 것이다."

예수님께서는 백인대장에게 말씀하셨지
"가거라. 네가 믿은 대로 될 것이다."
바로 그 시각에 백인대장의 종이 나았지

첫 번째 나병의 치유 기적은
유다인에게 이루어졌고
두 번째 중풍의 치유 기적은
이방인에게 일어났지, 유다인들은
예수님께서 이방인을 치유하시는 모습에 놀랐지

예수님께서 베드로의 집으로 가셨을 때
그의 장모가 열병으로 누워있는 것을 보셨지
예수님께서 당신 손을 그 부인의 손에 대시니
열이 가셨지

그날 저녁
베드로의 집에는 마귀 들린 이들과
몸의 병으로 아픈 사람들이 찾아왔지
예수님께서는 말씀으로
악령을 쫓아내시고
앓는 사람들을 모두 고쳐주셨지

예수님께서는
우리가 앓을 병을 대신 앓아 주셨으며
우리가 받을 고통을 대신 받으셨지, 이로써
이사야 예언자의 말씀이 이루어졌지

'그는 우리가 앓을 병을 앓아 주었으며
우리가 받을 고통을 겪었구나!'^{이사야 53,4}

예수님께서는 한곳에 머무르지 않으시며
갈릴래아 호숫가를 옮겨 다니시며 가르치셨지

이날도 예수님께서는 둘러선 군중들을 보시고
제자들에게
호수 건너편으로 가라고 명령하셨지
이때 한 율법 학자가 다가와 예수님께 말했지
"스승님, 어디로 가시든지
저는 스승님을 따르겠습니다."

예수님께서 그에게 말씀하셨지
"여우들도 굴이 있고
하늘의 새들도 보금자리가 있지만
사람의 아들은 머리를 기댈 곳조차 없다."

예수님께서는 자신의 길이 평탄한 길이 아닌
고난의 길이며 준엄한 길이라는 것을
그에게 깨우쳐주셨지

율법 학자와의 말씀이 끝나자
제자들 가운데 어떤 이가 말했지
"주님, 먼저 집에 가서 아버지의 장사를 지내게
허락해 주십시오."
이 말에 예수님께서는 냉혹하게 말씀하셨지
"너는 나를 따르라. 죽은 이들의 장사는
죽은 이들이 지내도록 내버려 두어라."

예수님께서는
하느님께 믿음이 없는 사람을
'죽은 이'라 하셨지
예수님께는 장사를 지내는 것도 중하지만
복음을 선포하는 일이 더 절실하셔서
하늘나라에 믿음이 없는 사람의 장사는
그들에게 맡기라고 하셨지

예수님께서 배에 오르시자
제자들도 따라 올랐지
사람들 몇도 함께 올랐지
배가 호수 가운데에 이르렀을 때
호수에 큰 풍랑이 일어
배가 파도에 뒤집히게 되었는데도
예수님께서는 주무시고 계셨지
겁을 먹은 제자들은 급히 예수님을 깨우셨지
"주님, 구해주십시오.
저희가 다 죽게 되었습니다."
예수님께서 일어나시어 말씀하셨지
"왜 겁을 내느냐? 이 믿음이 약한 자들아!"
예수님께서 바람과 호수를 꾸짖으시니
순간 바람이 물러가고 호수는 고요해졌지

"이분이 어떤 분이시기에
바람과 호수까지 복종하는가!"
배 안에 함께 타고 있던 사람들은
예수님을 존경하는 눈빛으로
다시 바라보았지

의인이 아니라
죄인을 부르러 왔다

마태 8,28~9,13

예수님께서는 끊임없이
이방인들에게 복음을 전파하려 하셨지

어느 날 예수님께서 갈릴래아 호수에서
남동쪽으로 10km 정도 떨어진 마을
가다라의 이방인들을 찾아가셨지

예수님께서 이곳에 이르셨을 때
마귀 들린 사람 둘이 무덤에서 나오다가
예수님과 마주쳤지

마귀 들린 그들이
예수님을 알아보고 말했지
"하느님의 아드님, 당신께서 저희와
무슨 상관이 있습니까? 때가 되기도 전에
저희를 괴롭히려고 여기 오셨습니까?"

마침 그들에게서 멀리 떨어진 곳에
놓아 기르는 돼지 떼가 있었지
그들은 돼지 떼를 가리키며 외쳤지
"저희를 쫓아내시려거든
저 돼지 떼 속으로나 들여보내 주십시오."

예수님께서는 마귀 들린 그들이 가여우셨지
예수님께서 무엇을 생각하시다가
마귀 들린 그들을 향하여
한 마디로 단호하게 말씀하셨지
"가라."
이 한 말씀에 그들 몸에 있던
마귀들이 빠져나와 돼지들 속으로 들어갔지
그러자 돼지 떼가 모두 호수를 향해
비탈을 내리 달려 물속에 빠져 죽고 말았지

악령에 시달리던
그 두 사람이 고을로 가서
예수님께서 마귀를 쫓아주신 일을 알렸는데도
온 고을 사람들이 예수님께 와서
불만에 찬 목소리로 말했지
"저희 고장에서 떠나 주십시오."
예수님께서는 가다라 사람들을 불쌍히 여기셨으나
그들은 예수님을 맞을 준비가 되어 있지 않았지

예수님께서는 다시 배에 오르시어
당신께서 사시는 카파르나움으로 가셨지
그때 사람들이 어떤 중풍 병자를
평상에 뉘어 데려왔지
예수님께서 그들의 믿음을 보시고
중풍 병자에게 말씀하셨지
"애야, 용기를 내어라. 너는 죄를 용서받았다."
율법 학자 몇 사람이 수군거렸지
"이 자가 하느님을 모독하는군.
그렇소. 죄를 사하시는 분은 하느님인데
이 자가 하느님처럼 행동하는군."

율법 학자들과 바리사이파 사람들은
예수님과는 전혀 다르게
율법에만 매달려 고통받는 사람에 대한
연민이 전혀 없었지
이들이야말로 진정 가난한 사람들이었지

예수님께서
그들의 수군거림을 들으시고 말씀하셨지
"너희는 어찌하여 마음속에 악한 생각을
품고 있느냐? '너는 죄를 용서받았다.' 하고
말하는 것과 '일어나 걸어라.' 하고 말하는 것
가운데 어느 쪽이 더 쉽겠느냐?

이제 사람의 아들이
이 땅에서 죄를 용서하는
권한을 가지고 있음을 알게 해 주겠다."
그런 다음 중풍 병자에게 말씀하셨지
"일어나 네 평상을 가지고 집으로 돌아가거라."
그는 평상을 등에 지고 걸어서 집으로 돌아갔지

율법 학자들과 바리사이파 사람들은
이 일을 보고 두려워하며
사람의 아들에게 죄 사함의 권한을 주신
하느님을 찬양했지

예수님께서 길을 가시다가
마태오라는 사람이
세관에 앉아있는 것을 보시고 말씀하셨지
"나를 따라라."
마태오는 곧바로 일어나 그분을 따라나섰지
예수님께서 마태오의 집으로 가셨지
예수님께서 마태오의 집에서 식사하시려고
제자들과 식탁에 앉게 되셨는데
마침 세리들과
바리사이파 사람도 와서 함께 앉았지
그것을 본 바리사이파 사람들이
그분의 제자들에게 말했지

"당신네 스승은 어째서
세리와 죄인들과 함께 음식을 먹는 것이오?"
바리사이파 사람들은 오직 율법만을 외쳤지
그들은 죄인들과 함께하시는
예수님의 모습이 율법에 맞지 않는다고 여겼지

예수님께서 그들에게 말씀하셨지
"튼튼한 이들에게는 의사가 필요하지 않으나
병든 이들에게는 의사가 필요하다."
'내가 바라는 것은 희생제물이 아니라 자비다.'
하신 말씀이 무슨 뜻인지 배워라.
사실 나는 의인이 아니라 죄인을 부르러 왔다."

이 세상에는 상처 없는 나무가 없고
아픔 없는 인생도 없지, 그래서
나무를 치료하는 의사가 있고
남의 아픔과 슬픔을 보듬어 안고 치유하는
영혼의 의사도 있지

예수님께서는 참되신 사랑으로
이웃의 아픔과 고통을 껴안으시며
몰려오는 수많은 사람에게
생명의 길을 고쳐주신 훌륭한 의사셨지

새 포도주는
새 부대에 담아야 한다

마태 9,14~34

그때 세례자 요한의 제자들이
예수님께 와서 여쭈었지
"저희와 바리사이파 사람들은
단식을 많이 하는데
스승님의 제자들은 왜 단식하지 않습니까?"

유다 사람들은 속죄의 날과
예루살렘이 파괴된 날에 단식하도록 했지
세례자 요한의 제자들과 바리사이파 사람들은
이 두 날의 단식에 더해
일주일에 두 번 월요일과 목요일에 단식했으나
예수님과 그분의 제자들은
평소 자발적인 단식은 하지 않았지
율법의 형식을 중요시하는
바리사이파 사람들 눈에는
경건하지 못하게 보였지

예수님께서 그들에게 이르셨지
"혼인 잔치 손님들이 신랑과 함께 있는 동안에
슬퍼할 수야 없지 않으냐?
그들이 신랑을 빼앗길 날이 올 것이다.
그때 그들도 단식할 것이다.
아무도 새 천 조각을 헌 옷에 대고 꿰매지 않는다.
헝겊에 그 옷이 땅겨
더 심하게 찢어지기 때문이다.

또한 새 포도주를 헌 가죽 부대에 담지 않는다.
그렇게 하면 부대가 터져 포도주는 쏟아지고
부대도 버리게 된다.
새 포도주는 새 부대에 담아야 한다.
그래야 둘 다 보존된다."

예수님께서 자신을 신랑에 빗대시면서
'신랑을 빼앗기는 날'이라 하신 것은
예수님께서 자기의 죽음을 예고하신 말씀이었지
그래서 '그날 너희는 단식할 것이다.'라고
미리 알리셨지

예수님의 가르침은
매우 강하고 혁신적이어서
율법 학자들의 구태의연한 해석과 크게 달랐지

예수님께서는
새로운 복음은 새 포도주에
새롭고 참된 삶은 새 천 조각에
율법에 얽매인 삶은 헌 가죽 부대로 비유하셨지

그날도 많은 사람이 몰려와
예수님 말씀을 들으려 했지
예수님께서 그들에게 말씀하고 계실 때
한 회당 장이 와서 예수님께 엎드려 절하며 말했지

"제 딸이 방금 죽었습니다. 예수님께서 가셔서
제 아이에게 손을 얹으시면 살아날 것입니다."
예수님께서 일어나시어
제자들과 함께 그를 따라가셨지

이때 12년 동안이나
혈루증을 앓고 있는 부인이 예수님 뒤로 다가가
그분의 옷자락 술에 손을 대었지
그 부인은 속으로 생각했지
'내가 저분의 옷에 손을 대기만 해도 구원받겠지.'

예수님께서는 당신의 몸에서
하느님의 권능이 나간 것을 아시고 돌아서서
제자들에게 물으셨지

"누가 내 옷에 손을 대었느냐?"
그때 부인이 두려워 떨며
예수님 앞에 엎드려 사실대로 아뢰었지

그 부인은 사람들로부터
소외되고 고립되어 있었지
부인은 많은 의사를 찾아가며
손에 가진 것을 모두 쏟아 부었으나
효험도 없고 상태만 더 나빠졌지
부인의 삶은 부서지고 망가졌지

예수님께서는
그 부인의 말을 깊이 들으시고 이렇게 이르셨지
"딸아, 네 믿음이 너를 구원하였다.
평안히 가거라 병에서 벗어나 건강해져라." 하시자
부인의 몸에서 피가 멎었지

예수님께서 야이로라는 회당 장의 집에 이르시니
그 집에는 12살에 죽은 딸의 장례를 치르려고
피리를 불고 우는 소리로 소란스러웠지

예수님께서는 그들에게 말씀하셨지
"물러들 가거라.
저 소녀는 죽은 것이 아니라 자고 있다."

예수님께서
그들을 회당 장의 집에서 쫓아내시고
안으로 들어가시어
소녀의 손을 잡으시고 조용히 말씀하셨지
"'탈리타 쿰!Ταλιθα κουμ'"
소녀야, 일어나라!"마르코 5,41
죽었던 소녀가 눈을 뜨고 일어나 앉았지
이때부터 예수님께서
죽은 사람도 살려내셨다는 소문이 마을에 쫙 퍼졌지

예수님께서 그곳을 떠나서 길을 가시는데
눈먼 사람들이 따라오면서 외쳤지
"다윗의 자손이시여,
저희에게 자비를 베풀어 주십시오."
"내가 그런 일을 할 수 있다고 너희는 믿느냐?"
"예, 주님!"
그들의 목소리는 확신에 차 있었지
예수님께서 그들의 눈에 손을 대시며 이르셨지
"너희가 믿는 대로 되어라." 하시자
그들의 눈이 열렸지
그들의 믿음에는 죽음을 뛰어넘는
소망이 담겨 있었지
예수님께서는 그들에게 단단히 이르셨지
"아무도 이 일을 알지 못하게 조심하여라."

그들은 새 하늘을 바라보며
눈 뜬 기쁨을 감추지 못하고
예수님의 기적을 널리
그들이 나간 뒤에 사람들이 마귀에 들린
말 못하는 사람 하나를 데려왔지
예수님께서는 마귀에게 물러가라 명하시자
말 못하는 이의 말문이 열렸지
군중들이 말했지
"이런 일은 이 땅에서 한 번도 본 적이 없다."

열두 제자를
파견하시다

마태 9,35~10,33

예수님께서는
약자들과 가난한 사람들과
병들어 아픈 사람들을 가엾이 여기셨지
그들에 대한 연민의 정이 크셨던 것이지
예수님께서 이런 마음을 가지신 것은
그들이 목자 없는 양처럼
측은했기 때문이었지

예수님께서는 제자들에게 말씀하셨지
"수확할 것은 많은 데 일꾼은 적다. 그러니
너희는 수확할 밭의 주인님께
일꾼들을 보내주십사고 청하여라."
예수님께서 열두 제자를 가까이 부르시고
그들에게 더러운 영들을 쫓아낼 권한을 주셨지
마귀를 쫓아내고 병자와 허약한 이들을
모두 고쳐주게 하시려는 것이었지

열두 제자의 이름은
베드로라고 하는 시몬을 비롯하여
그의 동생 안드레아
제베대오의 아들 야고보와 그의 동생 요한
필립보와 바르톨로메오, 토마스와 세리 마태오
알패오의 아들 야고보와 타대오 열혈당원 시몬
예수님을 팔아넘긴
유다 이스카리옷이었지

예수님께서
이 열두 사도를 여러 지역으로 보내시며
이렇게 분부하셨지
"다른 민족들에게 가는 길로 가지 말고
사마리아인들의 고을에도 들어가지 말고
이스라엘 집안의 길 잃은 양들에게 가라.
가서 '하늘나라가 가까이 왔다.'고 선포하여라.
앓는 이들을 고쳐주고 죽은 이들을 일으켜 주어라.
나병 환자들을 깨끗하게 해 주고
마귀들을 쫓아내어라.
너희가 거저 받았으니 거저 주어라.
전대에 금도 은도 구리 돈도 지니지 마라.
여행 보따리도 여벌 옷도 신발도
지팡이도 지니지 마라.
일꾼이 자기 먹을 것을 받는 것은 당연하다.

어떤 고을이나 마을에 들어가면
그곳에서 마땅한 사람을
찾아내어 떠날 때까지 거기에 머물러라.
집에 들어가면 그 집에 '평화를 빕니다.'라고
인사하여라. 그 집이 평화를 누리기에 마땅하면
너희의 평화가 그 집에 내리고 마땅하지 않으면
그 평화가 너희에게 돌아올 것이다.

누구든지 너희를 받아들이지 않고
너희 말도 듣지 않으면
그 집이나 그 고을을 떠날 때
너희 발의 먼지를 털어 버려라.
내가 진실로 너희에게 말한다.
심판 날에는 그 고을보다
소돔과 고모라 땅이 견디기 쉬울 것이다."

예수님께서는 제자들에게
이스라엘의 길 잃은 양에게 가라는 사도의 본분과
아프고 마귀 들린 이들을 구원하라는 사명
하늘나라를 선포하는 길에
그 어떤 것도 지니지 않는 무소유와
지팡이 하나도 지니지 않는 무방비의 여정 규칙
그리고 이 모든 것을 하느님한테 맡기고
복음 선교에만 전념하라 이르셨지

"이제 나는
양들을 이리 떼 가운데로 보내는 것처럼
너희를 보낸다.
뱀처럼 슬기롭고 비둘기처럼 순박하게 되어라.
사람들을 조심하여라.
그들이 너희를 의회에 넘기고
회당에서 채찍질할 것이다.

너희는 나 때문에 총독들과 임금들 앞에 끌려가
그들과 다른 민족들에게 증언할 것이다.
사람들이 너희를 넘길 때
어떻게 할까 무엇을 말할까 걱정하지 마라.
너희가 무엇을 말해야 할지
그때 너희에게 알려주실 것이다.
사실 말하는 이는 너희가 아니라.
너희 안에서 말씀하시는 아버지의 영이시다.

너희는 내 이름 때문에
모든 사람에게 미움을 받을 것이다. 그러나
끝까지 견디는 이는 구원을 받을 것이다.
어떤 고을에서 너희를 박해하면
다른 고을로 피하여라. 진실로 너희에게 말한다.
너희가 이스라엘의 고을들을 다 돌기 전에
사람의 아들이 올 것이다.

제자는
스승보다 높지 않고 좋은 주인보다 높지 않다.
제자가 스승처럼 되고
좋은 주인처럼 되는 것으로 충분하다.

사람들이
집주인을 베엘제불이라고 불렀다면
그 집 식구들에게야 얼마나 더 심하게 대하겠느냐?
너희는 이런 사람들을 두려워하지 말아라.
감춘 것은 드러나게 마련이고
비밀은 알려지게 마련이다.

내가 어두운 곳에서 말하는 것을
너희는 밝은 데서 말하고
귀에 대고 속삭이는 말을 지붕 위에서 외쳐라.
육신은 죽여도 영혼은 죽이지 못하는 사람들을
두려워하지 말고
영혼과 육신을 아울러 지옥에 던져
멸망시킬 수 있는 분을 두려워하여라.

참새 두 마리가 단돈 한 닢에 팔리지 않느냐?
참새 한 마리도
너희 아버지께서 허락하지 않으시면
땅에 떨어지지 않는다.

아버지께서는 너희의 머리카락까지도
낱낱이 다 세어 두셨다. 두려워하지 말아라.
너희는 수많은 참새보다 훨씬 더 귀하다."

"누구든지 사람들 앞에서
나를 안다고 증언하면
나도 하늘에 계신 내 아버지 앞에서
그를 안다고 증언하겠다. 누구든지 사람들 앞에서
나를 모른다고 하면 나도 하늘에 계신
내 아버지 앞에서 모른다고 하겠다."

예수님께서는 예수님 자신이 집주인인데
바리사이파 사람들이 예수님을
마귀의 우두머리 '베엘제불'이라 부르니
그들이 곧 예수님의 사도들과
예수님을 따르는 사람들에게
감당할 수 없는 고통을 지어줄 것임을
미리 일러 주시며 사도들을 위로하셨지

한편 예수님께서 제자들에게 '이방인과
사마리아인들에게 가지 말'라고 하신 것은
그들을 복음 전파에서 배척하라는 것이 아니라
당시 율법에 이방인과는 접촉이 금지되어 있었고
사마리아인들과는 반목했기 때문이었지

평화가 아니라
칼을 주러 왔다

마태 10,34~11,1

"내가 세상에
평화를 주러 온 줄 생각하지 말아라.
평화가 아니라 칼을 주러 왔다.
나는 아들이 아버지와 맞서고
딸은 어머니와 며느리는 시어머니와
서로 맞서게 하려고 왔다.
집안 식구가 바로 자기 원수다.
아버지나 어머니를 나보다 더 사랑하는 사람은
내 사람이 될 자격이 없고
아들이나 딸을 나보다 더 사랑하는 사람도
내 사람이 될 자격이 없다.
또 자기 십자가를 지고 따라오지 않는 사람도
내 사람이 될 자격이 없다.
자기 목숨을 얻으려는 사람은 목숨을 잃을 것이며
나를 위하여 자기 목숨을 잃는 사람은
목숨을 얻을 것이다."

예수님의 이 말씀을 들은 제자들은
얼마나 놀랐을까!
하느님의 자비와 사랑과 평화를 가르치시는
예수님께서 왜 반인륜적인 폭력에 가까운
말씀을 하신 것일까?

칼은 단절의 상징이지
단절에는 고통이 따르지, 그러나
예수님께서 주시겠다는 칼은 내게 상처를 준
상대에게 휘두르라는 칼이 아니라
내 마음의 평화를 위해
죄의 유혹과 단절하라고 나에게 주시는 칼이지

과거와 현재의 단절
저곳과 이곳의 단절
세대와 세대의 단절
혈연과 혈연의 단절

이 가운데서도 가장 끊기 어려운 것은 혈연이지
혈연을 끊는 것은 이만저만한 고통이 아니지
예수님께서는 그 고통을 알고 계셨음에도
이런 고통 없이는
새로운 하늘나라를 이룰 수 없음을 깨우치시려고
충격적으로 말씀하신 것이지

사실 예수님의 이런 말씀으로 유다 땅에서
초기 그리스도 공동체를 만드는데
어려움이 컸었지

예수님께서는 제자들에게 이렇게 당부하셨지
"박해하는 사람들에게
당당하게 복음을 선포하며 죽음도 겁내지 말라."

예수님께서는
오직 두려워할 것은 하느님이며
하느님의 공동체는
하느님에 대한 믿음으로 이루어지는
신앙공동체여야 함을 강조하셨지

아울러 당신께서도 하느님의 대리자로
제자들과 일심동체임을 강조하시며 말씀하셨지
"너희를 맞아들이는 사람은
나를 맞아들이는 사람이며
나를 맞아들이는 사람은 나를 보내신 분을
맞아들이는 사람이다.
예언자를 예언자로 맞아들이는 사람은
예언자가 받을 상을 받을 것이며
옳은 사람을 옳은 사람으로 맞아들이는 사람은
옳은 사람이 받을 상을 받을 것이다.

나는 분명히 말한다. 이 보잘것없는 사람 중
하나에게 그가 내 제자라고 하여
냉수 한 그릇이라도 주는 사람은
반드시 그 상을 받을 것이다."

예수님께서 열두 제자에게 분부하시고 나서
그 근방 여러 곳에서 가르치시며
전도하시려고
카파르나움을 떠나셨지

너희는 무엇을 보러
광야에 나갔더냐?

마태 11,2~11,24

예수님께서는 정말 세상을 구원하시는
메시아이신가?
예수님께서는 진실로 가난한 사람들과
아픈 사람들 억압당하는 사람들을 해방하는
구원자이신가?

유다인들은 예수님의 정체성을 의심하며
그리스도를 메시아로 인정하지 않으려 했었지

그 가운데는 예수님의 길을 준비했던
세례자 요한도 있었지

어느 날 세례자 요한이
마캐루스 요새의 감옥에 있을 때
자기 제자들로부터 예수님의 행적을 듣고는
예수님께 제자를 보냈지

제자들에게 그분이
메시아이신가에 대해 여쭙게 했지
"메시아로 오시기로 되어 있는 분이
바로 선생님이십니까? 그렇지 않으면
다른 분을 기다려야 합니까?"

예수님께서 요한의 제자에게 이르셨지
"너희가 듣고 본 대로 요한에게 가서 알려라.
눈먼 사람들이 눈을 뜨고
중풍 병자가 일어나 걸으며
나병환자가 깨끗해지고 귀먹은 자가 들으며
죽은 사람이 살아나고
가난한 사람들에게 복음이 전해진다.
나를 의심하지 않는 사람은 행복하다."

세례자 요한의 제자들이 물러간 뒤에
예수님께서 군중에게 요한을 두고 말씀하셨지
"너희는 무엇을 보러 광야에 나갔더냐?
바람에 흔들리는 갈대냐?
화려한 옷을 입은 사람이냐?
화려한 옷을 입은 사람들은 왕궁에 있다.
그렇다면 너희는 무엇을 보러 나갔더냐?
예언자냐? 그렇다! 그런데 사실은 예언자보다
더 훌륭한 사람을 보았다. 바로 세례자 요한이다."

성서에는 그에 대해 이렇게 되어 있다.
'너보다 앞서 내 사자를 보내니
그가 네 길을 미리 닦아 놓으리라.' 탈출기 23,20
하신 말씀은 이 사람을 가리킨 것이다.

"나는 분명히 말한다.
일찍이 여자의 몸에서 태어난 사람 중에
세례자 요한보다 더 큰 인물은 없었다.
그러나 하늘나라에서 가장 작은 이라도
그 사람보다는 크다.
세례자 요한 때부터 지금까지
하늘나라는 폭행당해 왔다.
폭행하는 사람들이
하늘나라를 빼앗으려고 한다.
모든 예언서와 율법에서 예언하는 일은
세례자 요한에게서 끝난다.
너희가 그 예언을 받아들인다면
다시 오기로 된 엘리야가
바로 그 요한임을 알 것이다."

하지만 어리석은 이 세대는
세례자 요한도
비극적인 죽음을 맞게 했고
예수님의 행적도 의심했지

예수님께서는 이들의 완고함에
"들을 귀가 있는 사람은 들어라."이르시며
무지몽매한 이 세대를
철없는 아이들이 장터에서 편 갈라 앉아
노는 것에 비유하셨지

'우리가 피리를 불어도
너희는 춤추지 않았고
우리가 곡을 하여도
가슴을 치지 않는구나.'

예수님께서는
귀를 막고 예수님의 말씀을 받아들이지 않는
꽉 막힌 세대가 안타까우셨지

예수님께서 말씀을 이어 가셨지
"이스라엘 백성이 요한이 요르단강에 나타나서
먹지도 않고 마시지도 않으니까
'저 사람은 미쳤다.'고 하더니
사람의 아들이 먹기도 하고 마시기도 하니까
'보아라. 저 사람은 즐겨 먹고 마시며
세리와 죄인하고만 어울리는구나' 하고 말한다.
하느님의 지혜가 옳다는 것은
이미 일어난 여러 가지 일로 드러났다."

예수님께서 갈릴래아에 계실 때
코라진^{갈릴래아 호수 북쪽 3km 떨어진 마을}과
벳사이다^{갈릴래아 호수 북동쪽 마을}
카파르나움^{갈릴래아 호수 북서쪽 어촌}을 꾸짖으셨지
예수님께서 이곳에 오래 머무르시며
회개하라 이르셨음에도 이들은 회개하지 않았지

"코라진아, 너는 화를 입으리라.
벳사이다, 너도 화를 입으리라.
너희에게 베푼 기적들을 시돈에서 보였더라면
그들은 벌써 자루 옷을 입고
재를 머리에 쓰고 회개했을 것이다.
잘 들어라.
심판 날에 티로와 시돈^{레바논 지중해 연안 마을}이
너희보다 오히려 가벼운 벌을 받을 것이다.

너, 카파르나움아! 네가 하늘에 오를 성싶으냐?
너는 지옥에 떨어질 것이다.
너에게 베푼 기적들을 소돔에서 보였더라면
그 도시는 오늘까지 남아 있을 것이다.
잘 들어라.
심판 날에 소돔 땅이
너보다 오히려 더 가벼운 벌을 받을 것이다."

안식일의
침된 뜻을 가르치시다

마태 11,25~12,21

이때 예수님께서는 이렇게 기도하셨지

"하늘과 땅의 주인이신 아버지여,
안다는 사람들과 똑똑하다는 사람들에게는
당신의 나라를 감추시고
오히려 철부지 어린아이들에게 나타내 보이시니
감사합니다. 그렇습니다. 아버지!
이것이 아버지께서 원하신 뜻이었습니다.
아버지께서는 모든 것을
저에게 맡겨 주셨습니다.
아버지 밖에는 아들을 아는 이가 없고
아들과 또 그가
아버지를 계시하려고 택한 사람들밖에는
아버지를 아는 이가 없습니다."
예수님께서는 당신의 말씀과 행동으로
아버지의 뜻을 드러내셨지

아버지의 뜻은
당신의 나라를 세우는 것이었지, 그러나
안다는 자들과 똑똑하다는 자들
곧 율법 학자들과 바리사이파 사람들은
하늘나라와 하느님의 정의가
예수님을 통해 이루어진다는 것을 깨닫지 못했지
그와 반대로 철부지는 보잘것없는 사람들과
가난한 이들인데
이들은 예수님께서 펼치시는 활동의 뜻을 꿰뚫고
그 활동을 이어받은 사람들이었지

예수님께서는
안다는 자들과 똑똑하다는 자들이
가난한 사람들에게 지운
무거운 짐을 벗겨 주려 오셨지
"고생하며 무거운 짐을 지고 허덕이는 사람은
다 나에게로 오라. 내가 편히 쉬게 하리라.
나는 마음이 온유하고 겸손하니
내 멍에를 메고 나에게 배워라.
그러면 너희의 영혼이 안식을 얻을 것이다.
내 멍에는 편하고 내 짐은 가볍다."

이스라엘 사람들은
율법이라는 무거운 짐을 지고 있었지

지킬 수 없는 613가지 유다의 율법에
그들의 자유와 인권은 짓눌려 있었지

어느 안식일에 예수님께서
밀밭 사이를 지나가시게 되었는데
제자들이 배가 고파 밀이삭을 잘라먹었지

그것을 본 바리사이파 사람들이 예수님께 물었지
"저것 보십시오. 당신의 제자들이
안식일에 해서는 안 될 일을 하고 있습니다."

예수님께서 그들의 말을 받아치셨지
"너희는 다윗의 일행이 굶주렸을 때
다윗이 한 일을 읽어보지 않았느냐?
그는 하느님의 집에 들어가서 그 일행과 함께
제단에 차려놓은 빵을 먹지 않았느냐?
사제들밖에는 다윗도 그 일행도
먹을 수 없는 빵이었다.

또 안식일에 성전 안에서는 사제들이
안식일의 규정을 어겨도
그것이 죄가 되지 않았다는 것을
율법 책에서 읽어보지 않았느냐?
잘 들어라. 성전보다 더 큰 이가 여기에 있다.

'내가 반기는 것은
제물이 아니라 사랑이다.'호세아 6,6라는 말씀이
무슨 뜻인지 알았더라면 너희는 무죄한 사람들을
죄인으로 단정하지 않았을 것이다.
사람의 아들이 바로 안식일의 주인이다."

예수님께서 다른 데로 가셔서
그곳 회당에 들어가셨지
거기에 한쪽 손이 오그라든 사람이 있었는데
바리사이파 사람들은
예수를 고발할 구실을 찾으려고 넌지시 물었지
"안식일에 병을 고쳐도 법에 어긋나지 않습니까?"

예수님께서 그들에게 이르셨지
"너희 가운데 어떤 사람에게 양 한 마리가 있었다.
그런데 그 양이 안식일에 구덩이에 빠졌다고 치자
이럴 때 양을 끌어내지 않을 사람이 있겠느냐?
사람이 양보다 얼마나 더 귀하냐?
안식일에라도 착한 일을 하는 것은
율법에 어긋나지 않는다."

예수님께서 손이 오그라든 이에게 이르셨지
"손을 펴라."
그가 손을 펴니 다른 손과 같이 성해졌지

유다 사람들은
안식일 법을 철저하게 지켰지
율법에 안식일에 해서는 안 될
노동에 관한 조항이 있는데
이를 지키지 않을 때 사형에 처하기까지 했지
이 가운데 탈곡이나 병자 치료도 들어있어서
제자들이 밀이삭을 뜯어 먹은 것과
예수님께서 오그리든 손을 고쳐주신 것이
율법에 어긋난다는 것이었지

예수님께서는 하느님께서 만드신
'안식일이 사람을 위해 있는 것이지
사람이 안식일을 위해 있는 것은 아니다.'^{마르코 2,27}
라 말씀하시고 안식일에 관한 율법보다는
사람의 아픔과 고통을 더 크게 생각하셨지
하느님의 사랑과 자비는
율법을 뛰어넘는 것이라 강조하셨지

바리사이파 사람들은 물러가서
어떻게 하면 예수님을 없애버릴까 하고 모의했지
사실 역설적으로 세상에서 가장 나쁜 행동은
자신이 가장 악하면서도 그것을 모르고
자신이 악과 싸우고 있다고 믿는 것이지

예수님께서는 그들이 무슨 일을 하려는지
그 일을 알아채시고 회당을 떠나셨지

예수님 뒤로 또 많은 병자가 뒤따라왔지
예수님께서는 모든 병자를 고쳐주시고
당신을 남에게 알리지 말라고 신신당부하셨지

그리하여 예언자 이사야를 통해 말씀하신 것이
이루어졌다. '보라. 내가 택한 나의 종
내가 사랑하는 사람
내 마음에 드는 사람
그에게 내 성령을 부어주리니
그는 이방인들에게 정의를 선포하리라.
그는 다투지도 않고 큰 소리도 내지 않으려니
거리에서 그의 소리를 들을 자 없으리라.

그는 상한 갈대도 꺾지 않고
꺼져가는 심지도 끄지 않으리라.
드디어 그는 정의를 승리로 이끌어 가리니
이방인들이 그 이름에 희망을 걸리라.' 이사야 42,1~6

바리사이파 사람들이
예수님을 모함하다

마태 12,22~32

그때 사람들이 마귀가 들려 앞 못 보고
말 못하는 사람을 예수님께 데려왔지
예수님께서 마귀를 쫓아내어 그를 고쳐주시자
그들은 수군거렸지

"이 사람이 혹시 다윗의 자손이 아닐까?"

예루살렘에서 내려온 바리사이파 사람들은
예수님을 이렇게 모함했지
"다윗의 자손은 무슨! 어림없는 소리지.
그는 마귀의 우두머리 베엘제불의 힘을 빌려
마귀를 쫓아낸 것이지."

바리사이파 사람들은
군중 속에 섞여 예수님을 따라다니며
사사건건 예수님의 행적에 시비를 걸었지

마귀 들린 사람들에게는 마귀를 쫓아
평화로운 영혼을 주시고
아픈 사람들은 나음을 받아
자유로운 몸을 선물하시는 기적을 부인하며
'베엘제불'을 들먹이며
끊임없이 예수님을 모함했지

예수님께서는
그들의 생각을 알아채시고 말씀하셨지
"어느 나라든지 갈라져서 서로 싸우면 망하고
어느 동네나 집안도 갈라져서 서로 싸우면
지탱하지 못한다.
사탄이 사탄을 쫓아낸다면
그 나라는 사탄끼리 서로 싸워 망할 것인데
내가 너희의 말대로 베엘제불이
나에게 힘을 빌려주어 이런 일을 하겠느냐?
나는 하느님께서 보내신 성령의 힘으로
마귀를 쫓아내고 있다. 그러니
하느님의 나라는
이미 너희에게 와 있는 것이다.
또 누가 힘센 사람의 집에 들어가서
재물을 빼앗아 가려면
먼저 그 힘센 사람을 묶어놓아야 하지 않겠느냐?
나의 힘은 사탄보다 강하다.

그러므로 내 편에 서지 않는 사람은
나를 반대하는 사람이며
나를 해치고자 하는 사람이다.
잘 들어라. 사람이 어떤 모독하는 말을 하더라도
용서받을 수 있으나
성령을 모독하는 죄는
용서받지 못할 것이다.
또 사람의 아들을 모함하고 거역하는 사람은
용서받을 수 있으나
성령을 모독하는 사람은
현세에서도 내세에서도
용서받지 못할 것이다."

누가 내 어머니며
내 형제들이냐

마태 12,33~50

예수님께서 바리사이들을 힐책하셨지
"좋은 열매를 얻으려거든 좋은 나무를 길러라.
나무가 나쁘면 열매도 나쁘다.
열매를 보아 그 나무를 알 수 있다.
이 독사의 자식들아, 그렇게 악하면서
어떻게 선한 말을 할 수 있겠느냐?
말은 마음에 가득 찬 것이 나오는 법이다.
선한 사람은 선한 것을 마음에 쌓아두었다가
선한 것을 내놓고
악한 사람은 악한 것을 마음에 쌓아두었다가
악한 것을 내놓는다.
잘 들어라. 심판 날이 오면
자기가 지껄인 터무니없는 말을
낱낱이 해명해야 할 것이다.
네가 한 말에 따라서 옳은 사람으로 인정받게 되고
죄인으로 판결받게도 될 것이다."

이 말씀을 들은 율법 학자와
바리사이파 몇 사람이 예수님께 청했지
"선생님, 저희에게 기적을 보여 주십시오."
예수님께서 이르셨지
"너희들이 기적을 요구하지만
나는 예언자 요나의 기적밖에는
따로 보여 줄 것이 없다.
요나가 큰 바다 괴물의 뱃속에서
사흘 낮과 밤을 지낸 것처럼 사람의 아들도
땅속에서 사흘 낮과 밤을 보낼 것이다.

심판 날이 오면 니네베 사람들이 다시 살아나서
이 세대를 단죄할 것이다.
그들은 요나의 설교만 듣고도 회개했기 때문이다.
여기에 요나보다 더 큰 사람이 없다.
심판 날이 오면 남쪽 나라의 여왕도
이 세대와 함께 되살아나서
이 세대를 단죄할 것이다.
그는 솔로몬의 지혜를 얻으려고
땅끝에서 온 것이다.
여기에 솔로몬보다 더 큰 사람이 있다."

예수님께서는 율법 학자와 바리사이파 사람들이
요구하는 기적을 거부하셨지

그것은 예수님의 그 어떤 기적도
그들의 신앙을 일깨워 줄 수 없음을
이미 알고 계셨기 때문이었지

예수님께서는 그들에게
당신의 죽음과 부활을 그들에게 암시하시며
심판 날에 악령에 사로잡힌 그들이
더욱 비참하게 심판받을 것이라 하셨지

예수님께서
군중에 둘러싸여 말씀하고 계실 때
예수님의 어머니와 형제들이
군중들 밖에 와 서서
예수님과 이야기 나눌 기회를 찾고 있었지
이를 본 어떤 사람이 예수님께 알려드렸지
"선생님, 선생님의 어머님과 형제분들이
선생님과 이야기하시겠다고 찾고 계십니다."

예수님께서는 말을 전해준 사람에게 물으셨지
"누가 내 어머니이며 내 형제들이냐?"
예수님께서는 제자들을 가리키며 말씀하셨지
"바로 이 사람들이 내 어머니이며 형제들이다.
하늘에 계신 내 아버지의 뜻을 실천하는 사람이면
누구나 다 내 형제요 자매요 어머니이다."

예수님께서는 가혹하리만큼
어머니와 형제들을 멀리하셨지, 그러면서
하늘에 계신 아버지의 뜻을 따르는 사람만이
진정 내 어머니이고 형제자매라 강조하셨지

예수님이라고
어머니와 형제들을 멀리하고 싶으셨을까!

여러 가지 비유로
군중을 가르치시다

마태 13,1~52

이날 예수님께서 집에서 나와
호숫가에 앉으시자
사람들이 또 많이 모여들었지
곧 예수님께서는 배에 올라앉으시고
사람들은 그대로 모두 호숫가에 서 있었지
예수님께서는 그들에게 가르치실 때는
늘 여러 가지 비유를 들어 말씀하셨지
일상에 필요한 의식주 같은 일을 소재로 해서
알아듣기 쉽게 반복적으로 가르치셨지
그들이 마음의 문을 닫고 귀를 막고 눈을 감아
보고 또 보고 듣고 또 들어도
깨닫지 못했기 때문이었지

"씨뿌리는 사람이 씨를 뿌리러 나갔다.
씨를 뿌리는데 어떤 것은 길바닥에 떨어져
새들이 와서 쪼아 먹었다.

어떤 씨는 흙이 많지 않은 돌밭에 떨어져
싹은 곧 나왔지만
흙이 깊지 않아서 해가 뜨자 타버려
뿌리도 붙이지 못하고 말라 죽었다.

또 어떤 것은 가시덤불 속에 떨어져
가시나무들이 자라자 숨이 막혔다.
또 어떤 씨는 좋은 땅에 떨어져 맺은 열매가
백 배 육십 배 삼십 배가 된 것도 있다."

"이제 너희는 씨뿌리는 사람의 비유에
숨은 의미를 들어 보아라. 누구든지
하늘나라에 관한 말씀을 듣고도 깨닫지 못할 때는
악한 자가 와서
그 마음에 뿌려진 말씀을 빼앗아 간다.
떨어졌다는 것은
바로 이런 사람을 두고 하는 말이다.

또 돌밭에 떨어졌다는 것은
그 말씀을 듣고 기꺼이 받아들이기는 하지만
그 마음속에 뿌리가 내리지 않아
오래 가지 못하는 사람을 두고 하는 말이다.
이런 사람은 그 말씀 때문에
환난이나 박해가 닥쳐오면 곧 넘어지고 만다.

또 가시덤불에 떨어졌다는 것은
말씀을 듣기는 하지만
세상 걱정과 재물의 유혹이 말씀을 억눌러
열매를 맺지 못하는 사람을 두고 하는 말이다.
좋은 땅에 떨어졌다는 것은 그 말씀을 듣고
잘 깨닫는 사람을 두고 하는 말이다."

"하늘나라는 겨자씨에 비길 수 있다.
겨자씨는 모든 씨앗 중에서 가장 작은 것이지만
싹이 트고 자라나면 공중의 새들이 날아와
그 가지에 깃들일 만큼 큰 나무가 된다."

"어떤 여자가 누룩을 밀가루 서 말 안에
집어넣었더니 온통 부풀어 올랐다
하늘나라는 이런 누룩에 비길 수 있다."

"어떤 사람이 밭에 좋은 씨를 뿌렸으나
사람들이 잠자고 있는 동안에
원수가 와서 밀밭에 가라지를 뿌리고 갔다.
밀이삭이 팼을 때 가라지도 드러났다.
종들이 주인에게 와서
'주인님, 그것을 뽑아버릴까요?'라고 묻자
주인은 '가만두어라. 가라지를 뽑다가
밀까지 뽑으면 어떻게 하겠느냐?

추수 때까지 둘 다 함께 자라도록
내버려 두어라.
추수 때에 내가 추수꾼에게 일러서
가라지를 먼저 뽑아 단으로 묶어
불에 태워 버리게 하고
밀은 내 곳간에 거두어들이게 하겠다.'

좋은 씨를 뿌리는 이는 사람의 아들이며
밭은 이 세상이다
좋은 씨는 하늘나라의 자녀이며
가라지는 악한 자의 자녀이다
가라지를 뿌린 원수는 악마
추수 때는 세상이 끝나는 날
추수꾼은 천사들이다.
나는 추수 때 가라지를 뽑아서 묶어
불에 태우듯이 세상 끝날 때도 그렇게 할 것이다.
그날이 오면 사람의 아들이 천사를 보낼 터인데
그들은 남을 죄짓게 하는 자들과
악행을 일삼는 자들을 모조리 추려내어
불구덩이에 처넣을 것이다.
거기에서 그들은 가슴을 치며 통곡할 것이다.
그때 의인들은 그들의 아버지의 나라에서
해와 같이 빛날 것이다.
귀가 있는 사람은 알아들어라."

'눈물 흘리며 씨뿌리는 사람들
기뻐하며 거두리라.'시편 126,5

"하늘나라는 밭에 숨겨진 보물과 같다.
.그 보물을 발견한 사람은
그것을 다시 숨겨두고서는
기뻐하며 돌아가서
가진 것을 다 팔아 그 밭을 산다.

또 하늘나라는
좋은 진주를 찾는 상인과 같다.
그는 값진 진주를 하나 발견하자
가서 가진 것을 모두 처분하여 그것을 샀다.

또 하늘나라는 바다에 그물을 쳐서
온갖 고기를 끌어 올리는 것에 비길 수 있다.
어부들은 그물이 가득 차면
해변에 끌어 올려놓고 앉아서
좋은 것들은 추려 그릇에 담고 나쁜 것은 버린다.

세상 끝날에도 이와 같을 것이다.
천사들이 나타나 선한 사람들 사이에 끼어 있는
악한 자들을 가려내어 불구덩이에 처넣을 것이다.
그들은 거기서 가슴을 치며 통곡할 것이다."

예수님께서 말씀을 마치시며
군중에게 물으셨지
"너희는 내 말을 다 알아듣겠느냐?"
군중들은 "예"라고 대답했지

그 군중 속에 있던
율법 학자 가운데는
예수님의 제자가 된 이들도 있었지
이들은 구약과 율법 그리고
예수님의 가르침을 모두 익히고 있었지
예수님께서는 이들을
당신께서 지은
새집의 집주인에 빗대셨지

"하늘나라의
가르침을 받은 율법 학자는
마치 자기 곳간에서 새것도 꺼내고
낡은 것도 꺼내는 집주인과 같다."

빵 다섯 개와 물고기 두 마리로
오천 명을 먹이시다

마태 13,53~14,33

예수님께서는 카파르나움을 떠나
고향 나자렛에 가시어
그곳 회당에서 복음을 가르치셨지

고향 사람들은
예수님의 권능과 기적을 보고 놀라워하면서도
도무지 예수님을 믿으려 하지 않았지
"저 사람은 목수 요셉의 아들이 아닌가?
어머니는 마리아요
그 형제들은 야고보 요셉
시몬 유다가 아닌가?
어디서 저런 지혜와 능력을 받았을까?"
예수님께서는
그들의 수군거림을 들으시고 말씀하셨지
"어디서나 존경받는 예언자도
제 고향과 제집에서만은 존경받지 못한다."

이 무렵
헤로데 안티파스는
예수님의 소문을 듣고 신하들에게 말했지
"그 사람이 바로 세례자 요한이다.
죽은 요한이 다시 살아난 것이 틀림없다.
그렇지 않고서야
그런 능력이 어디서 솟아나겠느냐?"

헤로데 안티파스의 이 말에는
예수님께서 자신의 왕위를 위협할까 두려워
예수님을 해할 의도가 숨어 있었지

일찍이 헤로데 안티파스는
자기 동생 필립보의 아내 헤로디아와 일로
세례자 요한을 잡아 결박하여
감옥에 가둔 일이 있었지
"어찌하여 처제를 아내로 삼아 사십니까?
그것은 큰 죄가 됩니다."
이처럼 세례자 요한은 헤로데 안티파스가
동생의 아내와 불륜을 저지른 것은
옳은 일이 아니라고 비판했기 때문이었지
그는 이런 세례자 요한을 죽이려고 했으나
세례자 요한을 예언자로 여기는 민중이 두려워서
이 일을 멈추었지

마침 헤로데 안티파스의 생일잔치에
헤로데의 딸 살로메가
앞에서 춤을 추어 그를 기쁘게 했지
그는 헤로디아의 딸에게 무엇이지 청하는 대로
다 들어주겠다고 약속했지
자기 왕국의 절반이라도 주겠다고 호언장담했지

살로메는 제 어미가 시키는 대로 말했지
"세례자 요한의 머리를 쟁반에 담아서
이리 가져다주십시오."
헤로데 안티파스는 당황했지만
감옥으로 군사들을 보내
요한의 목을 베어오도록 명령했지

그 뒤 세례자 요한의 제자들이 와서
그의 주검을 거두어
장례를 지내고 이 사실을 예수님께 알렸지

예수님께서는 이 말을 들으시고 나자렛을 떠나
배를 타고 따로 한적한 곳으로 가셨지
그와는 맞닥뜨리려고 하지 않으셨기 때문이었지

그때 여러 동네에서 사람들이 병자들을 데리고
육로로 예수님을 따라왔지

예수님께서는 배에서 내려
거기에 모여든 많은 군중을 보시고
가련한 마음이 들어
그들이 데리고 온 병자들을 모두 고쳐주셨지

저녁때가 되자
제자들이 와서 예수님께 말씀드렸지
"여기는 외딴곳이고 시간도 이미 늦었습니다.
군중들에게 제각기 음식을 사 먹도록
마을로 보내시는 게 좋겠습니다."
예수님께서 제자들에게 이르셨지
"그들을 보낼 것 없이 너희가 먹을 것을 주어라."
제자들이 말했지
"우리에게 지금 있는 것이라고는 어린이가 가져온
빵 다섯 개와 물고기 두 마리뿐입니다." 요한 6,9
예수님께서는 제자들에게
"그것을 이리 가져오너라." 하시고
예수님께서는 군중을 풀 위에 앉게 하셨지

예수님께서는
빵 다섯 개와
물고기 두 마리를 손에 드시고
하늘을 우러러 감사의 기도를 드리신 다음
빵을 떼어 제자들에게 주셨지

제자들은 그것을 사람들에게 나누어 주었지
수많은 군중이 먹어도
빵과 물고기는 줄어들지 않았지
사람들은 모두 배부르게 먹었지
남은 조각들을 주워 모으니
열두 광주리에 가득 찼지
먹은 사람들은 여자와 어린이들 외에
남자만도 5,000명쯤 되었지

예수님께서
제자들에게 재촉하여 배를 태워
건너편으로 먼저 가게 하시고
그동안에 군중을 돌려보내셨지, 그리고
조용히 기도하시려고 산으로 올라가셨지
날이 이미 저물었는데도 거기에 혼자 계셨지

제자들을 태운 배는 한밤중 심한 역풍을 만나
풍랑에 시달리고 있었지
새벽 4시쯤 되어
예수님께서 물 위를 걸어 제자들에게 다가오셨지
제자들은 예수님인 줄 몰라 겁을 먹고
이렇게 소리쳤지 "유령이다!"
예수님께서 이 외침을 들으시고 말씀하셨지
"나다. 안심하여라."

이때 베드로가 예수님께 소리쳤지
"주님이십니까?
저더러 물 위로 걸어오라고 하십시오."
예수님께서 대답하셨지
"오너라."
베드로는 배에서 내려 물 위를 밟고
예수님께 걸어갔지

베드로는 물 위를 걸어가다가
돌풍이 불어오는 것을 보고
순간 예수님을 잊고 무서운 생각이 들어
물에 빠져들게 되었지
조금 전 물 위를 걸어오던 사람이
예수님이 아닐지도 모르겠다고 의심하고
그분 말씀을 믿지 않았기 때문이었지

허우적거리던 베드로가 예수님께 소리쳤지
"주님, 살려주십시오."
예수님께서 손을 내밀어
베드로를 배 위로 올리시며 말씀하셨지
"왜 의심했느냐? 그렇게도 믿음이 약하냐?"
예수님께서 배에 오르시자 바람이 그쳤지
베드로가 엎드려 말했지
"주님은 참으로 하느님의 아들이십니다."

유다인들의 전통으로
바리사이들과 논쟁하시다

마태 14,34~15,28

예수님과 제자들이
갈릴래아 호수를 건너
겐네사렛 땅에 이르렀을 때
그곳 사람들이 예수님을 알아보고
그 근처 지방에 온갖 병자들을 다 데려왔지
그들은 예수님의 옷자락만이라도
만지게 해 달라고 청했지
예수님께서 허락하시자
예수님의 옷자락을 만진 사람은
모두 깨끗이 나았지

예루살렘에서 온 바리사이파 사람들과
율법 학자들이 예수님께 따져 물었지
"당신의 제자들은 왜 조상들의 전통을
어기고 있습니까? 손을 씻지 않고 음식을 먹으니
어찌 된 일입니까?"

예수님께서 그들에게 답하셨지
"너희는 어찌하여 너희의 전통을 핑계로
하느님의 계명을 어기느냐?"
하느님께서는 '부모를 공경하라.' 하셨고
'또 부모를 욕하는 자는
반드시 사형받아야 한다.'고 하셨는데
너희는 사람을 가르칠 때
부모에게 해드릴 것을
'하느님께 예물로 바쳤다.'라고 말한다.
부모를 봉양하지 않아도 괜찮다고 한다.
너희는 너희의 전통으로
하느님의 말씀을 무시하고 있다."

유다 사람들은 음식을 먹기 전에
손을 반드시 씻어야 하는 '정결법'과
하느님께 예물로 무언가를 바치겠다고 약속하는
'코르반 법'이 있었지
바리사이파 사람들과 율법 학자들은
이 두 가지 전통을 이유로 예수님을 비난했지
예수님께서는 그들을 심하게 질책하셨지
"이 위선자들아, 이사야 예언자는
바로 너희를 두고 이렇게 예언하였다.
'이 백성이 입술로는 나를 공경하여도
마음은 나에게서 멀리 떠나있구나!

그들은 나를 헛되이 예배하며
사람의 계명을 하느님의 것인 양 가르친다.'"
예수님께서는 군중을 가까이 불러 말씀하셨지
"너희는 내 말을 잘 들어라.
입으로 들어가는 것은 사람을 더럽히지 않는다.
오히려 입에서 나오는 것이 사람을 더럽힌다."

이때 베드로가 나서서
이 비유의 뜻을 설명해 달라고 청했지

"너희는 아직도 깨닫지 못하였느냐?
입에 들어가는 것은 무엇이건 배 속으로 갔다가
뒷간으로 나간다는 것을 알지 못하느냐?
입에서 나오는 것은 마음에서 나오는데
바로 그것이 사람을 더럽힌다.
마음에서 나쁜 생각들
살인 간음 불륜
도둑질 거짓 증언 중상모략이 나온다.
이런 것들이 사람을 더럽히고 악하게 만들지
손을 씻지 않고 먹는 것은
사람을 더럽히지 않는다."
이때 제자들이 예수님께 다가와 여쭈었지
"바리사이파 사람들이 조금 전에 하신
말씀을 듣고 못마땅해하는 것을 아십니까?"

예수님께서 대답하셨지
"하늘에 계신 내 아버지께서
심지 않으신 초목은 모두 뽑힐 것이다.
그들을 그냥 내버려 두어라.
그들은 눈먼 이들의 인도자다.
눈먼 이가 눈먼 이를 인도하면
둘 다 구덩이에 빠질 것이다."

예수님의 가르침을 듣고 있던 제자들은
그 뜻을 몰라 고개를 갸우뚱했지

예수님께서 그곳을 떠나시어
티로와 시돈 지방으로 가셨지

그때 이 지방에 와서 사는 헬라인 출신의
어떤 가나안 부인이 와서 큰 소리로 간청했지
"다윗의 자손이신 주님,
저에게 자비를 베풀어 주십시오.
제 딸이 호되게 마귀가 들렸습니다."
예수님께서는 그 부인에게
눈길도 주지 않으시고
한마디 말씀도 하지 않으셨지
부인이 계속 큰 소리로 말했지
"자비를 베풀어 주십시오."

부인은 예수님의 권능을 믿었지
이런 믿음이 부인의 행동을 바꾸어
딸의 마귀를 쫓아내실 거라는 소망을 갖게 했지

제자들은 예수님께
부인을 돌려보내는 게 좋겠다고 말씀드렸지
이에 예수님께서는 부인에게 말씀하셨지
"나는 오직 이스라엘 집안의
길 잃은 양들을 찾아 보살피러 왔을 뿐이다."
부인이 예수님께 엎드려 절하며 자기 딸에게서
마귀를 쫓아주시라고 다시 간청했지

예수님께서 부인에게 다시 이르셨지
"자녀들이 먹을 빵을
강아지에게 던져 주는 것은 옳지 않다."
이 말씀에 다시 부인은 간곡하게 청했지
"주님, 그렇습니다. 미물인 강아지들도
주인의 상에서 떨어지는 부스러기는 먹습니다."

지금까지 냉랭하셨던 예수님께서
부인이 한 말을 들으시고 그 믿음에 감탄하셨지
"아, 여인아! 네 믿음이 참으로 크구나.
네 소원대로 될 것이다. 일어나 돌아가라."
바로 그때 그 부인의 딸에게서 마귀가 나갔지

너희는
나를 누구라고 생각하느냐

마태 15,29~16,20
마르코 7,31~35

예수님께서

티로와 시돈을 떠나

갈릴래아 호숫가로 다시 오셨지

많은 군중이 병자들을 데려왔지

다리를 저는 사람들 앞을 못 보는 사람들

말 못하는 사람들은 물론

마음이 아픈 사람들까지도

예수님 앞으로 데려왔지

예수님께서는 귀먹고 혀가 굳은 사람을

따로 데리고 나가셔서

당신의 손가락을 그의 귀에 넣으셨지

이어 당신의 손가락에 침을 발라

그의 혀에 대시며 말씀하셨지

"에파타 Εφφαθα"

곧 "열려라." 하시자

그는 귀가 열리고 혀가 풀려서 말을 하게 되었지

예수님께서는 그곳에 머무르시며
사흘 동안 한 사람
한 사람 모두 다 고쳐주셨지
예수님께서는 군중을 돌려보내시고 나서
배를 타고 마가단 지방으로 가셨지

미리 이곳에 와 있던
바리사이파와 사두가이파의 율법 학자들은
예수님을 찾아가
예수님께서 하느님의 아들이 메시아라는 증거로
또다시 기적을 보여 달라고 했지

예수님께서는 이렇게 대답하셨지
"너희는 저녁때에는
'하늘이 붉은 것을 보니 날씨가 맑겠구나.' 하고
아침에는 '하늘이 붉고 흐린 것을 보니
날씨가 궂겠구나.'한다.
이렇게 하늘을 보고 날씨는 분별할 줄 알면서
왜 시대의 징조는 분별하지 못하느냐?
악하고 절개가 없는 너희들이
기적을 요구하지만
나는 요나의 기적밖에는 보여 줄 것이 없다."
제자들이 배를 타고 호수를 건널 때
예수님께서 말씀하셨지

"너희는 바리사이파 사람들과
사두가이파 사람들의 누룩을 조심하여라."
예전에 예수님께서
어떤 여인이 밀가루 반죽에 누룩을 넣었더니
온통 부풀어 올랐다고 하신 말씀이 기억나
제자들은 이 말씀이 무슨 뜻인 잘 몰랐지
제자들은 배에 오를 때
빵을 가져오지 않아 빵이 없다고 수군거렸지

예수님께서 제자들의 수군거림에
이렇게 말씀하셨지
"너희는 그렇게도 믿음이 약하냐?
빵 다섯 개로 5,000명을 먹이고도
몇 바구니가 남았더냐?
벌써 그것을 다 잊었느냐
내가 한 말은 빵 이야기가 아니었는데
그것을 어찌하여 깨닫지 못하느냐?"
예수님께서 다시 말씀하셨지
"그 사람들의 누룩을 조심하여라."

제자들은 그제야 깨달았지
바리사이 사람들과 사두가이 사람들의 누룩은
인간을 율법에만 매달리는 형식적이며
위선적인 거짓 교훈이라는 것을

아울러 그들의 말은 예수님의 가르침을
왜곡하고 조작하여
사람들을 그르치게 하려는 악한 가르침이란 것을

예수님께서
카이사리아 필리피에 이르렀을 때
제자들에게 질문하셨지
"사람의 아들이 누구라고 하더냐?"
"어떤 사람은 세례자 요한이라고 하고
어떤 사람들은 엘리야라고도 하고
또 예레미야나 예언자 가운데 한 분이라고 하는
사람들도 있습니다."
"그러면 너희는 나를 누구라고 생각하느냐?"
시몬 베드로가 나서서 대답했지
"스승님은 살아계신 하느님의 아들
그리스도입니다."

"시몬 바르요나야,
네게 그것을 알려 주신 분은
사람이 아니라 하늘에 계신 내 아버지시니
너는 복이 있다. 잘 들어라. 너는 베드로다.
내가 이 반석 위에
내 교회를 세울 터인즉 죽음의 힘도
감히 그것을 누르지 못할 것이다.

또 나는 너에게
하늘나라의 열쇠를 주겠다.
네가 무엇이든지 땅에서 매면
하늘에서도 매여 있을 것이며
땅에서 풀면 하늘에도 풀려 있을 것이다."

예수님께서는
제자들에게 자신이 그리스도라는 것을
아무에게도 말하지 말라고 단단히 당부하셨지

바르요나는 '요나의 아들'이라는 뜻인데
한계를 지닌 사람을 가리킬 때 쓰는 말이지
그럼에도 시몬이 예수님을
메시아라고 고백할 수 있는 것은 예수님의 말씀이
한계를 가진 사람의 예언이 아니라
전지전능하신 하느님의 계시에서 나오는 말씀이라
여겼기 때문이었지

예수님께서 그리스도를 믿는 사람들에게
'너는 나를 누구라고 생각하느냐?'라고
물으시면 어떻게 대답해야 할까?
그리스도를 믿는 사람들은 언제나
이 질문을 스스로 던지며
베드로처럼 고백해야 하지 않을까!

이후 예수님께서는
시몬에게 '반석'이라는 뜻으로
베드로라는 새 이름을 주셨지
이것은 그에게 예수님의 새 임무를
맡기시기 위해서였지
베드로에게 열쇠를 주시겠다고 하신 것도
이 세상을 맺고 푸는 일과
나아가 하늘나라에 가는
옳은 길을 판단하고 결정하는
지혜를 주시겠다는 것이지

하느님께서 아브람의 이름을
아브라함으로 바꾸어
'믿음의 조상'이 되게 하신 것처럼
예수님께서도 베드로를
'믿음의 반석'으로 세우시기 위해
이름을 바꾸신 것이지

베드로가 예수님께 고백한 그리스도는
'기름 부음 받은 자 곧 구세주'라는 뜻이지
하느님의 특별한 부르심을 받은 사람들은
옳고 바른 지도자여야 한다는 의미로
사제로부터 머리에 기름 부음을 받지

수난을 예고하시고
영광스럽게 변모하시다

마태 16,21~17,13

그때부터
예수님께서는 제자들에게
자신이 반드시 예루살렘에 올라가
원로들과 대사제들과 율법 학자들에게
많은 고난을 받으시고 그들의 손에 죽었다가
사흘 만에 다시 살아날 것임을 알려주셨지
이 말씀은 수난에 대한 첫 번째 예고였지

베드로는 예수님을 뒤에서 붙들고 말씀드렸지
"주님, 안 됩니다.
결코 그런 일이 있어서는 안 됩니다."
예수님께서는 베드로를 돌아다 보시고
심하게 꾸짖으셨지
"사탄아, 물러가라, 너는 나에게 장애물이다.
너는 하느님의 일은 생각하지 않고
사람의 일만 생각하느냐?"

예수님께서는 제자들에게
당신을 따르는 길에 대해 말씀하셨지
"사람이 온 세상을 얻는다 해도
제 목숨을 잃는다면 무슨 소용이 있겠느냐?
자기 목숨을 무엇과 바꾸겠느냐?
사람의 아들이 아버지의 영광에 싸여
자기 천사들을 거느리고 올 터인데
그때 그는 각자에게 행한 그대로 갚아줄 것이다.
나는 분명히 말한다.
여기 서 있는 사람들 가운데는
죽기 전에 사람의 아들이
임금으로 오는 것을 볼 사람도 있다."

엿새 후 예수님께서는
베드로와 야고보와 야고보의 동생
요한만을 데리고
타볼 산으로 올라가셨지

예수님께서 정상에 계실 때
예수님의 모습이 그들 앞에서 하얗게 변하여
해와 같이 빛나고 옷은 빛처럼 눈이 부셨지
그때 난데없이 하늘에서
모세와 엘리야가 나타나서
예수님과 함께 이야기하고 계셨지

이때 베드로가 나서서 말했지
"주님, 저희가 여기에서 지내면 얼마나
좋겠습니까? 괜찮으시다면 초막 셋을 지어
하나는 예수님께 하나는 모세에게
하나는 엘리야에게 드리겠습니다."

베드로가 말을 채 끝내기도 전에
빛나는 구름이 그들을 덮더니
구름 속에서 소리가 들려왔지

"이는 내 사랑하는 아들
내 마음에 드는 아들이니
너희는 그의 말을 들어라."

제자들은 너무도 두려워 땅에 엎드렸지
예수님께서 제자들에게 가까이 오셔서
손으로 어깨를 어루만져주시며 말씀하셨지
"두려워하지 말고 모두 일어나라."
제자들이 고개를 들고 쳐다보았을 때
예수님 밖에는 아무도 보이지 않았지

예수님께서 산에서 내려오시는 길에 당부하셨지
"사람의 아들이 죽었다가 다시 살아날 때까지는
지금 본 것을 아무에게도 말하지 말아라."

주님의 변모 그 하얀 빛은
당신의 신성을 드러내는 것도
신비한 기적을 일으키는 마법도 아니었지

예수님께서는
하느님의 아들로서
제자들의 흔들리는 믿음을 확실하게 잡아주시며
앞으로 올 당신의 죽음과 부활의 숭고한 빛을
미리 보여주신 것뿐이지

제자들이 예수님께 여쭈었지
"율법 학자들은 어찌하여 메시아가 오기 전에
엘리야가 먼저 와야 한다고 말합니까?"
예수님께서 제자들의 의중을 아시고
"걱정하지 마라. 엘리야가 와서
모두 준비해놓을 것이다.
그런데 엘리야는 이미 와 있었다.
사람들은 그를 알아보지 못하고
자기들 멋대로 다루었다.
그처럼 사람의 아들도
그들에게 고난을 받을 것이다." 하셨지
그제야 제자들은
오래전에 예수님께서
세례자 요한을 엘리야에 견준 말씀을 깨달았지

당시 유다인들 사이에서는
모세와 엘리야가
죽지 않고 승천했다고 믿고 있었지

그들 가운데
유다인의 마지막 예언자 말라키는
"주님께서 나타날 날 내가 틀림없이
예언자 엘리야를 보내리니."말라키 3,1~23라며
엘리야가 새로 오시는 그분을 맞이할
준비를 할 것이라 예언했지

율법 학자들은
이 예언을 인용해
메시아가 오기 전에 엘리야가 와야 하는데
엘리야가 아직 이 땅에 오지 않았으므로
메시아도 오지 않았다고 주장하는 것이지
따라서 백성들이 메시아라 부르는
예수님은
메시아가 아니라고 했지

당신의 수난을
두 번째 예고하시다

마태 17,14~27

베드로 야고보
야고보의 동생 요한이
산에서 내려와 군중에게 돌아오자
한 사람이 예수님께 와서 무릎을 꿇고 말했지
"주님, 제 아들이 간질로 몹시 고생하고 있으니
자비를 베풀어 주십시오.
그 아이는 가끔 불 속에 뛰어들기도 하고
물속에 빠지기도 합니다. 주님의
제자들에게 데려가 보았지만 고치지 못했습니다."

이때까지 제자들은 예수님의 권위를 갖지 못했지
예수님께서 이런 제자들에게 한숨을 쉬셨지
"아, 이 세대가 어찌하여 믿음이 없고
비뚤어졌을까! 내가 언제까지나 너희와 함께 살며
이 성화를 받아야 한단 말인가!
그 아이를 나에게 데려오너라."

예수님께서
그 아이 머리 위에
손을 얹으시고 마귀에게 호통을 치시자
마귀가 그 아이 몸에서 빠져나갔지

사람들이 없을 때
제자들이 예수님께 여쭈었지
"저희는 왜 마귀를 쫓아내지 못하였습니까?"
믿음이 약한 탓이다.
나는 분명히 말한다.
너희에게 겨자씨 한 알만한 믿음이 있다면
'이 산을 여기서 저기로 옮겨져라 해도
그대로 될 것이다.'
너희가 못 할 일은 하나도 없을 것이다."

예수님께서
제자들이 갈릴래아에 모여 있을 때 이르셨지
"사람의 아들은 멀지 않아
사람들에게 잡혀 그들의 손에 죽었다가
사흘 만에 다시 살아날 것이다."

이 말씀을 듣고 제자들은 매우 슬퍼했지
예수님께서는 당신의 수난과 부활에 대해
두 번째로 말씀하셨지

예수님께서 베드로의 집에 계실 때였지
성전 세를 받으러 다니는 사람들이
베드로에게 와서 물었지
"당신네 선생님은 성전 세를 내십니까?"
"예, 내십니다."
베드로가 집에 들어갔더니
예수님께서 먼저 베드로에게 물으셨지
"베드로야, 너는 어떻게 생각하느냐?
세금을 내야 하느냐? 그런데 세상 임금들이
자녀들의 세금을 자녀들에게 받느냐?"
"아닙니다. 남한테서 받습니다."
"그렇다면 자녀들은 면제받는 것이다".
우리가 그들의 비위를 건드릴 것은 없으니
호수에 나가 낚시를 던져
맨 먼저 낚인 고기 입을 열어 보아라.
그 속에 한 스타테르 짜리 은전이 들어있을 테니
그것을 꺼내서 내 몫과 네 몫으로 갖다 내어라."

성전 세는 예루살렘 사제를 제외한
스무 살 넘은 모든 유다 성인 남자들이 해마다
이스라엘 은전으로 세겔 반 닢씩 내야 했지
한 세겔은 그리스 은전 한 스타테르와 같이 쓰여
한 스타테르는 성전 세 두 사람 몫이었지
한 세겔은 일꾼 한 사람 품삯이었지

일곱 번씩 일흔 번이라도 용서하여라

마태 18,1~22
루카 15,11~24

아직도 제자들은 예수님의 생각을
올바르게 알지 못했지
그들은 예수님께서 누구를 더 사랑하며
누구를 더 인정하시는지가 궁금했지, 나아가
하늘나라에서 누가 가장 높은 사람이 될까
누가 가장 상을 많이 받을까만 생각했지

예수님께 베드로의 집에 머무시고 계실 때
제자들이 와서 여쭈었지
"하늘나라에서는 누가 가장 위대합니까?"
예수님께서는 어린이 하나를 불러
그들 가운데 세우시고 말씀하셨지
"나는 분명히 말한다.
너희가 생각을 바꾸어
이 어린이와 같이 되지 않으면
결코 하늘나라에 들어가지 못할 것이다.

하늘나라에서
가장 위대한 사람은 자신을 낮추어
어린이와 같이 되는 사람이다.
또 누구든지 나를 받아들이듯이
이런 어린이 하나를 받아들이는 사람은
곧 나를 받아들이는 사람이다."

특히 예수님께서는 제자들에게
자신을 부모에게 의탁하는 어린이처럼
스스로 낮추어 하느님께 의탁하라고 하셨지
그리고 길 잃는 양이 없도록
잘 살피라고 말씀하셨지

"너희는 이 보잘것없는 작은 사람들 가운데
누구 하나라도 업신여기는 일이 없도록 하여라.
하늘에 있는 그들의 천사들이
하늘에 계신 내 아버지를
항상 모시고 있다는 것을 명심하여라.
너희의 생각은 어떠냐?

어떤 사람에게 양 백 마리가 있었는데
그 가운데 한 마리가 길을 잃었다면
그 사람은 아흔아홉 마리를 산에 둔 채
그 길잃은 양 한 마리를 찾아 나서지 않겠느냐?

나는 분명히 말한다.
그 양을 찾게 되면 그 사람은
길을 잃지 않은 아흔아홉 마리 양보다
오히려 그 한 마리 양 때문에 더 기뻐할 것이다.
이처럼 하늘에 계신 너희 아버지께서는
이 보잘것없는 사람들 가운데
하나라도 길을 잃지 않게 할 것이다."

예수님께서
이번에는 길게 말씀하셨지
"어떤 사람에게 아들이 둘 있었다.
작은아들이 아버지에게 말했다.
"아버지 재산 가운데서 내 몫을 주십시오."
아버지는 재산을 두 아들에게 배분했다.
며칠 뒤 작은아들은 제 재산을 다 챙겨
먼 지방으로 가서 방탕하게 살면서
그 재산을 탕진하였다.

그때 그가 살고 있던 곳에 크게 흉년이 들어서
그가 아주 궁핍하게 되었다.
그는 그곳에 사는 어떤 사람을 찾아가서
몸을 의탁했다. 작은아들은 들에 나가
돼지를 치며 그 돼지가 먹는 쥐엄나무 열매라도
배를 채우고 싶었다.

아무도 그에게 먹을 것을 주는 사람이 없었다.
그제야 제정신이 든 작은아들은
'내 아버지의 그 많은 품꾼에게는 먹을 것이
남아도는데 나는 여기서 굶어 죽는구나.'
라고 탄식하며 아버지에게 돌아가서
이렇게 말씀드려야겠다고 했다.

'아버지 제가 하늘과 아버지 앞에
죄를 지었습니다.
나는 더 이상 아버지의 아들이라 할 수 없으니
저를 품꾼으로 삼아주십시오.'

그는 일어나서 아버지 집으로 갔다.
그가 아직도 먼 거리에 있는데
그의 아버지가 그를 측은하게 여겨 달려가
그의 목을 껴안고 입을 맞추었다.

작은아들은 아버지에게 아들이 아니라
종으로 일하겠다고 간청했다.
아버지는 아들의 요구에 아랑곳하지 않고
종들에게 일렀다.
어서 좋은 옷을 꺼내서 그에게 입히고
손에 반지를 끼우고 발에 신을 신기어라.
살진 송아지도 끌어내어 잡아라.

우리가 먹고 즐기자. 나의 아들은 죽었다가
살아났고 내가 잃었다가 찾았다.'"

작은아들은 아버지를 따르지 않는
하느님의 아들이 아니었지
그가 회개하여 아버지께 돌아오자
아버지는 그를 용서하며
살진 송아지를 잡아 잔치를 벌였지

작은아들에게 새 옷을 입히는 것은
과거와는 다른 새로운 정체성을 주는 것이며
반지를 끼워준 것은
새로운 계약을 의미하지
새 신을 신긴다는 것은 새로운 계약으로
새로운 사람으로 살아가라는 은유이지

"누구라도 사람들에게 죄짓게 하지 마라.
만약 이런 사람이 있다면
그는 자기 목에 맷돌을 달고
깊은 바다에 던져져 죽는 편이 낫다.
사람을 죄짓게 하는 이 세상은
참으로 불행하다.
이 세상에 죄악의 유혹은 있게 마련이지만
남을 죄짓게 하는 사람은 참 불행하다."

"너희 가운데
두세 사람이 마음을 모아 청하면
하늘에 계신 내 아버지께서 이루어주실 것이다.
내 이름으로 모인 곳에는 나도 함께 있다."

"어떤 형제가
너희에게 잘못한 일이 있으면
단둘이 만나서 그의 잘못을 타일러 주어라.
그가 말을 들으면 형제 하나를 얻는 것이다."

이때 베드로가 예수님께 여쭈었지
"주님, 제 형제가 저에게 잘못을 저지르면
몇 번이나 용서해야 합니까?"
"일곱 번뿐 아니라
일곱 번씩 일흔 번이라도 용서하여라."

제가 어떻게 해야
영원한 생명을 얻겠습니까

마태 18,23~19,30

예수님께서는
그리스도 공동체 규범으로
겸손하여라 죄짓게 하지 마라
작은 이들을 섬겨라
죄지은 형제를 사랑하여라
마음으로부터 용서하여라
이렇게 다섯 가지를 가르치셨지

용서는 증오의 사막을 건너는 것
분노의 파도를 잠재우고
나를 아프게 한 사람에게 할 수 있는
사랑의 또 다른 이름
나를 평화로 이끄는 가장 빠른 길
예수님께서는
용서가 자기를 희생하는 선하고
아름다운 사랑의 증표라 하셨지

예수님께서는 용서에 대해 겸손과 섬김과 더불어
그것을 실천함에 한계가 없음을 강조하셨지

예수님께서는 제자들을
비유로 가르치셨지
비유가 아니면 아무것도 말씀하지 않으셨지
그리하여 예언자를 시켜
"내가 말할 때는 비유로 말하겠고
천지창조 때부터 감추어진
하느님의 신비한 창조의 세계를 드러내리라."
하신 말씀이 그대로 이루어졌지

이번에도 예수님께서는 하늘나라에 대해
무자비한 종을 비유로 들면서 말씀하셨지
"어떤 종이 주인에게 일만 달란트의 빚을 갚지
못해 끌려왔다. 그 종은
빚을 갚을 길이 없었으므로
주인은 그에게 자신과 아내와 자식에게
그 밖에 가진 것을 다 팔아 갚으라고 명령하였다.
근심 어린 종이 엎드려 절하며
'조금만 기다려 주십시오.
제가 다 갚겠습니다.'라고 사정했다.
주인은 종에게 가엾은 마음이 들어서
그를 놓아주고 빚도 모두 탕감해 주었다.

주인집에서 풀려난 종이
길에서 백 데나리온을 빚진 동료를 만났다.
종은 그의 멱살을 잡고
빚을 갚으라 하였다.
그가 갚겠다고 빌고 빌어도 들은 체도 하지 않고
그를 관청으로 끌고 가 감옥에 가두었다.

사람들은 눈앞에서 벌어진 일을 보고
그 종이 괘씸하여 주인에게 모두 일렀다.
주인이 그 종을 다시 불러들여 말했다.
'이 악한 종아, 네가 청하기에
나는 너에게 빚을 다 탕감해 주었다.
내가 너에게 자비를 베푼 것처럼
너도 네 동료에게 자비를 베풀어야 하지 않느냐?'
분노한 주인은
그를 고문 형리에게 넘겨
빚진 것을 모두 갚게 하였다. 너희가 저마다
자기 형제를 마음으로부터 용서하지 않으면
하늘의 내 아버지께서도
너희에게 이처럼 하실 것이다."

때가 이르러
예수님께서 사마리아의 한 마을을 거쳐
예루살렘으로 가시고자 했지, 그러나

사마리아 사람들은 예수님께서
자기 마을에 오시는 것을 반기지 않았지

예수님께서는 제자들과 함께
갈릴래아와 사마리아 접경지역을 거쳐
요르단강 건너편 유다 지방으로 가셨지
예수님께서는 유다와 사마리아의
반목과 증오와 분노의 벽을 허물고
아프고 슬픈 그들의 역사를 치유하려고
사마리아로 가시고자 했으나
그들은 예수님께서 유다인이라는 이유로
받아들이지 않았지

예루살렘으로 떠나는 길에
어떤 젊은이가 예수님께 와서 진지하게 여쭈었지
"선생님, 제가 무슨 선한 일을 해야지
영원한 생명을 얻겠습니까?"
"생명의 나라로 들어가려거든 계명을 지켜라.
살인하지 말고 간음하지 말라,
도둑질도 하지 말고 거짓 증언도 하지 마라.
부모를 공경하고 이웃을 네 몸과 같이 사랑하라."
"저는 모든 것을 다 지켰습니다.
더 이상 앞으로 무엇을 더 해야 합니까?"
예수님께서 젊은 부자에게 다시 이르셨지

"영원한 생명을 얻으려면
너의 재산을 다 팔아
가난한 사람들에게 나누어 주어라."

재산이 많은 젊은이는
이 말씀을 듣고 예수님을 떠나갔지
그는 영원한 생명보다 재물에
더 많은 가치를 두었기 때문이었지

예수님께서 제자들에게 말씀하셨지
"나는 분명히 말한다.
부자가 하느님 나라에 들어가는 것보다
낙타가 바늘귀를 빠져나가는 것이 더 쉬울 것이다.
거듭 말하지만 부자는
하느님 나라에 들어가기가 어렵다."

예수님께서는 이제 하늘나라를
하느님 나라라고 부르셨지
지금까지 예수님께서는
하늘나라가 어떤 나라인가에 대해 가르치셨는데
이제는 직접
하늘나라는 주권자 하느님께서
다스리시는 '하느님 나라'라고 말씀하셨지

제자들이 깜짝 놀라
예수님께 여쭈었지
"그러면 구원받을 사람이 어디 있겠습니까?
예수님께서 제자들에게 이르셨지
"그렇다. 사람의 힘으로 할 수 없으나
전능하신 하느님께서는 무슨 일이든 하실 수 있다."
이때 베드로가 여쭈었지
"보시다시피 저희는 모든 것을 버리고
주님을 따랐습니다. 저희는 어떻게 되는 겁니까?"

"나는 분명히 말한다.
너희는 나를 따랐으니
새 세상이 와서 사람의 아들이
영광스러운 옥좌에 앉을 때
너희도 열두 옥좌에 앉아
이스라엘 열두 지파를 심판하게 될 것이다.
나를 따르려고 제집이나 형제나 자매나
부모나 자식이나 토지를 버린 사람은
백 배의 상을 받을 것이며
또 영원한 생명을 얻을 것이다.
이 세상에는 첫째였다가 꼴찌가 되고
꼴찌였다가 첫째가 되는 사람들도 많을 것이다."

예수님께서
예루살렘으로 올라가시다

마태 20,1~28

"하늘나라는
이렇게 비유할 수 있다.
어떤 포도원 주인이 포도원에서 일할
일꾼을 구하려고 이른 아침 장터로 나갔다.
하루 품삯을 한 데나리온으로 정하고
일꾼들을 데려왔다.
아침 아홉 시쯤과
낮 열두 시와 오후 세 시쯤에도 나가
일꾼들을 불러
일한 만큼 품삯을 주겠다며 구해왔다.
오후 다섯 시쯤에 또 나가
일자리를 못 찾은 사람들을 데려다 일을 시켰다.

날이 저물자 포도원 주인은 자기 관리인에게
맨 나중에 온 사람부터 맨 먼저 온 사람들에게까지
차례로 품삯을 치르도록 했다

이른 아침에 온 사람이나
오후 다섯 시에 온 사람이나
똑같이 한 데나리온씩 주었다.
처음부터 일한 사람들은
품삯을 나중에 온 사람들보다 더 많이
받겠거니 했는데 그게 아니었다.

불만을 가진 한 사람이 주인에게
'막판에 와서 한 시간밖에 일하지 않은
저 사람들을 온종일 뙤약볕 아래서 일한
우리와 똑같이 주십니까?' 하고 따졌다.

주인은 이렇게 말했다.
'내가 당신에게 잘못한 것이 무엇이오?
시기하지 마시오.
당신의 품삯을 한 데나리온으로 정하지 않았소?
당신의 품삯이나 가지고 가시오.
나는 맨 나중에 온 일꾼에게도 당신에게 준 만큼
삯을 주기로 했소.
내 것을 내 마음대로 처리하는데 무엇이 잘못이오?
내 처사가 그른 것이오?'"
예수님께서는 이 세상 심판 날
믿음이 이르든 늦든 누구든지 하늘나라 자녀로
받아 주시는 하느님임을 가르치셨지

정의로운 하느님 나라에는
시기와 질투가 들어설 자리가 없지

예수님께서
예루살렘으로 올라가시는 도중에
열두 제자를 가까이 불러 조용히 말씀하셨지
"예루살렘에서 사람의 아들은
대사제들과 율법 학자들의 손에 넘어가
사형 선고를 받을 것이다. 그리고
이방인들의 조롱과 채찍질을 받을 것이며
십자가에 달려 죽었다가
사흘 만에 다시 살아나게 될 것이다."
수난에 대한 세 번째 예고였지

그때 제배대오의 두 아들
야고보와 요한의 어머니가 예수님께 와서
무엇을 청할 요량으로 엎드려 절했지
"주님의 나라가 서면
제 아들들을 주님의 오른편과 왼편에
앉게 해 주십시오."
예수님께서 그들을 가엾이 바라보셨지
"너희가 지금 청하는 것이
무엇인지 알고 있느냐?
내가 마시게 될 잔을 너희도 마실 수 있느냐?

너희도 내 잔을 마시게 될 것이다.
내 오른편과 왼편 자리에 앉는 특권은
내가 주는 것이 아니라 그 자리에 앉을 사람들은
내 아버지께서 미리 정해 놓으셨다."

이 말을 듣고 있던 열 명의 제자가
그들을 보고 화를 냈지
예수님께서는 그들에게 이렇게 이르셨지
"너희도 알다시피
세상에서는 통치자들이
백성을 강제로 지배하고
권력으로 내리누른다.
너희는 그래서는 안된다.
높은 사람이 되고자 하면
남을 먼저 섬겨야 한다.
으뜸이 되고자 하면 종이 되어야 한다.

사람의 아들은 섬김을 받으러 온 것이 아니라
섬기러 왔고
많은 사람을 위하여 목숨을 바치러 온 것이다."

누가
네 이웃이냐?

루카 10,29~37, 19,1~10

어떤 율법 학자가
예수님을 떠보려고 따져 물었지
"'네 이웃을 사랑하라.'고 하셨는데
누가 저의 이웃입니까?"

예수님께서는
그들에게 비유로 말씀하셨지
"어떤 사람이 예루살렘에서
예리코로 내려가다가 강도들을 만났다.
강도들은 그 사람이 가진 것을 모조리 빼앗고
마구 두들겨 패서 반쯤 죽여 놓고 갔다.

마침 한 사제가 그 길로 내려가다가
그 사람을 보고는 피해 지나갔다.
레위 사람도 거기까지 왔다가
그냥 지나쳐 갔다.

길을 가던 사마리아 사람은
그의 옆을 지나가다가 가엾은 마음이 들어
상처에 기름과 포도주를 붓고 싸매어 주고는
자기 나귀에 태워 여관으로 데려가서
간호해 주었다.

다음날 자기 주머니에서 돈 두 데나리온을 꺼내
여관 주인에게 주면서
'저 사람을 잘 돌보아 주시오. 비용이 더 들면
돌아오는 길에 갚아 드리겠소.'
하며 길을 떠났다. 자, 이들 세 사람 중에
이웃이 되어 준 사람은 누구였다고 생각하느냐?"

율법 학자는 이렇게 대답했지
"그 사람에게 사랑을 베푼 사람입니다."
예수님께서 율법 학자에게 이르셨지
"너도 가서 그렇게 하여라"

그때 예수님께서는 예루살렘으로 바로 가시지 않고
예리코에 들르셨지
마침 거기에는 자캐오라는 사람이 있었는데
그는 세관장이고 부자였지
그는 예수님께서 어떤 분이신지 보려고 애썼지만
키가 작아 군중에 가려 볼 수 없었지

자캐오는 예수님께서 지나가시는 길을
앞질러 달려가
길가 돌무화과나무로 올라갔지

예수님께서 거기에 이르러
위를 쳐다보시며 그에게 이르셨지
"자캐오야, 얼른 내려오너라.
오늘은 내가 네 집에 머물러야 하겠다."
자캐오는 급히 내려와
기쁜 마음으로 예수님을 자기 집에 모셨지

그것을 보고 사람들은 모두 투덜거렸지
"저 이가 죄인의 집에 들어가 묵는군."
자캐오는 아랑곳하지 않고 예수님께 말했지
"주님! 제 재산의 반을
가난한 이들에게 주겠습니다. 그리고
제가 다른 사람 것을 횡령하였다면
네 배로 갚겠습니다."

예수님께서 자캐오에게 화답하셨지
"오늘 이 집에 구원이 내렸다.
이 사람도 아브라함의 자손이기 때문이다.
사람의 아들은 잃은 이들을 찾아 구원하러 왔다."

예수님께서
예루살렘 성으로 들어가시다

마태 21,1~27, 26,6~13
요한 11,17~44

주간 첫 날^{일요일} 예수님과 제자들은
파스카 축제에 참석하기 위해
예루살렘 성으로 향했지
파스카는 유다 사람들에게는
매우 중요한 3대 축제 가운데 하나여서
이스라엘 백성들은 모두 예루살렘으로 모이지

예수님께서 예루살렘에 가까이 와서
올리브 산 근처 벳파게에 이르렀을 때
두 제자를 맞은편 마을로 보내셨지
"그 마을 들머리에 암나귀 한 마리가 매여 있고
그 곁에 새끼도 있을 것이다.
그 나귀를 풀어 나에게 끌고 오너라.
혹시 누가 무어라고 하면
'주님께서 쓰시겠답니다.'라고 말하여라.
그러면 나귀를 내어 줄 것이다."

제자들은 그 마을로 가서
예수님 말씀대로
암나귀와 나귀 새끼를 끌고 와서
나귀 등에 겉옷을 펴놓았지

예수님께서는 나귀에 올라앉으시어
예루살렘 성으로 향하셨지

이 소문을 들은 유다 사람들은
예루살렘 성문에
구름떼처럼 몰려와 종려나무 가지를 흔들며
열렬히 환영했지
많은 사람이 겉옷을 벗어
길에 펴놓는가 하면
어떤 사람들은 올리브나무 가지와 종려 가지를
길에 깔아놓기도 했지
그리고 그들은 예수님을 에워싸고
앞뒤에서 따르며 이렇게 외쳤지

"호산나! ὡσαννὰ
호산나! 다윗의 자손 호산나!
주님의 이름으로 오시는 이여
찬미 받으소서
지극히 높은 하늘에서도 호산나!"

호산나는 히브리 사람들이
이집트 탈출 당시 40년간
광야에서 유목 생활하는 동안 보살펴 주신
하느님의 은혜를 기리는 초막절에
'구원'의 의미로 외치는 말이었지, 그러나 이제는
예수님께 구원을 바라는 백성들의 외침이 되었지

이후 예수님께서는 예루살렘 가까운
베타니아로 가셨지
이 동네는 나병환자들과
가난한 사람들이 모여 살았지
예수님께서는 나병환자 시몬 집에 계셨는데
막달라 마리아가 매우 값진 향유가 든
옥합을 가지고 왔지

막달라 마리아는 옥합을 열어
식탁에 앉으신 예수님 머리에 향유를 부었지
제자들은 그것이 못마땅했지
"비싼 향유를 허투루 쓰다니!
시장에 팔면 많은 돈을 받아
가난한 사람들을 도울 수 있을 텐데."
이에 예수님께서는 이렇게 이르셨지
"이 여자는 나에게 갸륵한 일을 했는데
왜 괴롭히느냐?

가난한 사람들은
언제나 너희 곁에 있겠지만
나는 너희와 언제까지나
함께 있지는 않을 것이다.
이 여자가 내 몸에 향유를 부은 것은
나의 장례를 위해 한 것이다.
내가 진실로 너희에게 말한다.
온 세상 어디든지 이 복음이 전해지는 곳마다
이 여자가 한 일도 알려져서
사람들이 기억하게 될 것이다."

막달라 마리아에게는 오빠 라자로가 있었는데
그 오빠는 예수님께서 이곳으로 오시기
4일 전에 죽었지
막달라 마리아의 여동생 마르타는 예수님께
오빠 라자로를 살려 주시라고 간청했지

예수님께서
"네 오빠는 다시 살아날 것이다." 하시고
라자로의 무덤으로 가시어 큰 소리로 외치셨지
"라자로야! 나오너라."
이 말씀에 죽었던 라자로가 밖으로 나왔지
그의 손발은 베로 묶여있었고
얼굴은 수건으로 감겨 있었지

예수님께서 마르타에게 이르셨지
"오빠를 풀어주어 가게 하라."

예수님께서 군중에게 말씀하셨지
"나는 부활이요 생명이니 나를 믿는 사람은
죽더라도 살겠고 또 살아서 믿는 사람은
영원히 죽지 않을 것이다."

라자로를 살리신 것은
예수님의 공적인 삶에서 보여주신
마지막 기적이셨지

이튿날^{월요일} 아침
예수님께서는 베타니아에서 나오시어
예루살렘성전 뜰 안으로 들어가셨지
경건하고 엄숙해야 할 성전이
희생제물들을 팔고 사는 소리로 소란스러웠지
돈을 바꾸려는 사람들과 환전상들도
서로 엉겨 어수선했지

예루살렘성전에 들어가기 위해서는
성전 세를 내야 했는데
당시 화폐로 쓰였던 로마나 그리스 화폐를
이스라엘 화폐 '세겔'로 바꾸어야 했지

성전은 기도하고 제사하는 곳인데
장터가 된 것에 예수님께서는 화가 나시어
예물을 팔고 사는 사람들을 내쫓으시며
환전상들의 탁자와 의자들을 둘러 엎으시고
그들을 크게 나무라셨지

"'내 집은 기도하는 집이라 불리리라.' 했다
너희는 내 집을 '강도의 소굴'로 만들었구나!"

예수님께서는
성전 안에 있던 사람들 가운데
눈먼 사람과 다리를 저는 사람들이 나오자
그들을 한 사람 한 사람씩 고쳐주셨지

대사제들과 율법 학자들은
예수님께서 행하신
여러 가지 놀라운 일과
성전 뜰에서 '호산나! 다윗의 자손!'이라고 외치는
아이들을 보고 화가 치밀어
예수님께 항의했지
"이 아이들이 뭐라고 합니까?"
"들린다. '하느님께서 어린이들과
젖먹이들의 입으로 주를 찬양하게 하시리라.'
하신 말씀을 읽어본 적 있느냐?"

예수님께서는 성전을 정화하고 나서도
병든 이들을 고쳐주셨지, 그리고
틈틈이 백성을 가르치고 복음을 전하셨지
이런 예수님께 불쾌감을 가진 대사제들과 원로들은
성전 정화 사건을 빌미로
예수님을 고발할 근거를 찾기 위해
예수님의 권한에 대해 질문했지

"당신은 무슨 권한으로 이런 일들을 합니까?
누가 이런 권한을 주었습니까?"
"그렇다면 요한은 누구에게서 권한을 받아
세례를 베풀었느냐?
하늘이 준 것이냐? 사람이 준 것이냐?"
예수님께서는 오히려 질문을 던져
그들의 말문을 막으셨지
그들은 우물쭈물 이렇게 대답했지

"'하늘에서 주었다.' 하면 당신은
'그러면 왜 하느님을 믿지 않느냐?'고 말할 것이고
'사람이 주었다' 하자니 군중들이 두렵소."
그들은 요한을 참 예언자로 여기는
군중들이 두려워 제대로 답변을 못 했지
이어 대사제들과 율법 학자들은
뒷걸음질로 성전을 떠났지

집 짓는 사람들이
버린 돌이 머릿돌이 되었다

마태 21,18~22, 요한 8,1~11, 마태 21,28~22,22

셋째 날^{화요일} 아침
예수님께서 성안으로 다시 들어가시며
열매 없는 무화과나무를 말라버리게 한
이적을 일으키셨지

이것은 제자들에게
당신의 권능을 의심하지 말 것과
회개하지 않는 백성들이
심판받게 될 것임을 암시하신 것이지

예수님께서 성전에 들어가시니
많은 백성이 모여들었지
예수님께서 그들을 가르치자
율법 학자와 바리사이파 사람들이
간음하다 잡힌 여자를 끌고 와 가운데 세워놓고
예수님께 질문했지

"선생님, 이 여자가 간음하다가
그 자리에서 잡혔습니다.
모세는 율법에 이런 여자를 돌로 쳐서 죽이라고
우리에게 명령했습니다.
선생님은 이 일을 놓고 뭐라고 하시겠습니까?"

예수님께서는
몸을 굽혀서
손가락으로 땅에 무엇인가를 쓰셨지
그들이 다시 다그쳐 묻자
예수님께서는 이렇게 말씀하셨지
"너희 가운데서 죄가 없는 사람이
먼저 이 여자에게 돌을 던져라."

이 말씀을 들은 사람들은
나이가 많은 이로부터 시작하여 하나하나 돌아가고
그 여자는 그대로 서 있었다
예수님께서는 여자를 가엾이 보시고 말씀하셨지
"나도 네 죄를 묻지 않겠다. 어서 돌아가라.
다시는 죄짓지 마라."

이런 일이 있고 예수님께서는
율법 학자들과 바리사이파 사람들에게
포도원의 두 아들을 비유로 말씀하셨지

"어떤 사람이 두 아들을 두었는데
먼저 맏아들에게 일렀다.
'얘야, 너는 오늘 포도원에 나가 일하여라.'

맏아들은 처음에는 싫다고 했지만
나중에 뉘우치고 일하러 갔다.
아버지는 둘째 아들에게 가서도 같은 말을 했다.
둘째 아들은 가겠다는 대답만 하고 가지는 않았다.
이 둘 가운데
아버지의 뜻을 받든 아들은 누구이겠느냐?"

"또 다른 비유를 들겠다.
어떤 지주가 포도원 하나 만들고
울타리를 둘러치고는 그 안에 포도즙을 짜는
큰 집을 만들고 망대를 세웠다. 그리고는
그것을 소작인들에게 세로 주고 멀리 떠나갔다.

포도 철이 되자
지주는 소작인들에게
그의 종 둘을 보내 세를 받아 오라고 했는데
소작인들은 그 종 둘을 붙잡아
하나는 때려주고 하나는 돌로 쳐 죽였다.
지주는 더 많은 종을 다시 보냈는데
이번에도 똑같은 짓을 했다.

지주는 마지막으로
'내 아들이야 알아보겠지.' 하며
자기 아들을 보냈다.
소작인들은 그 아들을 보자
'저자는 상속자다. 자, 저자를 죽이고
그가 차지할 이 포도원을 우리가 가로채자.' 하면서
서로 짜고는 주인의 아들을 잡아
포도원 밖으로 끌어내 죽였다.
이런 못된 짓을 했으니 포도원 주인이 돌아오면
그 소작인들을 어떻게 하겠느냐?'
'그 악한 자들을 모조리 죽여버리고
제때 세를 내는 다른 소작인들에게
포도원을 맡길 것입니다.'

예수님께서는 제자들에게 다시 이르셨지
"너희는 성서에 '집 짓는 사람들이 버린 돌이
모퉁이의 머릿돌이 되었다.'라고
한 말을 읽어본 일이 없느냐?
잘 들어라. 너희는 하느님의 나라를
빼앗길 것이며 세를 잘 내는 백성들이
그 나라를 차지할 것이다.
그 돌 위에 떨어지는 사람은
산산조각이 날 것이며 그 돌 밑에 깔리는 사람은
가루가 되고 말 것이다.

내가 진실로 너희에게 말한다.
세리와 몸을 파는 여자들이 너희보다 먼저
하느님 나라에 들어간다."

대사제들과 바리사이파 사람들은
이런 비유들이 자기들에게 하신 말씀인 것을 알고
예수님을 잡으려 했으나
군중이 두려워 손을 대지 못했지

바리사이파 사람들은 수시로 만나
'예수님께 어떻게 하면 올가미를 씌울까!'
이 궁리만 했지
그들은 여러 궁리 끝에
자기들 제자 가운데 하나를
헤로데 당원 몇 사람과 함께
예수님께 보내 이렇게 묻게 했지
"선생님, 저희는 선생님이 진실하신 분으로
하느님의 진리를 참되게 가르치시는 줄 알아
선생님의 의견을 듣고자 합니다.
카이사르에게 세금을 바치는 것이
옳습니까? 옳지 않습니까?"
예수님께서는 그들의 사악한 속셈을 아시고
그들을 꾸짖으셨지
"이 위선자들아, 어찌하여 나의 속을 떠보느냐?"

이 당시 로마의 지배를 받던
유다 사람들과 사마리아 사람들은
일 년에 한 번 내는 세금을
로마 은전인 데나리온으로 바쳐야 했지
예수님께서는
은전 한 닢을 가져오게 하여 물으셨지
"은전에 새겨진 초상과 글자는 누구의 것이냐?"
"카이사르의 것입니다."
"그러면 카이사르의 것은 카이사르에게
하느님의 것은 하느님께 돌려 드려라."

예수님께서는 우리가 누리는 것이
누구에게서 왔는지 분명히 알고 계셨지
그래서 예수님께서는 카이사르의 것은
카이사르에게 돌리고
우리가 받은 하느님의 은혜는
하느님의 영광으로 돌려야 한다, 하셨지

바리사이파 사람들은 엉뚱한 질문으로
예수님을 곤경에 빠뜨리려고 했으나
예수님께서는 그때마다 지혜로운 말씀으로
그들을 감동시키셨지
그들은 이 말씀을 듣고 경탄하면서 돌아갔지

율법 학자들과
바리사이들의 위선을 책망하시다

마태 22,34~23,36

"율법 학자들과 바리사이들은
모세의 자리를 이어 율법을 가르치고 있다.
그들이 말하는 것은 다 지켜라. 그러나
그들의 행실은 본받지 마라.
그들은 말만 하고 실행하지 않는다.
그들은 율법이라는 무거운 짐을 메워 주고
자기들은 손 하나 까딱하지 않는다.

그들이 하는 일은 남에게 보이기 위한 것이다.
그들은 잔치에 가면 맨 윗자리에 앉으려 하고
회당에서는 제일 높은 자리에 앉는다.
길에 나서면 인사받기를 좋아하고
사람들이 스승이라 불러 주기를 바란다.
너희는 스승 소리를 듣지 마라.
너희의 스승은 그리스도 한 분뿐이다.
너희 중에 으뜸가는 사람은 섬기는 사람이다.

누구든지 자기를 높이는 사람은 낮아지고
자기를 낮추는 사람은 높아진다."
군중과 제자들은 예수님의 가르침에 감탄했지

예수님께서는
이제 직접 율법 학자들과 바리사이파
사람들 앞에서 그들의 위선을 안타까워하셨지

"불행하여라. 눈먼 인도자들아! 너희는
성전을 두고 한 맹세는 지키지 않아도 되지만
성전의 황금을 두고 한 맹세는
꼭 지켜야 한다고 하니
이 어리석고 눈먼 자들아, 어느 것이 더 중하냐?
성전이냐! 황금이냐!
또 너희들은 제단을 두고 한 맹세는
지키지 않아도 되지만
그 제단 위에 있는 제물을 두고 한 맹세는
꼭 지켜야 한다고 하니
제단이냐? 제물이냐?

불행하여라. 너희의 위선으로 화를 입을 것이다.
너희가 십분의 일을 바치라는 율법은 지키라면서
정의와 자비와 신의 같은 아주 중요한 율법은
대수롭지 않게 여긴다.

너희는
잔과 접시의 겉만은 깨끗이 닦아 놓지만
그 속에는 착취와 탐욕이 가득하다.
이 눈먼 바리사이파 사람들아,
먼저 잔 속을 깨끗이 닦아라.
그래야 겉도 깨끗해질 것이다.

불행하여라. 위선자들은 화를 입을 것이다.
너희는 겉은 그럴싸해 보이지만 속에는
죽은 사람의 뼈와 썩은 것이 가득 차 있는
회칠한 무덤 같다.
너희는 겉으로는 옳은 사람처럼 보이지만
속은 위선과 불법으로 가득 차 있다."

어떤 율법 교사가 예수님 속을 떠보려고 물었지
"선생님, 율법서에서
어느 계명이 가장 큰 계명입니까?"
"'네 마음을 다하고 목숨을 다하고
뜻을 다하여 주님이신 너희 하느님을 사랑하여라.'
이것이 첫째가는 계명이고
'네 이웃을 네 몸과 같이 사랑하여라.'라는
둘째 계명도 이에 못지않게 중요하다.
이 두 계명이
모든 율법과 예언서의 골자이다."

예수님께서는
그의 속셈을 알면서도
첫 번째 계명과 더불어 둘째 계명까지
명쾌하게 설명하시자
율법 교사는 아무 말도 하지 못하고 되돌아갔지

율법 학자들과 바리사이파 사람들이
예수님께 책망받기는 하지만 그렇다고 해서
하느님을 믿지 않는 이들은 아니었지
그들 모두 율법을 엄격히 해석하고
그대로 따라 살려고 애썼던 이들이었지, 그러나

그들이 율법과 거룩함을 이야기하지만
위선적이고 형식적이어서
예수님 말씀대로
율법의 근본인 하느님 사랑과
이웃 사랑을 참되게 추구하지 않았지

예수님께서는 또
바리사이파 사람들이 모여 있는 것을 보시고
그들에게 물으셨지
"너희는 그리스도를 어떻게 생각하느냐?
그는 누구의 자손이겠느냐?"
"다윗의 자손입니다."

예수님께서는
그들의 말에 쐐기를 박으시려고
다윗의 시편을 들어
역설적으로 다시 강하게 물으셨지
"그러면 다윗이 성령의 감화를 받아
그리스도를 주님이라고 부른 것은
어떻게 된 일이냐?
'주 하느님께서 내 주님께 이르신 말씀,
내가 네 원수를 네 발아래 굴복시킬 때까지
내 오른편에 앉아 있으라.'^{시편 110,1} 하고
다윗이 읊지 않았느냐?
이렇게 다윗이 그리스도를
주님이라고 불렀는데, 그리스도가
어떻게 다윗의 자손이 되겠느냐?"
이 말씀에 그들은 대답하지 못했지

예수님께서는
이 세상 종말에 오실 메시아는
다윗의 후손에서 오시는 분으로
그리스도는 다윗이 주님이라 부를 만큼
위대한 분이라는 사실을 가르치셨지

이날부터 바리사이파 사람들은
예수님께 메시아에 대해 질문하는 사람이 없었지

예수님의
수난이 시작되다

마태 23,37~24,36

예수님께서 성전을 나와
얼마쯤 가셨을 때, 당신에게
수난의 때가 가까이 오는 것을 아시고
제자들에게 이르셨지
"저 성전을 잘 보아두어라."
예수님께서는 이렇게 탄식하며 우셨지

"예루살렘아! 예루살렘아!
너는 예언자들을 죽이고 돌로 치는구나!
너희 성전은 하느님께 버림받아 황폐해 지리라.
'주님의 이름으로 오시는 이여, 찬미 받으소서.'
하고 찬양할 때까지
너희는 정녕 나를 다시 보지 못 하리라.
성전이 무너지면
나는 사흘 안에 다시 세우리라."
제자들은 이 엄청난 예언을 알지 못했지

예수님께서
예루살렘을 두고 탄식하신 것은
예루살렘이 성스러운 도시로
신과 인간의 만남의 장소였기 때문이었지

일찍이 하느님께서
아브라함에게 이사악을 바치라 한 곳도
예루살렘이 있는 모리아 산이었으며
기원전 1000년경 다윗 왕이 첫 성전을 세우고
이스라엘 왕국의 수도로 삼은 곳도 예루살렘이었지

예수님 말씀대로 예루살렘은
기원후 70년 8월엘룰 7일
로마 제국에 다시 함락되었지
성은 불태워졌고 성벽은 무너졌지

이보다 앞서 기원전 587년에는
바빌론에 의해 성전이 파괴되어
70년간 그대로 방치해 폐허가 되기도 했지
이때 끌려간 포로들이
페르시아 임금 키루스의 칙령으로
예루살렘으로 돌아와 성전을 재건했지만
그 후 다시 마케도니아의 알렉산더 대왕과
로마의 폼페이우스에 의해 다시 함락되고 말았지

기원후 313년에는
로마 콘스탄티누스 황제에 의해
그리스도교가 공인되면서
예루살렘은 길고 험난한
구세사의 역사를 증언하는 도시가 되었지

'성전이 무너지면 사흘 안에
다시 세우리라.'는 말씀은 당신께서 죽은 후
사흘 만에 부활하신다는 암시였지

성전 파괴가 예고된 후 제자들은
올리브 산에 올라가 계신 예수님께 다가가
"주님, 그럼 이런 일이 언제 일어나겠습니까?
주님께서 오실 때와 세상이 끝날 때
어떤 징조가 나타나겠습니까?"라고 여쭈었지

예수님께서 제자들에게 대답하셨지
"너희는 누구에게도 속지 않도록 조심하여라.
많은 사람이 내 이름으로 와서
'내가 그리스도다.' 하며 속이려 할 것이다.
어떤 사람이 '자 보라, 그리스도가
여기 있다 저기 있다.' 해도 이 말을 믿지 마라.
사람들이 '그리스도가 광야에 나타났다.'
해도 나가지 마라.

'그리스도가 골방에 있다.' 해도 믿지 말아라.
동쪽에서 번개가 치면 서쪽까지 번쩍이듯이
사람의 아들도 그렇게 나타날 것이다.

그날과 그 시간은 아무도 모른다.
하늘의 천사들도 모르고 사람의 아들도 모르고
오직 아버지만이 아신다.
깨어 있어라. 사람의 아들도
너희가 생각지도 않은 때 올 것이다.
너희는 늘 준비하고 있어라.

그 기간이 지나면 곧 해가 어두워지고
달은 빛을 잃을 것이며
별들은 하늘에서 떨어지고
모든 천체가 흔들릴 것이다. 그러면 하늘에는
사람의 아들이 표징이 되어 나타날 것이고
땅에서는 모든 민족이 가슴 치며 울부짖을 것이다.

이때 사람들은 사람의 아들이
하늘에서 구름을 타고 권능을 떨치며
영광에 싸여오는 것을 보게 될 것이다.
그날과 그 시간은 아무도 모른다.
오직 아버지만이 아신다.
노아 때처럼 사람의 아들의 재림도 그러할 것이다."

세상에 종말이 올 것을
비유로 말씀하시다

마태 24,45~25,46

예수님께서는 제자들에게
온 세상을 향해 닥칠 종말의 심판과
당신에게 일어날 일에 대해
차분하게 비유를 들어 말씀하셨지

"어떤 주인이 종에게
자기 집안 식구들을 맡겨
그들에게 제때제때 양식을 내주게 하는
책임을 맡기고 떠났다면
어떻게 하는 종이 충실하고 슬기로운 종이냐?
주인이 돌아올 때 자기 책임을 다하고 있다가
주인을 맞이하는 종이 아니겠느냐?
그런 종은 행복하다.
내가 진실로 너희에게 말한다.
주인은 자기의 모든 재산을
그에게 맡길 것이다.

만일 그가 못된 종이어서
마음속으로
'주인이 늦어지는구나.' 하고 다른 종들을 때리고
술꾼들과 어울려 먹고 마시면
예상하지 못한 날
짐작하지 못하는 시간에
그 종의 주인이 와서 그를 처단하여
위선자들과 같은 운명을 겪게 할 것이다."

"그때 하늘나라는
저마다 등을 들고
신랑을 맞으러 나간
열 처녀와 비길 수 있을 것이다.
그 가운데 다섯은 어리석고
다섯은 슬기로웠다.
어리석은 처녀들은 등은 가지고 있었지만
기름은 가지고 있지 않았다.
슬기로운 처녀들은 등과 함께
기름도 그릇에 담아 가지고 있었다.

신랑이 늦어지자
처녀들은 모두 졸다가 잠이 들었다.
그런데 한밤중에 '신랑이 온다,
신랑을 맞으러 나가라.' 하는 소리가 났다.

처녀들이 모두 저마다 등을 챙기는데
어리석은 처녀들이 슬기로운 처녀들에게
'우리 등이 꺼져가니
기름을 나누어 달라.'고 청하였다.

슬기로운 처녀들은
'안 된다. 그러면 우리도 너희도
모자랄 터이니
차라리 상인한테 가서 사라.'고 대답했다.

그들이 기름을 사러 간 사이에 신랑이 왔다.
준비하고 있던 처녀들은 혼인 잔치에 들어갔고
문은 잠겼다. 깨어 있어라.
그날과 그 시간을 모르기 때문이다."

예수님께서는
또 하늘나라에 대해 말씀하셨지
"하늘나라는 어떤 사람이 여행을 떠나면서
종들을 불러 재산을 맡기는 것과 같다.
그는 각자의 능력에 따라
한 사람에게는 다섯 달란트
다른 사람에게는 두 달란트
또 다른 사람에게는
한 달란트를 주고 여행을 떠났다.

그동안
다섯 달란트를 받은 사람은
다섯 달란트를 더 벌고
두 달란트를 받은 사람도 두 달란트를 더 벌었다.
한 달란트를 받은 사람은 땅을 파고
주인의 그 돈을 숨겼다.

주인이 여행에서 돌아와
종들과 셈을 할 때
다섯 달란트를 받은 이는
다섯 달란트를 더 주었고
두 달란트를 받은 이도 두 달란트를 더 주었다.
주인은 이들에게
착하고 성실한 종이라고 칭찬하며
이제 더 많은 것을 맡기겠다고 했다.

한 달란트를 받은 이는
땅에 숨겨둔 그 돈을 가져와 그대로 드렸다.
주인은 이 사람에게
악하고 게으른 종이라 꾸짖으시며
그 돈마저 빼앗아 성실한
두 사람에게 나누어 주었다.
누구든지 성실한 자는 더 받아 넉넉해지고
게으른 자는 가진 것마저 빼앗길 것이다.

이 쓸모없는 종은 바깥
어두운 곳으로 내쫓아라.
그는 가슴을 치고 통곡할 것이다."

이어 예수님께서는 어두우신 표정으로
최후의 심판에 대해 말씀하셨지
"사람의 아들이 영광에 싸여
천사와 함께 오면 자기의 왕좌에 앉을 것이다.
그리하면 모든 민족이
사람의 아들 앞으로 모일 터인데
그는 목자가 양과 염소를 가르듯이
그들을 가를 것이다.
그렇게 하여 양들은 오른편에
염소들은 왼편에 세울 것이다.
모든 민족도 마찬가지로 세울 것이다.

이때 임금이 오른편에 있는 이들에게는
'내 아버지께 복을 받은 사람들아,
세상 창조 때부터 너희를 위하여 준비된
나라를 차지하여라.' 할 것이다.

왼편에 있는 이들에게는
'저주받은 자들아, 나에게서 떠나 악마와 함께
영원한 불 속으로 들어가라.' 할 것이다.

오른편에 있는 사람들은
내가 굶주렸을 때
먹을 것을 주었고 목마를 때
마실 것을 주었다.
내가 나그네였을 때
따뜻이 맞아들였고
또 내가 헐벗었을 때 입을 것을 주었고
내가 병들었을 때 돌보아 주었으며
내가 감옥에 있을 때 찾아주었다.

내가 진실로 너희에게 말한다.
너희가 내 형제들인
이 가장 작은 이들 가운데
한 사람에게 해준 것이
바로 나에게 해 준 것이다.
이렇게 한 의인들은
영원한 생명을 누리는 곳으로 갈 것이며
저주받은 자들은
영원한 벌을 받는 곳으로 갈 것이다."

예수님께서 종말 심판 때
선인과 악인을 구분하는 기준으로 삼으신 것은
오직 한 가지
보잘것없는 작은 이들을 어떻게 대했는가였지

예수님께서는
가장 작은 이들과 하나가 되시어
병들고 가난하고 억울한 사람들과
소외된 이들을 보살피셨지
열두 제자들은 그리스도의 사랑을
믿음의 가장 앞자리 가장 높은 자리에 놓았지
'믿음과 소망과 사랑 중에
으뜸은 사랑이라고' 코린토1 13,13

예수님을 죽일
음모를 꾸미다

마태 26,1~16
요한 12,20~25

"너희가 알다시피
이제 이틀만 있으면 파스카인데
이때 사람의 아들이 잡혀 가
십자가형을 받게 될 것이다."

파스카 하루 전^{수요일}
예수님께서 베타니아에서 죽은 라자로를
살리셨다는 소식을 들은
대사제들과 백성의 원로들은
이른 아침 대사제 카야파 관저에 모여
예수님을 잡아 죽이려고 흉계를 꾸몄지
그러면서도 "백성이 소동을 일으킬지 모르니
축제 기간만은 피하자."고 했지

바로 그때 뜻밖의 사람이 그들을 찾아왔지
예수님의 수제자 이스카리옷 사람 유다였지

"내가 당신들에게 예수를 넘겨주면
그 값으로 얼마를 주겠소?" 그들은
유다가 자기들 흉계에 딱 맞아 흔쾌히 답했지
"은전 서른 닢을 주겠소"

유다는 왜 그랬을까?
정말 왜 그랬을까?
예수님께서 이 세상에 오신 목적을
여느 제자들보다 더 잘 이해하고 있던 유다
그랬던 유다가 왜 예수님을 배반했을까?
민족의 독립을 꿈꾸었던 혁명가이기에 앞서
예수님의 수제자로 예수님을 앞장서 따랐던
유다가 아니었던가!
예수님을 로마로부터 이스라엘 민족의 해방을 이끌
민족의 지도자로만 생각했던 것은 아닐까?
예수님께서 인류의 죄를 대신 짊어지시고
하느님께 드리는 희생제물이 되시고자 했고
온 만민의 구원자가 되시고자 했던
사람의 아들, 예수님을 진정 몰랐단 말인가!

이렇게 예수님께서 수난을 예고하신 것처럼
'사람의 아들은
사람들에게 넘겨 죽을 것이다.'^{마르코 9,31}라는
예언의 시간이 다가오고 있었지

파스카 때
예루살렘으로 올라온 사람들 가운데는
그리스 사람도 몇이 있었지
그들은 갈릴래아 지방 벳사이다에서 온
필립보에게 간청했지
"선생님, 예수님을 뵙도록 해 주십시오."

필립보가
안드레아에게 가서 이 말을 하고
둘이서 예수님께 가서 이 말을 전해드렸지

예수님께서는
그리스 사람 몇과 두 제자에게 말씀하셨지
"사람의 아들이 큰 영광을 받을 때가 왔다.
정말 잘 들어 두어라.
밀알 하나가 떨어져 죽지 않으면
한 알 그대로 남아 있고
죽으면 많은 열매를 맺는다.
누구든지 자기 목숨을
아끼는 사람은 잃을 것이며
이 세상에서 자기 목숨을 미워하는 사람은
목숨을 얻어 영원히 살 것이다."

최후의 만찬을 나누시고
성체성사를 세우시다

마태 26,17~30
요한 13,4~8, 13,31~14,31 15,1~5

예수님께서는 3년 동안
버림받은 영혼들을 위해
아무런 대가 없이 희생하셨지
이제 예수님께서는 함께 고생했던 제자들과
마지막 식사를 준비하셨지
이 만찬이 제자들뿐 아니라
자신에게도 마지막이 될 것임을
이미 느끼고 계셨지
다음날이면 로마 병사들에 의해
십자가에 달려 죽게 될 것이라는
사실도 알고 계셨고

파스카 첫날^{목요일} 저녁때가 되자
제자들은 예수님께서 이르신 대로
예루살렘의 어떤 집 2층 방에 올라가
파스카 음식을 차렸지

예수님께서
열두 제자와 함께 식탁에 앉으셨지
조금 후에 예수님께서 일어나시어
대야에 물을 부어
제자들의 발을 차례로 씻어주셨지
유다 사람들에게는
만찬 전에 종들이 손님의 발을 씻어주는
관습이 있었지
성자이신 예수님께서는 스스로 종이 되어
제자들을 섬기셨지

베드로에게 차례가 왔지
"안 됩니다. 제 발만은 씻지 못하십니다."
"아니다, 너는 내가 하는 일을
지금은 알지 못하겠지만
나중에 깨닫게 될 것이다.
내가 너를 씻어주지 않으면
너는 나와 아무 상관도 없게 된다."

예수님께서 제자들의 발을 다 씻어주신
다음 식탁에 앉으셨지
"내가 너희에게 한 일의 뜻을 알겠느냐?
스승인 내가 너희의 발을 씻어주었으니
너희도 서로의 발을 씻어주어야 한다.

내가 너희에게 한 것처럼
너희도 그렇게 하라고
내가 본을 보여준 것이다."
제자들은 예수님의 숭고한 사랑에
아무 말씀도 드릴 수 없었지
순연한 침묵이 흘렀지

이때 예수님께서는
빵을 들고 감사를 드리신 다음,
빵을 떼어 제자들에게 주시며 말씀하셨지

"너희는 이것을 받아먹어라. 이는 너희를 위하여
내어 줄 내 몸이다."
저녁을 잡수시고 같은 모양으로
잔을 들어 감사를 드리신 다음
제자들에게 주시며 말씀하셨지
"너희는 모두 이것을 받아 마셔라.
이는 새롭고 영원한 계약을 맺는 내 피의 잔이니
죄를 사하여 주려고
너희와 많은 사람을 위하여 흘릴 피다.
너희는 나를 기억하여 이를 행하여라."

이때 이 말씀으로 성체성사를 이루시어
오늘날까지 이어지고 있지

성체성사를 마치신 다음
제자들에게 말씀하셨지

"내가 너희에게 말한다.
너희 가운데 한 사람이 나를 팔아넘길 것이다."
이 말씀을 들은 제자들은
서로 "저는 아니겠지요?"라며 말했지
"나와 함께 대접에 손을 넣어 빵을 적시는 자
그자가 나를 팔아넘길 것이다.
'사람의 아들은 자기에 관하여
성경에 기록된 대로 떠나간다.'시편 41,10

불행하여라.
사람의 아들을 배반하는 그 사람!
그 사람은 차라리 태어나지 않았더라면
자신에게 더 좋았을 것이다."
유다도 "저는 아니겠지요?"라 말했지

예수님께서는
빵을 포도주에 적신 다음
유다에게 주시며 말씀하셨지
"네가 할 일을 어서 하여라."
다른 제자들은 예수님의 이 말씀을
알아듣지 못했지

몇몇 제자들은
유다가 돈을 관리하고 있어서
다음날 시작되는 무교절을 위해
물건을 사라고 하시는 줄로 알고 있었고
가난한 사람들에게 무엇을 주라고 하신 줄만 알았지
유다는 빵을 받은 뒤에 일어나
곧바로 밖으로 나갔지
때는 밤이었지

유다가 나간 뒤에 예수님께서 말씀하셨지
"이제 사람의 아들이 영광을 받게 되었고
또 사람의 아들로 해서
하느님께서도 영광을 받으시게 되었다.
내 사랑하는 제자들아,
내가 너희와 같이 있는 것도 잠시다.
내가 가면 너희는 나를 찾아다닐 것이나
내가 가는 곳에 너희는 올 수 없다."

베드로가 걱정되어 여쭈었지
"주님 어디로 가십니까?"
예수님께서는 베드로를 응시하시며 대답하셨지
"나는 내 아버지 집으로 간다."
평소 알고 싶었던 게 많았던 토마가
예수님께 여쭈었지

"아버지 집으로 가는 길이 어디입니까?"
예수님께서 토마에게 이르셨지
"너희는 내가 어디로 가는지 그 길을 알고 있다.
나는 길이요 진리요 생명이다.
나를 거치지 않고는 아무도 아버지께 갈 수 없다."

이에 필립보가
예수님 앞으로 나서 청을 드렸지
"주님, 아버지를 뵙게 해 주십시오."
느닷없는 필립보의 말에 예수님께서는
근심 어린 표정으로 말씀하셨지
"필립보야, 내가 이토록 오랫동안 너희와 같이
지냈는데도 너는 나를 모른단 말이냐?
너는 내가 아버지 안에 있고
아버지께서 내 안에 계신다는 것을 못 믿겠느냐?
나를 보았으면 곧 아버지를 본 것이다."

예수님께서는 제자들의 이런 모습을
안타까워하시며 요한에게 말씀하셨지
"나는 이제 너희에게 새 계명을 주겠다.
서로 사랑하여라. 내가 너희를 사랑한 것처럼
너희도 서로 사랑하여라.
너희가 서로 사랑하면 세상 사람들이 그것을 보고
너희가 내 제자라는 것을 알게 될 것이다.

나는 너희에게 평화를 주고 간다.
내가 주는 평화는
세상이 주는 평화와는 다르다.
걱정하거나 두려워하지 마라.
내가 떠나갔다가 너희에게 다시 오겠다."

만찬 중에 이어 말씀하셨지
"나는 참 포도나무요 나의 아버지는 농부이시다.
너희는 나를 떠나지 마라.
나도 너희를 떠나지 않겠다.
나는 포도나무요 너희는 가지다.
누구든지 나에게서 떠나가지 않으면
많은 열매를 맺고 그렇지 않으면
열매를 맺지 못할 것이다"

예수님께서는 최후의 만찬을 마치신 후
제자들에게 이르셨지
"내 아버지의 나라에서 너희와 함께
새 포도주를 마실 그날까지
이제부터 포도나무 열매로 빚은 것을
다시는 마시지 않겠다."

만찬을 마친 제자들은 예수님을 따라
함께 올리브 산으로 향했지

예수님께서
로마 병사들에게 붙잡히시다

마태 26,31~26,56

"오늘 밤에 너희는 모두 나에게서
떨어져 나갈 것이다.
성경에 '내가 목자를 치리니 양 떼가 흩어지리라.'
고 기록되어 있기 때문이다.
나는 되살아나서
너희보다 먼저 갈릴래아로 갈 것이다."

예수님께서는
올리브 산으로 향하시는 길에
제자들에게 말씀하셨지

베드로가 예수님께 말했지
"모두 스승님에게서 떨어져 나갈지라도
저는 결코 떨어져 나가지 않을 것입니다."
"내가 분명히 말한다. 오늘 밤 닭이 울기 전에
너는 세 번이나 나를 모른다." 할 것이다.

올리브 산에 이르신 예수님께서는
베드로와 야고보와 요한만을 데리고
겟세마니로 가시어 당부하셨지
"내가 괴로워 죽을 지경이다.
너희는 유혹에 빠지지 않도록 기도하여라."

겟세마니는 '기름 짜는 틀'이란 뜻인데
그곳에 올리브나무가 많아
그 열매로 기름을 많이 짜던 곳이지

예수님께서는
돌을 던지면 닿을 만한 곳에 혼자 가시어
무릎을 꿇고 기도 하셨지
"아빠^{abba}, 저에게서 원하시면
이 잔을 저에게서 거두어 주십시오. 제 뜻이
아니라면 아버지의 뜻이 이루어지게 하옵소서."

예수님께서는 사람의 아들과
하느님의 아들 사이에서 갈등하셨지
인간적인 의지와 신적인 의지 사이를 오고 가셨지

'아빠'는 아람어로 '아버지'라는 뜻인데
예수님께서는 하느님을 아버지를
친근하게 아빠라 부르셨지

당시 이스라엘에서는
히브리어를
경전을 기록할 때나 고전어로만 쓰고
일상어로는 아람어를 사용하고 있었지
그래서 예수님께서는 아람어로
제자들을 가르치셨지

이때 천사가 하늘에서 나타나
그분의 기운을 북돋아 드렸지
예수님께서 고뇌에 싸여
더욱 간절히 기도하시니
땀이 핏방울처럼 되어 땅에 떨어졌지
기도를 마치고 일어나 제자들에게 와서 보니
그들은 지쳐 잠들어 있었지
"왜 자고 있느냐?"
예수님께서는 제자들이 일어나자
의연하고 결연하게 말씀하셨지
"일어나 가자.
나를 넘겨줄 자가 가까이 왔다."

수난의 때가 가까이 이르자
예수님께서는 극도의 공포와 번민 속에서
하느님께 당신이 마실 고난과 죽음의 잔을
거두어주시길 간청했지

예수님께서는
하느님께 보여 드리기 싫은
인간의 나약한 모습도 드러내셨지, 그러나
자비로우신 하느님께서는 예수님의 나약함을
'부활'이라는 큰 은총으로 가려주셨지

예수님께서 아직 말씀하고 계실 때
열두 제자 가운데 하나인 유다가 다가왔지
그와 함께 수석 사제들과
율법 학자들과 원로들이 보낸 로마 병사들이
횃불과 칼과 몽둥이를 들고 왔지

유다는 그들에게 미리 짜 맞추었지
"내가 입 맞추는 이가 바로 그 사람이니
그를 붙잡아 잘 끌고 가시오."
유다는 곧바로 예수님께 다가가
"스승님" 하고 나서 입을 맞추었지
그들은 예수님께 다가가 그분을 붙잡았지

이때 예수님과 함께 서 있던 베드로가 칼을 빼
대사제의 종을 내리쳐 그의 귀를 잘라버렸지
예수님께서 베드로에게 이르셨지
"칼을 칼집에 도로 넣어라.
칼을 잡는 자는 모두 칼로 망한다."

예수님께서 대사제에게 말했지
"너희는 강도라도 잡을 듯이
칼과 몽둥이를 들고
나를 잡으러 왔단 말이냐?
내가 날마다 너희와 함께
성전에 있으면서 가르쳤지만
너희는 나를 붙잡지 않았다
성경 말씀이 이루어지려고 이리된 것이다."
그때 제자들은 예수님을 버리고
모두 달아났지

베드로가
예수님을 세 번 부인하다

마태 26,69~27,10

이날 밤 로마 병사들은
예수님을 카야파 대사제의 집으로 끌고 갔지
이미 율법 학자들과 원로들도 그 집에 모여 있었지
베드로는 멀찍이 떨어져 예수님을 뒤따라
대사제의 저택까지 가서
일의 결말을 보려고 안뜰로 들어가
경비원들과 함께 앉았지
수석 사제들과 의회는 예수님을 사형에 처하려고
예수님에 대한 거짓 증언을 찾았지
거짓 증인들이 많이 나섰지만
증거를 하나도 찾아내지 못했지

그때 두 사람이 나서서
"이 자가 '나는 하느님의 성전을 허물고
사흘 안에 다시 세울 수 있다.'고
말한 것을 들었다." 말했지

대사제가 일어나 예수님께 물었지
"당신은 왜 아무런 대답도 하지 않소?
이 자들이 당신에게 불리하게 증언하는데
어찌 된 일이오?"
예수님께서는 묵묵히 계셨지

대사제는 예수님을 다그치는 듯 다시 말했지
"내가 명령하오.
살아계신 하느님 앞에서 맹세하고
당신이 하느님의 아들 그리스도인지 밝히시오."

이에 예수님께서는 담담하게 말씀하셨지
"네가 그렇게 말하였다.
이제부터 너희는 사람의 아들이
구름을 타고 내려와 전능하신 분의
오른쪽에 앉아있는 것을 볼 것이다."

이 말을 듣고 대사제는 자기 옷을 찢었지
옷을 찢는다는 것은
분노나 울분을 드러내는 행위이지
대사제는 예수님 앞에서
자기 옷을 찢을 것이 아니라
자기 마음을 찢어
하느님께 속죄했어야 했지

그는 집요했지
"이 자가 하느님을 모독했습니다.
이제 무슨 증언이 더 필요합니까?
방금 여러분은 하느님을 모독하는 말을 들었습니다.
여러분의 의견은 어떻습니까?
어떻게 했으면 좋겠습니까?"

율법 학자들 원로들 군중은 한목소리로 외쳤지
"그자는 혹세무민하고 하느님을 모독했습니다.
사형에 처해야 합니다."

그들은 예수님의 얼굴에 침을 뱉고
주먹으로 치고 어떤 자들은 뺨을 때렸지
또 어떤 자들은 입을 비쭉거리고
예수님의 눈을 가리며 이렇게 비아냥댔지
"예수야, 너를 때린 사람이 누구인지
알아맞혀 보아라."
예수님께서는 주님의 종에게 예고된
수모와 조롱을 겪으셨지

예수님께서는 이렇게 모욕당하시면서도
전혀 수치스럽게 생각하지 않으셨지
하느님께서 '예수는 의롭다.' 하시고
예수님과 함께 계신다는 것을 믿기 때문이었지

오히려 율법 학자들과 원로들에게
예언서의 말씀을 들며 당당하셨지

'나는 때리는 자들에게 등을 맡기며
수염을 뽑는 자들에게 턱을 내민다.
나는 욕설과 침 뱉음을 받지 않으려고
얼굴을 가리지도 않는다.' 이사야 50,6

예수님께서는 목요일 내내 신문을 받으셨지
카야파 대사제와 율법 학자들과 원로들은
예수님을 사형에 처할 만한
거짓 증언을 찾기 위해 거짓 증인들을 내세웠지
예수님에 대한 재판은 애초부터 부당한 것이었지

그날 밤은 다른 날보다 추웠지
베드로는 바깥 뜰에 앉아
사람들 틈에 끼어 불을 쬐고 있었지
그 시간 베드로는 마음이 산란했지
별빛 없는 하늘처럼 어둡고 슬펐지
이때 여종 하나가 다가와 말했지
"당신도 예수와 함께 다니던 사람이군요."
베드로가 시치미를 떼며 부인했지
"무슨 소리요. 나는 그를 모르오."
다른 여종이 말했지

"이 사람은
나자렛 예수와 함께 다니던 사람 맞아요"
"아니요. 맹세컨대 그 사람을 정말 모르오."
조금 뒤에 뜰에 서 있던 사람이
베드로에게 다가오며 말했지
"틀림없이 당신은 그들과 한패요.
겟세마니 동산에서 그와 함께 있는 것을 보았소."
"거짓말이오. 나는 그 사람을 결코 모르오.
내 말이 거짓말이라면 천벌을 받겠소."

바로 이때 닭이 울었지
베드로는 '닭이 울기 전에
너는 세 번이나 나를 모른다고 할 것이다.' 하신
예수님의 말씀이 떠올라
그는 밖으로 나가 슬피 울었지

"제가 주님을 배반했습니다.
주님 잘못했습니다, 주님! 주님!"
베드로는 북받쳐 오르는 가슴을 치며
울고 또 울었지

이른 아침
대사제들과 백성의 원로들은
예수님을 결박하여 총독 빌라도에게 넘겨주었지

유다도 그때
빌라도 관저 앞으로 나와
예수님을 기다리고 있었지

'예수님께서는 지난밤을 어떻게 지내셨을까?
혹여라도 죄가 없다 해서
풀려나오시는 것은 아닐까?'

유다에게는 가당치 않은 것이나
예수님께
아무런 일도 일어나지 않기를 진실로 바랐지
유다는 죄책감과 자괴감 회한과 비탄이
그의 가슴을
짓눌러 잠을 이루지 못했지

비록 자신은
열혈당원이었지만
예수님께서 민족의 독립을 위해 바랐던
영웅이 아니라 할지라도
3년 동안 그를 따랐던 제자가 아니었던가?
예수님께서 행하신 그 많은 기적과
아프고 슬프고 외로운 사람들을 고쳐주고
위로하며 사랑하던 사람이
예수님이 아니었던가!

밤새 신문을 당하신 예수님께서
빌라도 앞으로 끌려가시는 모습을 바라보며
유다는 스스로 이 세상에 태어나지 말았어야 할
사람인 것을 깨달았지, 그리고 끝내
예수님께 돌아가지 않았지

한 인간이 한 인간에 대한 진실을
무참히 저버리는 것은 얼마나 슬픈 일인가!

그는 대사제들과 원로들 앞에 나아가 말했지
"제가 죄 없는 예수님을 배반하여
그의 피를 흘리게 하였으니 저는 죄인입니다.
예수님은 죄가 없습니다."

그는 은전 서른 닢을
그들에게 돌려주려 했으나 받지 않았지
유다는 은전 서른 닢을 성소에 내동댕이치고 나와
힌놈 골짜기로 달려가
스스로 목매달아 죽었지
대사제들은 그 은전을 주워 들고 "이 돈은
피의 값이니 헌금궤에 넣어서는 안 된다."며
옹기장이 밭을 사서 이방인의 묘지로 쓰기로 했지
그래서 그 밭은 오늘날까지
'아켈다마', '피의 밭'이라 불리지

예수님께서
십자가에 못박히시다

마태 27,11

안식일 전 날_{금요일} 아침
예수님께서 빌라도 앞에 서셨지
"당신이 유다 인의 왕인가?"
예수님께서 대답하셨지
"네가 그렇게 말하고 있다."
빌라도는 고개를 갸우뚱했지
'남루한 옷에 흙 묻은 맨발의 이 자가
정말 유다 인의 왕이란 말인가?'

빌라도가 다시 예수님께 물었지
"저들이 여러 가지 죄로 당신을 고소하는데
왜 아무 대답도 하지 않소?"
예수님께서는
두려움 없이 의연하고 담담하셨지
예수님의 이런 태도에
빌라도는 예수님께서 죄가 없다고 확신했지

그런데도 수석 사제들은
죄 없으신 예수님께 죄를 씌웠지
'신성 모독죄'였지

빌라도는 축제 때마다
사람들이 요구하는 죄수 하나를 풀어주곤 했지
마침 바라빠라고 하는 사람이
독립운동 때 살인을 저지른 열혈당원과 함께
감옥에 있었지

군중은 빌라도에게
자기들에게 해 오던 대로 해 달라고 요청했지
빌라도는 예수님께서 끌려온 것이
대사제들과 원로들의 모략임을 잘 알고 있었지
빌라도가 그들에게 물었지
"누구를 풀어주면 좋겠느냐?
유다인의 왕을 풀어주기를 바라는 것이오?"

그들은 군중을 부추겨 예수님이 아니라
바라빠를 풀어 달라고 요청하게 했지
빌라도가 재판하고 있을 때
그의 아내가 빌라도에게 전갈을 보냈지
'그 무죄한 사람의 일에 관여하지 마십시오. 간밤에
저는 그 사람의 일로 꿈자리가 몹시 사나웠습니다.'

아내의 전갈을 읽은 빌라도가
다시 군중에게 물었지
"이 두 사람 중 누구를 풀어 달라는 말이오?"
군중은 소리 질렀지
"바라빠요!"

빌라도가 또다시 군중에게 물었지
"유다인의 왕은 어떻게 하기를 바라오?"
그들은 빌라도를 향해 외쳤지
"십자가에 못 박으시오!"

빌라도가 다시 그들에게 물었지
"도대체 그가 무슨 죄를 지었다는 말이오?"
군중은 더욱 큰 소리로 외쳤지
"십자가에 못 박으시오!"

빌라도는 마지못해 하는 척 군중의 편을 들어
바라빠를 풀어주고
예수님을 채찍질하게 한 다음
십자가형에 처하라고 내주었지

로마 병사가 채찍을 내려칠 때마다
예수님의 얼굴과 등과 가슴은 살이 패이고
찢어져 피가 흘렀지

로마는
유다 최고 의결 기구인 산헤드린에
사형 선고를 내리는 권한을 주지 않고
오직 로마만이 사형 선고를 내릴 수 있게 했지

십자가형은
반란죄나 살인자 등 중범죄자들에게 내리는
가장 고통스러운 형이었지

총독의 병사들이
예수님을 총독 관저로 끌고 들어가서
전 부대원을 불러 모아 예수님을 에워쌌지
그들은 예수님의 옷을 벗기고
대신 주홍색 옷을 입힌 뒤
가시나무로 왕관을 엮어 예수님 머리에 씌웠지

이어 예수님의 오른손에 갈대를 들린 다음
이렇게 조롱했지
"유다인의 왕 만세!"
그들은 예수님께 침을 뱉으며
갈대를 빼앗아 머리를 때렸지
로마 병사들은
예수님께 십자가를 지우고
골고타로 끌고 갔지

예수님께서 언덕에 넘어지시자
시몬이라는 키레네 사람에게
예수님의 십자가를 지우고
예수님을 뒤따르게 했지

예수님 뒤로
많은 군중이 예수님을 따라갔지
그 가운데는 가슴을 치며
통곡하는 여자들도 있었지
한 여인은 수건을 꺼내 예수님께 다가가
예수님의 얼굴에 흐르는
땀과 피를 닦아주었지

그들은 다른 두 죄수도 처형하려고
예수님과 함께 골고타로 끌고 갔지
골고타_{해골산}는 해골을 닮은 바위가 있어
붙여진 이름이었지
한번 가면 돌아올 수 없는 곳이지

로마 병사들은 그곳에 십자가를 누이고
예수님을 그 십자가 위에 포갠 뒤
양손과 양발에 못을 박았지
피 흘리시는 예수님 달린 십자가를
천천히 들어 올렸지

예수님께서는 푸른 나무이셨지
향내 나는 나무이셨지
나무를 찍은 도끼에도
향을 남기시는 늘 푸른 향나무셨지
예수님께서는 죄 없는 사람들을 푸른 나무로
회개하지 않는 죄인들을
마른 나무에 비유하시곤 했지

십자가를 세우기 위해
움직일 때마다
예수님의 손과 발에서는 피가 흐르고
뼈가 부서지고 살이 찢기는 소리가 났지

예수님의 처절한 고통에도
로마 병사들은 아랑곳하지 않았지
그들은 빨리 예수님께서 죽기만을 바랐지
그래야 자기들도 쉴 수 있기 때문이었지

그들이 예수님을 못 박을 때는
아침 9시였지

그들은 예수님과 함께 두 죄수도 못 박았지
하나는 그분의 오른쪽에
다른 하나는 왼쪽에 못 박았지

그때 예수님께서 말씀하셨지
"아버지 저들을 용서해 주십시오.
저들은 자기들이 무슨 일을 하는지 모릅니다."

그들은 예수님께
쓸개를 탄 포도주를 마시라고 주었으나
예수님께서는 맛만 보시고 마시려 하지 않으셨지

로마 병사들은 일이 끝나자
주사위를 던져 예수님의 옷을 나누어 가졌지
어떤 사람들은 머리를 흔들며
예수님께 모욕을 주었지
"성전을 헐고 사흘 안에 다시 짓는다던 자야!
네 목숨이나 건져라.
어서 십자가에 내려 와 보아라."

수석 사제들과 율법 학자들도
비아냥대기 위해 무릎을 꿇고 조롱했지
"네가 유다인의 왕이라면
너 자신이나 구원해 보아라."

그들은 예수님의 머리 위에
'유다인의 왕'이라는 죄명을 붙여놓고
예수님께서 못 박힌 십자가를 세웠지

예수님과 함께 십자가에 달린
죄수 하나가 예수님께 빈정거렸지
"당신은 메시아가 아니시오?
당신 자신과 우리를 구원해 보시오."

다른 죄수는 그를 꾸짖었지
"같이 처형받는 주제에
너는 하느님이 두렵지도 않으냐?
우리야 당연히 우리가 저지른
짓에 합당한 벌을 받지만
이분은 아무런 잘못도 하지 않으셨다."

그는 예수님께 이런 말씀을 올렸지
"예수님, 선생님의 나라에 들어가실 때
저를 기억해 주십시오."
예수님께서는 이 죄수에게 이렇게 이르셨지
"너는 오늘 나와 함께 낙원에 있을 것이다"

예수님께서는 어머니 마리아 곁에
요한이 서 있는 것을 보고
먼저 어머니께
자신이 마리아의 아들임을 감사드리는
마지막 인사를 드렸지
"여자여, 보소서. 아들이니이다."

예수님께서 요한에게 이르셨지
"보라, 네 어머니시다."

이후 요한은
이 세상에 홀로 남겨진
예수님의 어머니 마리아를
자신의 어머님처럼 잘 보살펴드렸지

예수님께서 어머니 마리아에게
'여자여'라고 부르신 것은
어머니 마리아를 낮춰 부르신 것이 아니라
그 당시 그리스도인들이 어머니를 여자라 말해
예수님께서도 그리 부르신 거지

엘리 엘리
레마 사박타니?

마태 27,45~66

낮 12시 무렵
어둠이 온 땅에 덮여
오후 3시까지 계속되었지
해가 사라진 것이었지

예수님께서
큰소리로 하느님께 부르짖으셨지
"엘리 엘리 레마 사박타니?ελωι ελωι λαμα σαβαχθανι
나의 하느님, 나의 하느님,
어찌하여 저를 버리시나이까?"

거기에 있던 몇 사람이 예수님을 조롱했지
"저 사람이 엘리야를 부르네.
엘리야가 와서 구해주나 봅시다."
예수님께서는 힘이 드셔 깊게 숨을 쉬셨지
"목마르다."

이 말씀을 들은 군사 하나가 해면을
신 포도주에 적시어 갈대 끝에 꽂아 주었지만
예수님께서는 마시지 않으셨지

시간이 조금 흐른 뒤
예수님께서는
"아버지, 제 영혼을 아버지께 맡깁니다."
라고 말씀하신 후
다시 한번 큰 소리로 마지막으로 외치셨지
"다 이루었다." 그때가 3시였지

바로 그때 성전 휘장이
위에서 아래로 두 폭으로 찢어지고
땅이 흔들리고 바위가 갈라졌지

천사의 아룀으로
성령으로 사람의 아들로 태어나
성자가 되시어 세상을 구원하러 오신
예수 그리스도는
33세 청년으로 거룩한 삶을 마치셨지

이 광경을 보고 있던 백인대장은
하느님을 찬양하며 말했지
"정녕 이분은 의로운 분이셨다."

백인대장과 함께 있던
한 사람도 하느님을 찬양했지
"참으로 이분은 하느님의 아드님이셨다."
이때 땅이 또 심하게 흔들렸지

거기에는 갈릴래아에서부터
예수님을 따르며 시중들던
많은 여자가 지켜보고 있었지
그들 가운데는 예수님의 어머니 마리아도 계셨는데
마리아는 십자가에 달리신 예수님을 바라보며
영혼이 칼에 꿰 찔리는 고통으로 오열하셨지
예수님을 스승으로 사랑하고 존경했던
막달라 마리아도 흐느껴 울었지
야고보와 요셉의 어머니 마리아
제배대오 아들들의 어머니도
가슴을 치고 있었지

'엘리 엘리 레마 사박타니?'^{시편 22, 1}
이토록 비통한 절규가 어디 또 있을까!
예수님의 이 피맺히는 절규는
자신의 십자가형에 대해
하느님께서 모른 체 하셨다는 원망이 아니라
자신을 속죄양으로 삼아 이 세상을 구원하려 하시는
하느님께 대한 감사이시지 않으실까?

한편으로는
세상에 지친 힘든 영혼들
아픈 영혼들에 대해
더 이상 사랑할 시간을 허락하지 않으시는
하느님께 안타까운 마음을 아뢰신 것이고,

예수님께서 돌아가시자
군사들은 예수님의 옆구리를 찔렀지
그 자리에서 예수님의 몸에 있던
물과 피가 흘러나왔지

날이 저물었을 때
아리마태아 출신 요셉이 빌라도를 찾아갔지
그는 명망 있는
산헤드린 의원으로 예수님의 제자였지만
유다 사람들이 두려워 이 사실을 숨기고 있었지

요셉이 빌라도에게
예수님의 주검을 내어 달라고 청하자
빌라도는 쾌히 승낙했지
요셉은 그 길로 골고다로 올라가
예수님의 주검을 십자가에서 내려
니고데모가 가지고 온 몰약과 향료를 바르고
깨끗하고 고운 아마포로 잘 감싸 묶었지

요셉은 바위를 파서 만든
자기의 새 무덤에
니고데모와 같이 예수님을 모신 다음
큰 돌을 굴려 무덤 입구를 막아놓고 갔지
막달라 여자 마리아와 요셉의 어머니 마리아가
예수를 모신 곳을 지켜보고 있었지
예수님의 열한 제자들은 보이지 않았지

예수님께서는 십자가 위에서
사람들이 보는 가운데
돌아가셨고 무덤 안에 숨으셨지
예수 그리스도의 새 생명은
바로 이 무덤에서 비롯되었지
새 삶은 죽음으로부터 시작되는 것
예수 그리스도는 이 땅에서 무덤 이외에는
쉴 곳이 없으셨으며 그리스도의 원수들은
무덤에 이르기까지 끊임없이 예수님을 괴롭혔지

대사제들과 바리사이파 사람들이
빌라도에게 몰려가서 말했지
"그자가 살아 있을 때 사흘 만에
다시 살아날 거라 말했습니다.
사흘이 되는 날까지 경비병을 두어
무덤을 단단히 지키라고 명령하십시오.

혹시 그의 제자들이
시신을 훔쳐다 감추어 놓고
백성들에게는 그가 죽었다가
부활했다고 떠들지도 모릅니다.
이렇게 되면 군중이 들고일어날 것입니다."

빌라도는
백인대장에게 경비병을 무덤에 보내
돌을 봉인하고 무덤을 단단히 지키게 했지
예수님께서는
안식일^{토요일}에 무덤 속에서 쉬셨지

그리스도인들은 예수님께서 부활하신
일요일에 안식일을 지내지만
유다인들은 금요일 해가 진 후부터
토요일 해지기 전까지를 안식일로 지내지

예수님께서
부활하시다

마태 28,1~20 루카 24,13~53 요한 21,1~18

안식 일 다음 날^{일요일}
이른 새벽 아직 어두울 때
막달라 마리아와 다른 마리아가 향료를 가지고
무덤에 가보니
무덤을 막았던 돌이 이미 치워져 있었지

그때 눈같이 흰옷을 입은 천사가
그들에게 나타나 말했지
"무서워하지 마라. 너희는 십자가에 달리셨던
예수님을 찾고 있으나 그분은 여기 계시지 않는다.
전에 말씀하신 대로 다시 살아나셨다.
그분이 누우셨던 곳에 와서 보아라.
그리고 빨리 제자들에게 가서
예수님께서는 죽었다가 다시 살아나셨고
당신들 보다 먼저 갈릴래아로 가실 터이니
거기에서 그분을 뵙게 될 것이라 알려라."

여자들은
무서우면서도 기쁨에 넘쳐서
제자들에게 이 소식을 전하려고
무덤을 떠나 급히 성으로 달려갔지
이 말을 듣고 베드로와 요한은
곧바로 무덤으로 향했지
두 사람이 같이 달음질쳐 갔지만
요한이 베드로보다 빨리 달려가
먼저 빈 무덤에 다다랐지

요한은 몸을 굽혀
무덤 안을 살펴보았으나 들어가지는 않았지
곧 뒤따라온 시몬 베드로가 무덤 안에 들어가
수의가 흩어져 있는 것을 보았는데
예수님의 머리를 싸맸던 수건은
수의와 함께 흩어져 있지 않고
따로 한곳에 잘 개켜져 있었지

그때 무덤 앞에서 울고 있는 막달라 마리아에게
예수님께서 부활하신 모습으로 처음 나타나셨지
예수님께서는 마리아에게 이르셨지
"나는 아직 아버지께 올라가지 않았으니 어서
내 형제들을 찾아가 '내 아버지 하느님께
올라간다.'라고 전하여라."

그때까지도 제자들과 여인들은
예수님께서 죽었다가 반드시 살아나실 것이라는
성서의 말씀을 깨닫지 못하고 있었지

예수님께서 부활하셨다는 소문은
반나절도 안 되어 예루살렘에 퍼져 나갔지
어떤 사람들은 헛소문이라 하고,

예수님께서 부활하신 날
파스카에 참가했던 클레오파스와 또 한 사람이
엠마오로 돌아가고 있었지
그들은 예수님을 따랐던 제자들이었으나
예수님의 부활은 믿지 않았지

엠마오는 예루살렘에서 북서쪽으로
예순 스타디온^{30리} 떨어진 마을인데
거기로 가는 길은 구불구불한 험한 산길이지

그 두 사람은
예수님을 유다처럼 로마의 압제에서
이스라엘을 해방하실 메시아로 생각했었지
그들은 예수님의 죽음을 슬퍼하며
예루살렘에서 사흘 동안 일어난 모든 일에
서로 이야기하며 걸어가고 있었지

이때 예수님께서 가까이 가시어
그들과 함께 걸어가셨지
그들은 눈이 가리어 그분을 알아보지 못했지

예수님께서 그들에게 물으셨지
"너희는 지금 무슨 말을 서로 주고받고 있느냐?
그들은 침통한 표정으로 발걸음을 멈추었지
클레오파스라는 이가 그분에게 말했지
"아니, 며칠 동안 예루살렘에서 일어난 일을
혼자만 모른단 말입니까?"
예수님께서 다시 물으셨지 "무슨 일이냐?"
"나자렛 사람 예수님에 대한 일입니다.
그분은 하느님과 온 백성 앞에서
행동과 말씀에 힘이 있는 예언자셨습니다.
우매한 우리의 수석 사제들과 지도자들이
그분을 넘겨 사형 선고를 받아
십자가에 못 박히시게 했습니다.
우리는 그분이야말로
이스라엘을 해방하실 분이라고 기대했습니다.
이 일이 일어난 지도 벌써 사흘째가 됩니다.
그동안 우리 가운데 몇몇 여자가 우리를 깜짝
놀라게 했습니다. 그들이 새벽에 무덤으로 갔다가
그분의 시신을 찾지 못하고 그분께서
다시 살아나셨다고 천사들이 일러주더랍니다.

우리 동료 몇 사람이 무덤에 가서 보니
그 여자들이 말한 그대로였고
그분은 보지 못했습니다."

예수님께서 두 사람에게 이르셨지
"아, 지혜롭지 못한 이들아!
예언자들이 말한 모든 것을 믿는 데에
마음이 어찌 이리 굼뜨냐?
그리스도는 그러한 고난을 겪고서
자기의 영광 안에 들어가야 하는 것이 아니냐?"

예수님께서는 이어서
모세와 모든 예언자로부터 시작하여
성경 전체에 걸쳐 당신에 관한 기록을
그들에게 설명해 주셨지

그들 마을에
가까이 이르렀을 때
예수님께서는 더 멀리 가려고 하시는 듯했지
그들이 그분을 붙들고 말씀드렸지
"저희와 함께 묵어가십시오.
저녁때가 되어 가고 날도 이미 저물었습니다."
예수님께서는 그들과 함께 묵어가시려고
클레오파스 집에 들어가셨지

그들과 함께 식탁에 앉으셨을 때
예수님께서는 빵을 들고 찬미를 드리신 다음
그것을 떼어 제자들에게 나누어 주셨지

이때 그들의 눈이 열려 예수님을 알아보았지
순간 예수님께서는 그들에게서 사라지셨지

그들은 서로 바라보며 말했지
"길에서 우리에게 말씀하시고
성경을 풀이해 주실 때
우리 마음이 속에서 타오르지 않았던가!"

그들이 곧바로 일어나 예루살렘으로 돌아와
열한 제자와
동료들이 모여 있는 곳으로 이르렀는데
제자들이 이런 말을 하고 있었지
"정녕 주님께서 되살아나 시몬 앞에 나타나셨다."

이 말을 듣고
그들도 길에서 겪은 일과
빵을 떼실 때 그분을 알아보게 된 일을
이야기해 주었지
그들은 유다 사람들이 두렵고 무서워
문을 잠그고 이야기하고 있었지

이때 예수님께서 그들 곁에 서시어 인사하셨지
"평화가 너희와 함께!"
그들은 유령을 보는 줄로 생각했지

예수님께서는 그들에게 이르셨지
"왜 놀라느냐? 어찌하여 너희 마음에
여러 가지 의혹이 이느냐?
내 손과 발을 보아라. 바로 나다.
나를 만져 보아라.
유령은 살과 뼈가 없지만
나는 너희가 보다시피 살과 뼈가 있다."
예수님께서는 그들에게 손과 발을 보여주셨지

그들이 너무 기쁜 나머지
어안이 벙벙하여 놀라워하는데
예수님께서 그들에게 물으셨지
"여기에 먹을 것이 좀 있느냐?"
그들이 구운 물고기 한 토막을 드리자
예수님께서는 그것을 받아
그들 앞에서 드시고 이르셨지
"내가 전에 너희와 함께 있을 때 말한 것처럼
나에 대하여
모세의 율법과 예언서와
시편에 기록된 모든 것이 다 이루어져야 한다."

예수님께서는
닫혀있던 그들의 마음을 여시어
율법과 예언서의 성경을 깨닫게 해 주셨지

이어서 그들에게 다시 이르셨지
"성경에 기록된 대로 그리스도는 고난을 겪고
사흘 만에 죽은 이들 가운데서
다시 살아나야 한다. 그리고
예루살렘에서 시작하여 죄의 용서를 위한 회개가
그의 이름으로
모든 민족에게 선포되어야 한다.
너희는 이 일의 증인이다."

이후 열한 제자들은
예수님께서 일러주신 대로
갈릴래아에 있는 산으로 가
예수님을 뵙고 엎드려 절했지
제자들 가운데는
이 분이 정말 예수님인지 의심하는 이들도 있었지

그 뒤 예수님께서는
갈릴래아 호수 서쪽 마을 티베리아에서
어부로 돌아간
일곱 명의 제자들에게 나타나셨지

부활을 경험한 제자들은, 이후
그 이전과는 전혀 다른 삶을 살게 되지
의심 없이 예수님의 부활을 선포하며
예수님의 복음 전파에 온 삶을 걸게 되지

그 후 예수님께서는
하늘에 오를 때가 되어
다시 제자들과 함께
예루살렘으로 오시어
베타니아 근처까지 데리고 가신 다음
손을 드시어 그들에게 강복하셨지
"나는 하늘과 땅의 모든 권한을 받았다.
그러므로 너희는 가서 모든 민족을 제자로 삼아
성부와 성자와 성령의 이름으로 세례를 베풀고
내가 너희에게 명한 모든 것을 지키도록 가르쳐라.
내가 세상 끝날까지 항상 너희와 함께 있겠다."

강복을 마치신 예수님께서는
그들을 떠나
하늘로 올라가셨다

작가의 말

지금 이 시대 성서는 무엇인가

그것은 하느님께서
천지와 인간 그리고
세상 모든 피조물을 창조하신
그 위대한 기초 위에 있고
아브라함과 다윗의 자손
예수가 성령으로 잉태하여
동정녀 마리아에게서 탄생하신 그 위에 있다
성서는 하느님께서
하늘과 땅과 바다와 풀과 나무와
새와 물고기와 짐승들 창조하시고
보시기에 참 좋았다고 기록하고 있다
마지막으로 사람을 만드시고도
참 좋았다고 하셨다
예수님께서는 믿음과 소망과 사랑 중에
제일은 사랑이라 하시며 원수도
사랑하라고 하셨다

이 시대 성서는 부끄러운 원죄를 짓고 숨은
우리에게, 너는 어디 있느냐?
너는 무엇을 하고 있느냐? 라고 묻고 있다
아울러 떨기나무 앞에서 모세에게
네 신을 벗으라 하신 하느님의 세밀한 음성
요르단강에서 회개하라 외친 요한의 음성
갈릴래아 호수에서 서로 사랑하라 하신
예수님의 음성을 다시 들으라 말한다
너희는 나를 누구라고 생각하느냐? 고 물으신
예수님께 참된 신앙고백을 드려야 한다
성서는 이 시대 하느님의 창조사업과
구원계획이 끝나고 있음을 말하지 않는다
하느님과의 대결이 아니라
하느님께서 좋았다고 하신 이 세상과 마주 보며
다시 정의롭고 인간다운 형제애로
자유와 평화를 사랑하며 살아가라 말한다
기록된 성경 속 계시를 듣고 지혜로우라 가르친다
오래된 말씀에서 새로운 말씀을 들으라 한다
부서지고 깨지고 흩어지는 삶을 살아가더라도
아픈 마음 다독이며 한 번 더 사랑하자고 말한다
이런 까닭으로 이 시대 성서의 권위는
더 굳건하게 세워져야 한다
이 시대 성서는 우리에게 아픈 책이다

후기

7년 전쯤인가 봅니다
어느 날 밤 꿈에 마리아께서 나타나시어
저에게 두 팔을 벌리고 다가오셨습니다
눈부신 모습이셨습니다
그러나 마리아께서 순간, 확 사라지셨습니다
저는 마리아께 하고 싶은 말이 있었는데
그 말이 생각나지 않아 발만 동동 구르다가
깨고 말았습니다

오래전부터 성경을 읽다가 필사해야겠다는
생각이 들어 그 일을 쭉 해왔습니다
그런데 '하느님 나라가 폭행당했다'라는
예수님 말씀이 저의 기억을 깨우기 시작했습니다
이스라엘 성지순례로
4,000여 년 전 아브라함의 기억을
다시 떠올린 때가 14년 전입니다

그리고 그 기억을 어디엔가 옮기고 싶었습니다
하느님과 예수님의 기록을 옮기는 일에
상상력이나 창의성을 보탤 수가 없고
하느님의 창조 신비와 예수님의 인류 사랑을
빼고 보태서는 더욱 안 되어서
국제카톨릭성서공회에서 1995년 편찬한
『해설판 공동번역성서』와 2005년
한국천주교 주교회의 발행『성경』을 참조하여
하느님의 창조 신비와 예수님의 사랑을
함께 나누고 싶었습니다
다만, 성서 내용 가운데 반복되거나
문맥상 맞지 않는 것들은 순서를 바꾸거나
해서 내용의 흐름을 조정했습니다
한편, 성경을 독자들에게 더 쉽게 읽을 수 있도록
시처럼 행과 연을 나누고 리듬을 주어 옮겼습니다

이 작업은 새로운 지식을 얻는
무지의 탈출이 아니라
가슴에 울컥울컥 솟아오르는
예수님의 고뇌와 번민 그리고 사랑과 자비를
온몸으로 느끼는 기회였습니다
저는 하느님께 더 가까이 가고
하느님께서는 저에게 더 가까이 오셔서
저와 동행하고 계신 것을 알게 되었습니다

제가 꿈에서 마리아께 드리고 싶었던 말씀은
아마도 이것이었을 것입니다
'주님, 오랫동안 병고에 있는
체칠리아에게 자비를 베푸소서'
저의 간절한 이 소망이 상처받은 영혼들과
병고 가운데 치유 받고 싶어 하는 환우
여러분에게 작은 위로가 되었으면 좋겠습니다
하느님의 눈과 귀를 가릴까 두렵고 떨립니다
그럼에도 용기를 내어
하느님을 세상에 드러냅니다
한편 하느님을 믿는 사람들은
하느님을 주님으로 고백하며
기록된 하느님의 말씀에 겸손하고 신실하게
복종해야 합니다
저의 믿음에 스스로 부족함을 느끼며
하느님께 감사와 찬양을 드립니다
부족한 글에 추천의 말씀을 주신
전 한국카톨릭문인협회장 허형만 시인님께
깊은 감사를 드리며
처음부터 끝까지 지루한 작업을
정성을 다해 원고를 다듬고 엮어주시고
부족한 원고를 완전한 책으로 태어나게 해 주신
파란하늘 이도훈 대표에게도
진심으로 감사를 드립니다

◇ 참고 자료

풀톤 J.쉰,『그리스도의 생애』강연중 역, 성요셉출판사, 1993
『성경』한국 천주교 주교회의, 2005
송봉모,『예수 탄생과 어린 시절』, 바오로딸, 2013
헤르만 헨드릭,『예수 유년기 이야기』홍인수 역, 가톨릭출판사, 1984
안셀름 그륀,『내 삶을 가꾸는 50가지 방법』김선태 옮김, 바오로딸, 2011
송봉모,『집념의 인간 야곱』바오로딸, 2012
『신약 외경』송혜경 역주, 한님성서연구소, 2009
사이먼 시백 몬티피오리,『예루살렘 전기』유달승 옮김, 시공사, 2012
제임스 마틴,『모든 것 안에서 하느님 발견하기』성찬성 옮김, 가톨릭출판사, 2014
안셀름 그륀,『천사』신동환 옮김, 가톨릭출판사 2014
자코모 페레고,『성경의 세계와 지도』민남현 옮김, 바오로딸, 2007
마이크 보몽,『Bible Guide』김효준 옮김, 생활성서사, 2013
파스칼,『팡세』이환 옮김, 민음사 2003
D.J.맥카시,『구약의 계약사상』장일선 역, 대한기독교출판사, 1979
윌리암 바클리,『나사렛 예수』하용조·이형기 역, 태·맨 , 1980

게르트루트 프센에카, 『성서 이야기 구약』 가톨릭출판사 편집부 옮김, 가톨릭출판사, 1988

샤를 델레, 『예수님 궁금증 62가지』 고선일 옮김, 가톨릭출판사, 2012

배철현, 『인간의 위대한 질문』 21세기북스, 2015

배철현, 『신의 위대한 질문』 21세기북스, 2015

김경행, 『신약강해설교대사전-마태복음Ⅰ,Ⅱ』 성서연구사, 1986

김경하, 『성경의 길을 따른 여정-마태오복음서』 생활성서사, 1987

김순자, 『성경의 길을 따른 여정-구약편Ⅰ』 생활성서사, 1987

이종현, 『사랑의 요한 묵시록』 가톨릭출판사, 1988